O IMPÉRIO DO BRAZIL
ESCRAVAGISTA, ANALFABETO E ESTAGNADO

Editora Appris Ltda.
1.ª Edição - Copyright© 2024 do autor
Direitos de Edição Reservados à Editora Appris Ltda.

Nenhuma parte desta obra poderá ser utilizada indevidamente, sem estar de acordo com a Lei n° 9.610/98. Se incorreções forem encontradas, serão de exclusiva responsabilidade de seus organizadores. Foi realizado o Depósito Legal na Fundação Biblioteca Nacional, de acordo com as Leis n°s 10.994, de 14/12/2004, e 12.192, de 14/01/2010.

Catalogação na Fonte
Elaborado por: Dayanne Leal Souza
Bibliotecária CRB 9/2162

A447i 2024	Almeida, José Roberto Novaes de O Império do Brasil: escravagista, analfabeto e estagnado / José Roberto Novaes de Almeida. – 1. ed. – Curitiba: Appris, 2024. 303 p. : il. ; 23 cm. – (Coleção Ciências Sociais). Inclui referências. ISBN 978-65-250-6523-6 1. Brasil – História – Império. 2. Escravidão. 3. Pobreza. I. Almeida, José Roberto Novaes de. II. Título. III. Série. CDD – 326

Livro de acordo com a normalização técnica da Universidade de Chicago.

Appris editora

Editora e Livraria Appris Ltda.
Av. Manoel Ribas, 2265 – Mercês
Curitiba/PR – CEP: 80810-002
Tel. (41) 3156 - 4731
www.editoraappris.com.br

Printed in Brazil
Impresso no Brasil

José Roberto Novaes de Almeida

O IMPÉRIO DO BRAZIL
ESCRAVAGISTA, ANALFABETO E ESTAGNADO

Appris
editora

Curitiba, PR
2024

FICHA TÉCNICA

EDITORIAL Augusto Coelho
Sara C. de Andrade Coelho

COMITÊ EDITORIAL
- Ana El Achkar (Universo/RJ)
- Andréa Barbosa Gouveia (UFPR)
- Antonio Evangelista de Souza Netto (PUC-SP)
- Belinda Cunha (UFPB)
- Délton Winter de Carvalho (FMP)
- Edson da Silva (UFVJM)
- Eliete Correia dos Santos (UEPB)
- Erineu Foerste (Ufes)
- Fabiano Santos (UERJ-IESP)
- Francinete Fernandes de Sousa (UEPB)
- Francisco Carlos Duarte (PUCPR)
- Francisco de Assis (Fiam-Faam-SP-Brasil)
- Gláucia Figueiredo (UNIPAMPA/ UDELAR)
- Jacques de Lima Ferreira (UNOESC)
- Jean Carlos Gonçalves (UFPR)
- José Wálter Nunes (UnB)
- Junia de Vilhena (PUC-RIO)
- Lucas Mesquita (UNILA)
- Márcia Gonçalves (Unitau)
- Maria Aparecida Barbosa (USP)
- Maria Margarida de Andrade (Umack)
- Marilda A. Behrens (PUCPR)
- Marília Andrade Torales Campos (UFPR)
- Marli Caetano
- Patrícia L. Torres (PUCPR)
- Paula Costa Mosca Macedo (UNIFESP)
- Ramon Blanco (UNILA)
- Roberta Ecleide Kelly (NEPE)
- Roque Ismael da Costa Güllich (UFFS)
- Sergio Gomes (UFRJ)
- Tiago Gagliano Pinto Alberto (PUCPR)
- Toni Reis (UP)
- Valdomiro de Oliveira (UFPR)

SUPERVISORA EDITORIAL Renata C. Lopes
PRODUÇÃO EDITORIAL Sabrina Costa
REVISÃO Camila Dias Manoel
DIAGRAMAÇÃO Jhonny Alves dos Reis
CAPA Lívia Costa
IMAGEM DA CAPA Escultura do artista ganense Kwame Akoto-Bamfo no National Memorial for Peace and Justice em Montgomery, Alabama, EUA (reprodução autorizada pelo Museu)
REVISÃO DE PROVA Bruna Santos

COMITÊ CIENTÍFICO DA COLEÇÃO CIÊNCIAS SOCIAIS

DIREÇÃO CIENTÍFICA Fabiano Santos (UERJ-IESP)

CONSULTORES
- Alícia Ferreira Gonçalves (UFPB)
- Artur Perrusi (UFPB)
- Carlos Xavier de Azevedo Netto (UFPB)
- Charles Pessanha (UFRJ)
- Flávio Munhoz Sofiati (UFG)
- Elisandro Pires Frigo (UFPR-Palotina)
- Gabriel Augusto Miranda Setti (UnB)
- Helcimara de Souza Telles (UFMG)
- Iraneide Soares da Silva (UFC-UFPI)
- João Feres Junior (Uerj)
- Jordão Horta Nunes (UFG)
- José Henrique Artigas de Godoy (UFPB)
- Josilene Pinheiro Mariz (UFCG)
- Leticia Andrade (UEMS)
- Luiz Gonzaga Teixeira (USP)
- Marcelo Almeida Peloggio (UFC)
- Maurício Novaes Souza (IF Sudeste-MG)
- Michelle Sato Frigo (UFPR-Palotina)
- Revalino Freitas (UFG)
- Simone Wolff (UEL)

Dedico o livro a meu irmão Ricardo Novais de Almeida (9.11.1943- 28.4.2024), jornalista e pesquisador que tornou esta obra possível.

AGRADECIMENTOS

O meu irmão, o jornalista Ricardo Novais Almeida, morando no Rio, ajudou-me muito nas bibliotecas e arquivos do Rio de Janeiro, a capital do Império, particularmente no Arquivo Nacional, na Biblioteca Nacional, no Instituto Histórico e Geográfico do Brasil e no Ministério da Fazenda consultando jornais e revistas, muitos dos quais não digitalizados e esmaecidos pelo tempo no calor angustiante da Biblioteca Nacional. Ricardo também consultou muitas publicações na Biblioteca do Ministério da Fazenda no Rio, e disse-me: "Não sei o que vai acontecer quando as pouquíssimas bibliotecárias, todas já de certa idade se aposentar, já que só elas conhecem e preservam o material antigo". Muito obrigado, querido irmão, pela trabalheira. E lembrei-me de que, quando morava no Rio e ainda estudante, passava horas na biblioteca da Fazenda, lendo os memoriais que o Barão do Rio Branco mandara para os árbitros dos limites do Brasil, e pensei: "Onde ficarão no futuro e qual será o acesso esses documentos?". Foi Ricardo também quem me disse que a biblioteca do Instituto Histórico e Geográfico Brasileiro, também no Rio, era o único lugar, para minha surpresa, que tinha o *Diário do Império do Brazil* que era não disponível nem mesmo na Biblioteca Nacional, e lá fui consultá-lo e tirar cópias da legislação relevante. Ricardo faleceu em 18.4.24 e a ele dedico também este livro, em boa parte resultado de sua pesquisa exaustiva nos arquivos do Rio de Janeiro.

Sempre tive em mente que devo este livro a meus assistentes de pesquisa, alunos e alunas. Economistas e mestrandos da Universidade de Brasília que me ajudaram arduamente e criativamente durante muitos anos e foram condescendentes com meus pedidos mais estranhos que muitas vezes não levavam a nada. Uma delas me disse: "Isso não vai acabar nunca". E quase que não acaba mesmo, mercê de minhas múltiplas correções. Tornei-me como o meu predileto autor Marcel Proust, corrigindo e recorrigindo os originais e adicionando e adicionando material. Os assistentes de pesquisa que trabalharam mais longamente comigo, Lucas Rafael Ribeiro Camacho (em 2012-14, 2016 e 2019-presente), Daniele Nogueira Milani (em 2010-11) e Alaís Borges do Nascimento (em 2017-2018), tiveram um papel excepcional na feitura deste trabalho. A eles e elas meus agradecimentos especiais. Agradeço ainda aos demais assistentes de pesquisa, cuidadosos e trabalhadores, Ana Cláudia Sant'Ana (em 2011), Corina Lovison Nassif Avellar (em

2013), Thiago Leite Viana (em 2015), Vittorio Maciel Boscheri Leite (em 2015), Luísa de Azevedo Nazareno (em 2016), Márcio da Silva Alves (em 2016), Raduan Eugenio Harracek van Vettoren Mura (em 2016), Victor Cândido de Oliveira (em 2017) e Marilia de Souza Netto (em 2019).

Tomei coragem para terminar o livro em 2022, e pedi a meu filho João Lucas Quental Novaes de Almeida, que entende muito de história e de economia, além de ter domínio impecável da língua portuguesa e sensibilidade única do que seria demais no texto que estava extenso demais, que se fizesse uma revisão cuidadosa, o que o fez por duas ocasiões. Muito obrigado mesmo, Lucas. Passei seus comentários e cortes para a revisão final do seu xará Lucas Rafael Ribeiro Camacho, estudante de graduação de História e ex-estudante de Economia, para acolher o que sugerira e dar uma atenção especial para os cortes sugeridos, dos quais só ele sabia o que podia ser acolhido, dado a historiografia existente.

Recebi várias sugestões dos professores e colegas do Departamento de Economia da UnB, Flávio Rabelo Versiani, Joanílio Rodolpho Teixeira, Maria de Lourdes Rollemberg Mollo, Maria Luiza Falcão e ainda de Bráulio Porto, da Faculdade de Educação, que leram e comentaram criticamente capítulos deste livro ainda nos primeiros estágios de sua construção e muito lhes agradeço. Agradeço também professora Clotilde Andrade Paiva (UFMG), que gentilmente forneceu material e me deu valiosas sugestões quando em visita a Brasília ainda nos estágios iniciais desta pesquisa. Aos professores Tarcísio Botelho (UFMG), Maria Lucília Viveiros Araújo (USP) e Maria Luiza Marcílio (USP), agradeço o envio de material importante para as conclusões apresentadas neste livro. Ao professor Ronaldo Poletti (Faculdade de Direito da UnB), agradeço a pronta solução de minhas dúvidas sobre a escravidão na Antiguidade e a moderna no Direito Romano, além de tradução de texto em latim. Agradeço ao economista Luiz Zottman, *in memoriam*, que leu e comentou com cuidado uma das primeiras versões deste trabalho. A Gehrard Springweiler, do Instituto Martius Staden (São Paulo), agradeço o envio de cópia digitalizada do "Reescrito" de Heydt, e ao meu colega no Departamento de Economia da UnB, professor Michael Christian Lehmann, agradeço a tradução para o inglês do "Reescrito" sobre um decreto em alemão da Prússia. Agradeço, ainda, aos professores Daniel Domingues da Silva (Rice University) e Philip Misevich (St. Johns University) os valiosos esclarecimentos sobre os dados da *Slave Voyages*, da Universidade de Emory.

Agradeço o carinho e a paciência de minha esposa, a bacharel em diplomacia e mestra em desenvolvimento internacional Elizabeth Kathleen Daniel de Almeida, pelos seus comentários pertinentes e críticos, e que, com muito equilíbrio, ajudou-me decisivamente. Sem Elizabeth os rumos deste livro teriam sido distintos, muito enviesados e muito mais pobres em conclusões.

Brasília, maio de 2024.

PREFÁCIO

O Brasil surge como nação somente após a república em 1889, quando era 88% negro, uma estatística que calculei neste estudo considerando que a população branca na colônia e no Império em uma época com imigração irrisória não poderia ter uma taxa de crescimento superior a de Portugal. É um dado muito acima do número falacioso da auto declaração de cor feita pela população no censo de 1872, de apenas 66% do total. O escravismo definiu o país e foi responsável por sua estagnação econômica no Império. O Império era quase que totalmente analfabeto (97%), se considerarmos que um mínimo de um ano de estudo escolar é necessário para a alfabetização e não o falso 72% que a estatística oficial baseada em auto declaração mostrava. Lamentavelmente, o relapso D. Pedro II na governança trouxe-nos um desenvolvimento medíocre ajudado pelo racista comportamento da aristocracia imperial, sempre preocupada em manter a escravidão. São conclusões importantes que quebram muito dos dogmas da historiografia oficial.

Este é um livro que demandou muito trabalho. Parecia estar essencialmente pronto em 2009, quando verifiquei, após a descoberta de dados até então quase que escondidos do censo de 1872, que estava longe de concluí-lo. Além do pouco tempo, dadas as minhas atividades docentes na Universidade de Brasília (UnB), vim a descobrir muito mais dados e fatos à medida que me debruçava sobre o Império do Brazil (a razão do "Brazil" é explicada adiante). Fique-se claro que o livro é de um economista tornado historiador pelos anos de estudos e de ensino de História Econômica do Brasil e Mundial na Universidade de Brasília.

O ensaio é feito para o público em geral, mas certos itens como o deflator implícito e o cálculo do valor do mil-réis são inevitavelmente técnicos; minha sugestão ao leitor é que abandone estes itens e siga em frente. Vai ver que valerá a pena.

Todo o cuidado é pouco, mas erros de fontes e números são inevitáveis apesar de toda checagem devem ser encaminhados para novaes@unb.br ou para a Universidade de Brasília, Face, Departamento de Economia, 70919-970 Brasília, DF.

SUMÁRIO

INTRODUÇÃO...15

I
POR QUE A COLÔNIA NÃO SE DIVIDIU?...19

II
A POPULAÇÃO NA COLÔNIA E NO IMPÉRIO......................................35

III
O FASCINANTE CENSO DE 1872: PELA PRIMEIRA VEZ SE TEM UMA
VISÃO COMPLETA DE UM IMPÉRIO NEGRO E ANALFABETO.........45

IV
AS CORES BRASILEIRAS E A GRANDE MENTIRA DO CENSO DE 1872....63

V
DOM PEDRO II ERA RACISTA?..89

VI
ESCRAVOS E NEGROS LIVRES NO IMPÉRIO................................117

VII
UMA ANÁLISE COMPARATIVA DA ESCRAVIDÃO E DO RACISMO
NO IMPÉRIO DO BRAZIL E NOS ESTADOS UNIDOS.......................163

VIII
NOVENTA E SETE POR CENTO DO BRAZIL IMPERIAL É
ANALFABETO..187

OUTRAS FONTES PARA ESTIMATIVAS DA ALFABETIZAÇÃO EM 1872...............197

IX
A ECONOMIA DO IMPÉRIO 205

X
A IMPRENSA E A ESCRAVIDÃO..239

CONCLUSÕES...259

QUADROS NO ANEXO ESTATÍSTICO 275

INTRODUÇÃO

A historiografia brasileira é bondosa com o Império do Brazil. Defende que, se não fosse por sua existência, a colônia portuguesa na América teria se esfacelado em nove países, como se dividiram as colônias espanholas na América do Sul, ou mesmo em 18 países, como ocorreu com a totalidade da América hispânica. Essa tese, no entanto, é, na realidade, apenas uma hipótese que, repetida por tantos anos, passou a ser vista de forma acrítica. É improvável que a colônia portuguesa da América, quando independente, se dividiria, e por muitas razões, entre outras: cedo processo de independência, unidade linguística, reduzida influência moura em Portugal, população equilibrada, reduzidas distâncias entre os principais centros populacionais da colônia e centralização político-administrativa portuguesa na América.

O historiador americano economicamente iconoclasta do Brasil Nathaniel Leff já dizia que há dúvida sobre se poderia chamar de nação o Império já que o Brasil, como nação consciente de si mesma, independente, surge depois da abolição da escravatura, em 1888 e abole o Império em 188. Experiência semelhante ocorre com os Estados Unidos, que só surge como nação após a Guerra Civil de 1865, a qual não só termina com a secessão dos estados do Sul, mas, principalmente, torna efetiva a abolição da escravatura, determinada pela XIII emenda constitucional, aprovada pelo Congresso em 31.12.1865, e ratificada pelos estados em junho de 1866.

Em segundo lugar, este ensaio mostra que o Império do Brazil é negro, muito mais do que o censo de 1872 revela e que a historiografia tradicional nos ensina. O Império, em 1872, excluídos os indígenas, tem apenas 16% de escravos e 84% de população livre. É comum e errado associar a população negra com a escrava, e não se pode esquecer jamais de que a maior parte da população negra ao final do Império é livre. Em termos de cores muitos dos chefes de família, livres, que preencheram o formulário do censo diziam ser brancos quando eram pardos ou pretos. Será que o pardo Machado de Assis (1839-1908), que tinha 33 anos em 1872, se declararia pardo para o censo? Possivelmente não, mas jamais saberemos já que os documentos individuais do censo não foram arquivados e tornados públicos após 72 anos, como acontece com os EUA. Com base em análise mais criteriosa do censo, há que se concluir que no meado do Império, excluídos os indígenas, o Brasil era 88% negro e 12% branco. O Império difunde as mentiras formais do censo!

O censo de 1872 foi corretamente aplicado, mas sua leitura foi tornada mentirosa por seus dirigentes e pelos historiadores imperiais. Felizmente, os dados originais não foram manipulados, o que nos permite hoje chegar a conclusões mais realistas sobre o Império do Brazil.

Em terceiro lugar, é preciso admitir que Dom Pedro II era um monarca racista. Era um soberano absolutista que ficou no poder por 49 anos e que, relativamente às políticas antirracistas, pouco fez pelo país nascente. Ao contrário, sua postura racista fica clara por muitas vertentes, a começar com sua firme amizade com Arthur de Gobineau — chefe da legação francesa no Império (1869-70) e principal teórico da supremacia racista da Europa branca, principalmente a germânica, sobre os povos negros, amarelos e mestiços —, que favorecia o racismo.

Dom Pedro teve o desplante de visitar, em maio de 1866, os sulistas derrotados da extinta Confederação dos Estados Americanos que emigravam para o Brasil, tendo ainda "contribuído para com as despesas dos estrangeiros". O Brasil era então o único país independente no Ocidente que ainda admitia o escravismo. Ações deste tipo diziam claramente aos ricos brasileiros que o imperador era racista e escravista.

Os racistas e os escravistas brasileiros sempre usavam o posicionamento do imperador como prova de que o escravismo era válido e correto. Dom Pedro jamais fez, em seus 49 anos de reinado no Brasil, o que o imperador Meiji fez no Japão em seus 45 anos no poder: transformar um pobre e atrasado país em um líder mundial. O Japão conseguiu derrotar uma China decadente, em 1894, e derrotar em 1905 o Império Russo em sua fase final de expansão territorial, um império racista no qual o czar Nicolau II chamava os japoneses de "pequenos homens amarelos" ou, simplesmente, "macacos".

E, em quarto lugar, há que se ressaltar que o Império é analfabeto. O censo falsamente diz que 22% da população sabe ler, esquecendo-se de mencionar que o índice se refere somente à população livre, e não a sua totalidade. É importante levar em conta, também, que as declarações foram preenchidas pelos chefes de família que normalmente superestimam a alfabetização por múltiplas razões. Baseando-me no crescimento das matrículas escolares no Império (somente os ricaços tinham professores estrangeiros ou nacionais em casa), concluo que 97% da população era analfabeta.

Finalmente, o Império é pobre e economicamente retardado: nos 70 anos entre 1820 e 1890, a renda per capita do Brazil cai de 51% da renda per capita americana em 1820 para 23% em 1890. O Império perde o bonde da história, cabendo à República buscar reduzir o atraso.

Notas da Introdução

[1] Dados derivados do censo de 1872 e corrigidos pelo autor, conforme a Tabela IV.1, "População da Colônia em 1810 e do Império em 1872". A estimativa do autor para a população branca em 1872 foi calculada supondo simplesmente e otimisticamente que a taxa de crescimento da população branca do Império era a mesma de Portugal.

[2] "Contribuído para com as despesas dos estrangeiros", p. 74 de Dawsey e Dawsey (2005).

[3] As informações sobre a ascensão japonesa e sobre as guerras que a marcaram estão disponíveis em Horne (2015) e em Lieven (2015).

Referências bibliográficas

Dawsey, Cyrus B. e Dawsey, James M., org. 2005. "A Narrativa de Sarah Bellona Smith-Ferguson," *in Americans: Imigrantes do Velho Sul no Brasil*. Trad. Paulo Wisling. Piracicaba: Unimep. Original The Confederates, Old South Immigrants in Brazil. Tuscaloosa: Univ. of Alabama Press.

Horne, Alistair 2015. *Hubris: The Tragedy of War in the Twentieth Century*. New York: Harper Collins.

Leff, Nathaniel, 1982[1991]. *Subdesenvolvimento e desenvolvimento no Brasil – Vol. I A Estrutura e Mudança Econômica 1822-1947*.

Lieven, Dominic. 2015. *The End of Tsarist Russia – the March to World War I*. New York: Viking (Penguin Random House LLC).

Maddison, Angus. 2001.*World Economy: a Millennial Perspective*. Paris: Development Centre, OECD.

POR QUE A COLÔNIA NÃO SE DIVIDIU?

A historiografia imperial afirma que a existência da unidade territorial do Império do Brazil teria sido consequência da monarquia, pois a independência fora realizada pelo filho do rei. Do contrário, o novo país dividir-se-ia como já ocorrera com as colônias espanholas na América.

Por outro lado, a historiografia brasileira ingenuamente explica que as colônias britânicas na América se dividiram em dois países gigantescos, os Estados Unidos e o Canadá, dado, exclusivamente, o poderio excepcional da Grã-Bretanha nos séculos XVIII e XIX. Se esta é uma explicação convincente para o Canadá (independente tardiamente, comparado aos demais países americanos, em 1867), não o é para os Estados Unidos, em que as antigas 13 colônias britânicas poderiam ter-se dividido em pelo menos dois ou três países, dado os tamanhos de Nova York, Pensilvânia e da escravagista Virginia, que é bem diferente das duas primeiras. A historiografia diz também que tanto Portugal quanto Espanha estavam enfraquecidos politicamente e militarmente no século XIX. Por essa lógica, a colônia brasileira ter-se-ia esfacelado, dado a criação do Império. A historiografia brasileira não explica ainda em uma época em que o transporte marítimo era uma fração do terrestre como as colônias britânicas no minúsculo mar do Caribe, se tornariam 11 países independentes e sete colônias britânicas em 2024, e não uma Anglo-América insular e independente.

A história é escrita pelos historiadores, e boa parte deles servia ao Império, como Varnhagen (tão monarquista que se torna mais tarde o Visconde de Porto Seguro), Oliveira Vianna, além do próprio Barão do Rio Branco. São eles que insistem que, se a independência não tivesse sido feita pelo filho do rei, o novo país teria sido dividido. A "prova" disso seria o esfacelamento das colônias de fala castelhana na América em numerosos países em oposição a um único país na América portuguesa. É um argumento poderoso, mas é uma hipótese irrealista, por numerosas razões.

Primeiro, Portugal unificou-se como reino bem cedo, no século XII (em 1179 o Papa Alexandre III reconhece o condado portucalense como Reino). Além de antiga, a unidade de Portugal jamais foi contestada internamente — não houve tentativas de dividir o país em dois ou três "Portugais", por exemplo, ainda mais que o território português é pequeno, aproximadamente igual ao da Hungria.

Ao contrário, a Espanha forma-se muito mais tarde, com o casamento de Isabel, de Castela e Fernando, de Aragão em 1469, o que "pone la primera piedra de la convergencia de los reinos hispánicos peninsulares", como afirmam García de Cortázar e González Vesga (1994). O último reino mouro, Granada, é conquistado só em 1492, quando Castela também descobre a América. Felipe II (1555-98) é o primeiro monarca que se autodenomina rei de Espanha, quando Portugal já era unificado há muitos anos.

A maior parte dos historiadores espanhóis, como García de Cortázar e González Vesga, coloca a união dos reinos espanhóis em 1474 como sendo a da unificação da Espanha. Os citados historiadores são claros: a história espanhola teria como base dependência pessoal e *foral* (em espanhol, quer dizer territorial) de cinco reinos bem distintos, com línguas distintas: Aragão, Astúrias, Leão, Castela e Navarra. Após a unificação dos cinco reinos, a Espanha passa por um longo período (1518-1700) que alguns historiadores chamam posteriormente e incorretamente, de Monarquia Universal, que começa com o austríaco Habsburgo Carlos I, que, por razões estritamente genealógicas, assume Castela (sem falar uma única palavra de castelhano) em 1516.

Mais adiante, em 1519, Carlos torna-se, por eleição, imperador do Sacro Império Romano e portador de nada menos que 72 títulos dinásticos, dos quais 27 reinados (que não incluem Portugal), 13 ducados, 22 condados e 10 domínios feudais. Seu império formal era gigantesco. Quando abdica em 1556, o Sacro Império tinha se reduzido à dinastia dos Habsburgos em território germânico, segundo Heer (1967). Mas a Casa da Áustria continua a dominar a Espanha até 1700 (em que o rei espanhol se torna também, em 1580, rei de Portugal até 1640). A partir de 1492, com Colombo, a Espanha torna-se uma potência colonial.

A casa da Áustria, em 1519 (ou os Habsburgos, como falam os historiadores não espanhóis), tem o domínio da Espanha, dos Países Baixos espanhóis (o que inclui os atuais Países Baixos e a Bélgica), de Luxemburgo, do Franco-Condado (atualmente parte da França), do Ducado de Milão, da Áustria, de Nápoles, da Sicília e da Sardenha, além de colônias na América e nas Filipinas. O problema de dinastias é que criam lealdades "intrinsecamente frágeis", no dizer de Greengrass (2014), o que favorece a divisão do território como aconteceu na América hispânica.

Portugal, ao contrário, tem interesses europeu apenas *pro forma* (a sua preocupação permanente é a Espanha, com a qual consegue manter boas relações desde o Tratado de Tordesilhas, de 1494), e já em 1415 conquista Ceuta, Açores em 1427 (povoada desde 1439) e Cabo Verde (povoado em 1456-62), além de numerosos portos e feitorias na África ocidental até chegar à Índia, com Vasco da Gama em 1498, e ao Brasil, com Cabral em 1500. Como disse Sérgio Buarque de Holanda 1936[1947]) Portugal é sempre cauteloso e descobre o caminho marítimo das Índias como quase uma cabotagem já que conhecia bem os caminhos da África Ocidental. Ao contrário, a Espanha é radical e empreendedora e acolhe Colombo com o seu caminho mirabolante para a Índia.

Segundo, Portugal fala uma só língua, ao contrário da salada linguística espanhola com castelhano, catalão, aragonês, galego e basco como línguas importantes. Língua é crucial para a unidade nacional. Ainda hoje, o Brasil é o único país do mundo de alta população que só tem uma única língua, ao contrário de outros, como o Canadá, China, Índia, Rússia e os EUA (em que mais de 1% da população é de fala castelhana).

Terceiro, a influência moura é fortíssima na Espanha, o que irá facilitar a existência de suas múltiplas nacionalidades. Os mouros batizados quase que compulsoriamente como católicos em 1492 continuaram vivendo pacificamente na Espanha até 1609 sob domínio real, quando foram expulsos por Felipe III para o Norte da África, conforme mostra Carr (2009,22). Portugal conquista o Algarve mouro em 1245, e sua incorporação ao território português é de 1267, depois de disputa pacífica com o Reino de Castela.

Basta ver que a colônia portuguesa na América é bem equilibrada em termos populacionais. Em 1823, logo depois da independência, a participação da população nas duas principais províncias do atual Nordeste (Bahia com 17% e Pernambuco com 11%) no total da colônia é similar à das duas províncias do Sudeste (Minas Gerais com 16% e Rio de Janeiro com 11%). A sede do governo-geral transfere-se da Bahia para o Rio de Janeiro em 1763, dando novo equilíbrio demográfico e econômico à colônia. Ao contrário, a América hispânica tem centros populacionais e econômicos bem distintos e bem separados geograficamente no México, no Peru e na Prata, além de lugares muito longínquos na América, com baixíssima população, como a Califórnia.

Ao contrário da América espanhola, a América portuguesa tem distribuição populacional interiorana que favorece a unidade territorial. A província de Minas Gerais em 1823 tem 16% da população, bem próximo da maior província, a Bahia, com 17%. A criação de permanentes centros urbanos em Minas Gerais, como bem assinalou Evaldo Cabral de Melo (1997), foi único no continente no período colonial brasileiro, causado pelo ciclo do ouro, tardio em relação à América hispânica. Portugal no ciclo do ouro brasileiro no século XVIII tem uma população bem superior à do século XVI, quando tinha apenas um milhão de habitantes. Esse excesso de população permite uma forte imigração para a América portuguesa no século XVIII, onde a população, cujo maior contingente é negra cresce de 1,1 milhão em 1600 para 3,3 milhões em 1820. Levando em conta o tamanho do território e da economia, há um excesso de população em Portugal em relação à Espanha, que passa de 13% da população espanhola em 1600 para 27% em 1820. Por outro lado, mesmo algumas províncias marítimas são bem equilibradas, com Pernambuco (11% da população), Rio de Janeiro (11%). São Paulo é minúsculo em 1823, com apenas 7% da população.

As distâncias entre os quatro maiores centros populacionais (Bahia, Pernambuco, Minas Gerais e Rio de Janeiro) em 1823 são pequenas, com fácil transporte marítimo em três deles, que permite a administração colonial ser conduzida facilmente de um único vice-reinado. O sucessor do estado do Maranhão, o estado do Grão-Pará e Maranhão, é extinto em 1772, marcando o término da fase de dois "Brasis", conforme mostra Oliveira Marques (1918). Não é à toa que a principal revolta contra os portugueses se dá na distante Ouro Preto em 1776, de difícil acesso do Rio de Janeiro. Ao contrário, as distâncias na América espanhola são gigantescas, o que leva ao aparecimento de numerosos centros populacionais e centros ligados diretamente à Espanha (o que iria favorecer a criação de países independentes) que são os vice-reinados da Nova Espanha (que inclui o México, inclusive a gigantesca Califórnia e outros territórios que viriam a se constituir em estados dos EUA), Nova Granada (Colômbia e Panamá), Peru e da Prata, e as capitanias gerais da Guatemala, Cuba, Venezuela e Chile.

Em sétimo lugar, a América portuguesa torna-se o Reino Unido de Portugal, Brasil e Algarve em 16.12.1815, abandonando assim seu status colonial. É um vínculo sem volta, único no continente americano e mesmo no mundo após o Reino Unido da Inglaterra, Escócia e Irlanda. Havia, é claro, razões concretas para a mudança política, dada a trasladação da família real de Lisboa para o Rio de Janeiro em 1808, mas a razão fundamental foi o Congresso de Viena, em 1815, que traçaria o mundo europeu após as guerras napoleônicas. Talleyrand, o embaixador de uma França derrotada sugeriu a mudança de status aos plenipotenciários portugueses como forma de aumentar a importância de Portugal nas discussões do Congresso, e D. João aceitou-a de bom grado. Pelas leis portuguesas, o status colonial do Brasil jamais retornou oficialmente após o Reino Unido e Portugal continuou a usar a denominação de Reino Unido até o reconhecimento formal da independência após o Sete de Setembro de 1822; ainda em janeiro de 1823, um ofício do ministro dos Negócios do Reino às Cortes fala em "Províncias rebeldes do Brasil", ratificando o conceito da existência do Reino Unido, mesmo após o Sete de Setembro. Somente em 1825 Portugal reconhece a independência brasileira. O Reino Unido de Portugal, Brasil e Algarve existe formalmente do ponto de vista português por muitos anos, de 1815 a 1825. Na verdade, a data do fim do status colonial é 16 de dezembro de 1815, quando um decreto real cria o reino unido e usa o termo *elevando* (este é o termo de decreto real) o Brasil à categoria de Reino Unido, tornando desta forma claro que o estatuto colonial está encerrado.

Que é reino unido, é mesmo. Deputados brasileiros são eleitos no Reino Unido e participam das Cortes Constitucionais de 1821-22, mas em pouco tempo se unem e percebem de início as "atitudes recolonizadoras das cortes portuguesas" e finalmente são "expulsos de Portugal sob pedradas e cusparadas", no dizer de Adriana Lopez e Carlos Guilherme Mota (2008).

Alguns historiadores, como Ludwig Lauerhass Jr. e Carmen Nava (2007), não dão importância ao Reino Unido. Do mesmo modo, Lopez e Mota falam que "o rótulo de Reino Unido não disfarçava a condição colonial", mas o cuidadoso Oliveira Lima afirma que o novo status deu à colônia brasileira características típicas de metrópole, corroborando a visão da importância do Reino Unido. Oliveira Lima detém-se na discussão sobre as primeiras providências das Cortes após a revolução constitucionalista de 1820 visando transformar em províncias de Portugal as diferentes províncias do Reino Unido no território brasileiro. Foi uma tentativa de eliminar o Rio de Janeiro como centro político, judiciário e administrativo do Reino Unido. Como diz Oliveira Lima, "as Cortes queriam um só reino com duas seções – europeia e americana – reunidas na pessoa do monarca, como a Áustria-Hungria e a Suécia-Noruega e outras". De fato, o projeto da "Constituição da Nação Portuguesa", de 23.9.1822, portanto posterior ao Sete de Setembro, refere-se ao "Reino Unido de Portugal, Brasil e Algarves, d'aquém e d'além-mar em África" com diversos artigos para "Reino de Portugal" e "Reino do Brasil".

Kenneth Maxwell (1999), o historiador britânico bem ciente do sucesso do Reino Unido da Inglaterra, Escócia e Irlanda (desde 1707), depois de analisar o Reino Unido de Portugal, Brasil e Algarve, concluiu que o sentimento anti-monarquista no Brasil não era suficientemente forte para uma rejeição da dominação europeia, como tinha acontecido na América do Norte e na América espanhola, uma vez que o "movimento a favor da continuidade era mais forte no Brasil do que em Portugal que, em 1808 (quando a família Real trasladou-se ao Rio de Janeiro) havia perdido não só a monarquia, como também se sujeitava a invasões, à guerra e a um protetorado britânico de fato". Maxwell alude que o "Manifesto da Nação Portuguesa aos Soberanos e Povos da Europa", de 1820 (curiosamente em francês, talvez para ser distribuído no exterior), que desencadeou a Revolução Liberal, fala explicitamente que "A ideia do *status* de colônia ao qual Portugal tem sido, com efeito, reduzido, aflige profundamente todos aqueles cidadãos que ainda conservam sentimento de dignidade nacional". E o Manifesto, horrorizado, diz que "A justiça é administrada a partir do Brasil para os povos leais da Europa", o que corrobora a tese de que o Reino Unido é para valer mesmo e que o Brasil não tem *status* colonial desde 1815. Como diz Maxwell, "a revolução 'anticolonial' ocorreu no Porto e não no Rio de Janeiro". Assim, Portugal era como quase uma colônia a partir de 1815, e não o Brasil. Assim, formalmente, o Brasil tornou-se independente formalmente em 16.12.1815, mesmo antes da independência de Chile (1818) e México (1821), mas depois do primeiro país hispano-americano, Venezuela (1810). Conclui Maxwell primorosamente: "O Brasil havia sido independente, para todas as intenções e propósitos, desde 1808 (quando a corte mudou de Lisboa para o Rio); desde 16 de dezembro de 1815 o Brasil fazia parte de um reino unido, em pé de igualdade com Portugal. O que estava em jogo no início da década de 1820 era mais uma questão de monarquia, estabilidade, continuidade e integridade territorial do que de revolução colonial".

Em 1822 se pensa, erradamente, que a colônia era muito maior do que era na realidade, o que justificaria a centralização do território, e não uma descentralização típica das repúblicas. A primeira estimativa da área brasileira e como as demais do Império é não oficial e é de J. C. R. Milliet de Saint Adolphe (1845), de 10,4 milhões de km^2. A área é aumentada na estimativa de Cândido Mendes de Almeida para 11,1 milhões de km^2 e para 12,7 milhões de km^2 no censo de 1872: o Império, sem dúvida, tem todo interesse em superdimensionar à área do território brasileiro. Aparentemente, a "primeira estimativa oficial para a superfície do território brasileiro" só ocorre em 1889, na República, e é de 8,3 milhões de km², obtida das "medições e cálculos efetuados sobre as folhas básicas da *Carta do Império do Brazil*", publicadas em 1883; pergunto-me porque o Império que já tinha as citadas folhas básicas não deu publicidade a esta estimativa por meio de decreto, senão para manter a ficção de 12,7 milhões de km²? A área exagerada era apresentada como resultado do prestígio do Império e semelhante ao prestígio do Reino Unido britânico que gera a pequena área original dos EUA e os gigantescos Canadá, Austrália e a Nova Zelândia.

Simplesmente não se pode afirmar que, se a independência tivesse sido feita por outros que não o príncipe regente, o país ter-se-ia esfacelado. Isso é uma mera especulação e provavelmente falsa.

Um Império Fajuto e Pomposo

O nome de Brazil foi escolhido neste estudo porque é um símbolo do descaso da monarquia com o país, que enfatiza o "Império" e menospreza seu nome.

O que se espera de um país com uma única língua é que tenha a mesma ortografia para o seu nome, seja por norma oficial — como é o caso da Espanha, da França —, seja por costume, como a Grã-Bretanha. É claro que não havia obrigatoriedade de se ter a mesma ortografia, mas todos os governos razoavelmente preocupados com seus países praticam uma uniformidade de escrita. A ausência de um nome-padrão é indicativa de descaso, diria até desprezo, com o próprio país. E esta é a característica do Império do Brazil. O "Império" é importante, mas o nome do país não o é.

Nos documentos oficiais, como, por exemplo, na legislação, os nomes Brasil e Brazil aparecem indistintamente: debalde se procura certa ordem, isto é, uma indicação de que uma nomenclatura tenha sido paulatinamente substituída pela outra. A Constituição Imperial de 1824 aparece como a "Constituição Política do Império do Brazil", mas ledo engano, a legislação subsequente não utilizou essa grafia necessariamente. Por exemplo, a Lei nº 234, de 23.11.1841, que criou o Conselho de Estado, usa Brasil. Na verdade, o Império usa pouco o nome do país, e sempre menciona primordialmente o "Império", como se tivesse vergonha do nome do país. É como se hoje falássemos sempre em "República Federativa", e não em Brasil, nos documentos oficiais da República. O mau exemplo do período imperial contamina, é claro, a República.

O menosprezo do Império do Brazil com o nome do país pode ser notado no que é talvez um dos símbolos mais importantes do país, sua moeda. Na primeira impressão de cédulas em 1833, as cédulas continham a nomenclatura Brasil (e o número 1 grafado como *hum*, o que até hoje se usa em cheques), o que ocorre com todas as cédulas emitidas até 1870. Em 1871 a nomenclatura Brazil aparece pela primeira vez, e dever-se-ia esperar que continuasse adiante. Mas, não; em 1873 retorna o **s**, sugerindo assim que a grafia com **z** de 1871 foi apenas um lapso e que o certo é Brasil. Na verdade, não houve nenhum lapso, já que em 1882 vem o **z** novamente, que continua de 1885 até o reaparecimento do **s** em 1887. Nos dois últimos anos do Império, em 1888-89, a grafia é com **z**. A monarquia morre, portanto, como sendo o Império do Brazil. O dinheiro é, obviamente, importantíssimo na vida dos povos, mas o descaso do Império com o nome de sua moeda é estarrecedor.

O Império do Brazil faz a primeira emissão da moeda nacional, o mil réis, somente em 1833, isto é somente 11 anos após a independência, mantendo o nome português de um padrão monetário criado em 1435 e a sistemática de dividir o real em milésimos, e não em centavos, que já é a prática das principais moedas estrangeiras do século XIX e que poderia marcar uma nova moeda; comparativamente, é como se os Estados Unidos, independente em 1776, tivesse como moeda nacional um padrão monetário chamado libra esterlina, que é a moeda britânica. Ao contrário, os Estados Unidos, na sua praticidade, usam o nome *dólar*, que é o descendente nominal do *Joachimsthaler*, a moeda do Sacro Império, em que as duas barras simbolizam os pilares de Hércules como nota Heer (1967), dizendo que é realmente descendente de Roma e é um império em verdade, e não uma república. O Império continua a chamar a moeda pelo seu nome histórico de 1435, o real. Se fosse feito em 1822 um novo padrão monetário, como os americanos em 1776, e posteriormente os franceses, dada a Revolução Francesa em 1789, fizeram-no, teria sido muito melhor. Considero isso uma subserviência do Império a Portugal, sem dúvida.

A negligência do Império é poderosa e contamina a República até 1943, quando finalmente tudo fica em ordem com o Acordo Ortográfico. De fato, na república a confusão continua, pelo descaso inicial do império. O nome Brazil, que é herdado do dinheiro do Império, continua sendo usado, nas cédulas republicanas, com **z**, de 1889 até 1942, mas não sistematicamente, já que, em 1910, 1920, 1921, 1922, 1923, 1927, 1931 e 1936, o **s** é utilizado exclusivamente. Em muitos anos, como 1924, 1926, 1929, 1930, 1932, 1936 e 1942, tanto **s** quanto **z** são usados concomitantemente. Por que o Império do Brazil?

Por que não Reino do Brazil, e sim o Império do Brazil? Os impérios anteriores ocidentais, como o Império Romano, o Sacro Império Romano (a partir do século XVI, Sacro Império Romano da Nação Germânica), o Império Britânico, o Império de todas as Rússias (1721-1917) e a Áustria--Hungria (que se tornou o Império Austro-Húngaro em 1867), tinham características em comum: eram multilinguísticos com diversas nacionalidades em um extenso território. E, como observou o historiador Lieven (2015), os impérios sempre têm povos conquistados.

O Império do Brazil não era nada disso: muitas etnias bem misturadas (numerosas etnias negras, numerosas etnias indígenas e numerosas europeias), com características multirraciais, mas uma só língua e uma única nacionalidade. O caráter de povos conquistados poderia ser arguido somente pelo controle da Província Cisplatina (que se tornaria independente em 1828), que claramente já era um território em via de independência em 1822.

Foi a maçonaria, mais precisamente o Apostolado, que sugeriu o título de imperador, como observa Emília Viotti da Costa (1968). O Apostolado é um grupo conservador liderado por José Bonifácio, cujos membros juravam: "Procurar a integridade, a independência e a felicidade do Brasil como Império Constitucional".

E Mareschall, o ministro da legação austríaca no Rio de Janeiro à época, com sua sabedoria diplomática europeia, ficou surpreso com o título: "É ainda impossível prever as consequências da mudança que S. A. Real fez de um título legal para um contestado, mas... os brasileiros estão simplesmente envaidecidos com os títulos de Império e Imperador".

O título é pomposo, sem base histórica — Portugal jamais teve um imperador anteriormente a Pedro I, mas o Apostolado, conforme Emília Viotti da Costa tinha como objetivo "realizar a Independência com um mínimo de alterações possíveis na economia e na sociedade".

A coroação de D. Pedro em 1º de dezembro de 1822 é uma confusão cerimonial incrível, quase que semi-carnavalesca, seguindo os ritos de coroação dos imperadores "romano-germânicos... e a de Napoleão I e o uso em voga na Hungria de cortar o ar com a espada", em uma cerimônia estruturada por uma comissão, em que José Bonifácio, então ministro do Império, era um dos membros, conforme menciona José Honório Rodrigues (1975).

O preciso historiador Ilmar Rohloff de Mattos (1944) nota que "a ideia do Império também não deixa de se insinuar através da experiência mexicana... em maio de 1822 [quando]... o alto clero e a aristocracia mexicana proclamam a independência do México, sob um imperador de nome Agostinho I, o general Iturbide". Agostinho I só durou até 1823, quando a república foi declarada. A outra experiência mexicana, de Maximiliano, entre 1864-67, no que seria o Segundo Império Mexicano, terminou melancolicamente com seu fuzilamento pelos patriotas mexicanos. Sem dúvida Pedro II deve ter pensado muito na morte violenta do seu primo Maximiliano, o que, psicologicamente, fê-lo aliar-se ainda mais aos latifundiários do açúcar e do café.

Os historiadores independentes do Império não se enganam, no entanto; a começar com Joaquim Nabuco, que escreve sempre o Primeiro Reinado e o Segundo Reinado, e não o Primeiro Império e o Segundo Império, como escrevem os historiadores franceses influenciados pela experiência francesa de um segundo império de Napoleão III, totalmente diferente do primeiro com Napoleão Bonaparte, que seria Napoleão I historicamente.

Monarquia ou República quando na Independência:
Considerações políticas e as revoltas armadas no século XIX

Marc Bloch (1946), em seu capítulo "Por que sou republicano", escrito em um jornal clandestino da resistência francesa em 1943 (e mais tarde publicado em seu livro *A estranha derrota*), enumera as condições importantes que favorecem a monarquia, que aparece como a instituição que é responsável pela unidade da França, "submetendo os inumeráveis poderes locais da época feudal" ao poder central. A monarquia, assim, no seu ver, tem uma razão de existir na Europa: trata-se de um progresso político em relação ao feudalismo. É claro que essa razão é irrelevante para a colônia brasileira, que jamais conheceu o feudalismo. A forma não artificial do novo país independente seria a república.

Bloch menciona que duas concepções opostas do poder real vêm à mente: uma, a que faz do rei o servidor de interesse geral a serviço de todos e encarregado de eliminar todas as exceções, além de todos os privilégios. A outra via, ao contrário, em lugar do guardião dos direitos conquistados, via no rei o poder que, por sua própria presença, consolidava o princípio de hierarquia no Estado, sendo a peça fundamental dos edifícios sociais e de seus inúmeros organismos: em síntese, o rei é ele mesmo o maior protetor dos privilégios e exceções. É interessante que Bloch, referindo-se à monarquia francesa, conclui que, entre essas duas concepções a monarquia jamais se decidiu. Sua inércia em reduzir os privilégios e se constituir em uma proteção contra o feudalismo fê-la perder, ao fim do século XVIII, uma grande parte da confiança da Nação. Essa mesma situação foi típica no Império do Brazil, o imperador jamais tentou reduzir os seus poderes e os privilégios dos aristocratas do açúcar do Norte e dos barões do café das províncias do Rio de Janeiro e de São Paulo. Apoiou-se, na verdade nos escravocratas e nesta oligarquia de fato, para se manter no poder e admitia apenas uma discussão *pro forma* pela imprensa, que era lida somente pela elite, já que o país era 97% analfabeto, como será visto adiante, ou em um parlamento cujos debates interessavam apenas a um número ainda menor de brasileiros. A monarquia brasileira foi tão ambivalente ao país quanto à monarquia francesa.

As revoltas brasileiras foram reduzidas no Império do Brazil, e nada indica que teriam sido mais violentas, se o país tivesse se tornado independente como república em 1822. Revoltas armadas com perdas fortes de vidas humanas jamais aconteceram no Império do Brazil e mesmo na República.

Quando se resume a totalidade de mortos nas rebeliões conhecidas de 1825 a 1905, alcança-se cifra inferior a 100 mil brasileiros mortos, conforme Glauco Carneiro (1965) e Donato (1996), em uma população de 10 milhões em 1872. Observa-se que a década que trouxe maior número de mortos foi a de 1835-45, quando ocorreram diversas revoltas em diversas partes do Brasil, do Sul ao Norte, em decorrência da pouca atenção e recursos dados às regiões distantes à Corte. Em muitas revoltas, como a Cabanagem e a Balaiada, eram oferecidas liberdades aos escravos que lutassem, caso houvesse vitória: trata-se, na verdade, de lutas abolicionistas.

Frisa-se a diferença entre Portugal e Espanha. Portugal é um reino absolutista, fortemente centralizado, que jamais conheceu o feudalismo, segundo o português Alexandre Herculano, tese não aceita pelo historiador brasileiro Evaldo Cabral de Melo. A Espanha, ao contrário, teve um longo período de feudalismo quando o seu território, por exemplo, em 1550 ainda dispunha de cinco diferentes monarquias. Não é à toa que Cervantes escreve em 1605-15, *Don Quijote de La Mancha*, um épico de um período feudal longínquo, mas muito firme na cabeça dos espanhóis. Nada semelhante ocorreu aos portugueses, que, ao contrário, abominam referências a um feudalismo que jamais conheceram. O grande romance português é escrito por Luís de Camões, *Os Lusíadas*, em 1572, que narra os efeitos gloriosos de uma nação já consolidada há mais de 300 anos. Como o feudalismo é importante para a formação da democracia sua inexistência deu uma sobrevida o absolutismo em Portugal e no novo Império do Brazil.

Veja-se que os habitantes da América ibérica falam português e castelhano, e não português e espanhol, já que a conquista da América foi feita não pela Espanha, mas pela Coroa de Castela exclusivamente, que posteriormente, mesmo após a criação do Reino da Espanha, tinha o monopólio legal da conquista e colonização, conforme elucida cuidadosamente Klein (1967) para explicá-lo ao leitor estadunidense que pensa, erradamente, que a América hispânica fala espanhol, e não castelhano. Algumas vezes, modernamente, no entanto, nas áreas de forte influência hispânica nos EUA moderno, a língua é definida como *Castilian/Spanish* em documentos médicos. A conquista da América foi feita por um Portugal já velhote e experimentado.

Mas vamos imaginar que a independência tivesse sido feita por outros que não o filho do rei: o novo país teria se esfacelado? É pouco provável! A independência teria sido feita, possivelmente, por alguém do porte de um José Bonifácio, bem mais inteligente que Pedro I, e possivelmente teríamos uma república e algumas revoltas aqui e acolá sem maior profundidade. Não é à toa que o então arguto ministro da legação austríaca no Rio de Janeiro, o Barão Mareschal, em 22.01.1822, portanto após o retorno de D. João VI a Portugal, escrevia a Viena "que se Dom Pedro partisse todos os brasileiros se apegariam à solução republicana", como nota Oliveira Lima (1922).

A história do século XIX é escrita por historiadores ligados ao Instituto Histórico e Geográfico Brasileiro (IHGB), instituição oficial do Império, criada em 1838, a quem Pedro II dava atenção especial, tendo presidido quase 600 sessões do IHGB, como Lilia Schwarcz (1998) observa. Já Von Martius em 1843, enfatiza a monarquia na monografia laureada pelo IHGB "Como se deve escrever a história do Brasil", e dizia, para o "historiador do Brasil, para escrever um verdadeiro serviço à sua pátria, deverá escrever como autor monárquico-constitucional". Arremata Luísa Maria Paschoal Guimarães (2018) que "forjou-se a noção de que o estatuto da colônia para o país independente fosse um processo natural, sem traumas ou rupturas... em contraste com as experiências republicanas conturbadas dos seus vizinhos no continente americano". Os historiadores imperiais repetem sempre que o novo país segue muito de frente a geografia estabelecida por Portugal e Espanha nos Tratados de Madrid (1750) e de Idelfonso (1777), que é uma verdade formalmente, mas não dizem que o novo país a oeste do limite de Tordesilhas é um vazio demográfico com exceção dos territórios do rio da Prata.

Notas de Por que a colônia não se dividiu

[4] *Oliveira Lima (1908) observa que a sugestão foi dada por Talleyrand aos três plenipotenciários portugueses no Congresso de Viena, mas que não encontrou observação semelhante na própria biografia de Talleyrand. Arremata, no entanto, o sempre preciso Oliveira Lima que "A elevação do Brasil à Reino [é] mais do que a consagração de um fato consumado a legitimação de uma situação a que não havia de fugir".*

[5] *Somente na Constituição de 1891 encontra-se o nome Brasil, sistematicamente corrigido nas provas tipográficas do revisor Ruy Barbosa. Na constituição, tem-se Brasil, mas o Decreto 914A, de 03.10.1890, que providenciou a publicação da Constituição, fala em "Governo Provisório da Republica dos Estados Unidos do Brazil". Nem Ruy consegue dar jeito na ortografia. A bem da verdade, conforme dito, apesar do exemplo constitucional, as duas formas continuaram sendo utilizadas indistintamente até a publicação do Pequeno Vocabulário da Língua Portuguesa, edição de 1943, que explicitamente tem como base o Vocabulário Ortográfico da Língua Portuguesa, da Academia de Ciências de Lisboa, publicado em 1940. Só a partir daí é que o nome Brasil se tornou único.*

[6] *O padrão monetário do império é o real, mas ele não tem expressão econômica e é utilizado normalmente pelo seu plural, réis, ou mais comumente por mil-réis (Rs $000), escrito às vezes nos trabalhos da época "mil-réis", "mil réis"; neste ensaio utilizaremos o termo "milréis" junto para tornar claro que é somente um único nome, e não um múltiplo. As cédulas têm muitas vezes um único algarismo representativo (por exemplo, 5), seguido por extenso do nome ordinal e de "milréis" (por exemplo, cinco milréis), ou seja, lê-se "5 cinco milréis", em uma confusão incrível, pouco apropriada para um país novo e de muitos analfabetos.*

[7] *"A fictícia incorporação fizera-se contra os sentimentos dos brasileiros. Só D. Pedro, cada vez mais dominado de suas impulsões, é que entendeu que deveria manter por força aquela absurda conquista" [Rocha Pomba, citado por Harnâni Donato (1996)].*

[8] *"Procurar a integridade, a independência e a felicidade do Brasil como Império Constitucional" [Citação compilada por Henri Raffard ("Apontamentos acerca de pessoas e coisas do Brasil," Revista do Instituto Histórico e Geográfico Brasileiro XLI, pt. II, 96), no trabalho de Rizzini (1946), conforme anotado por Emília Viotti da Costa (1968). Consultei a referência no citado número da revista do IHGB, mas não encontrei o texto citado.*

[9] *"É ainda impossível prever as consequências da mudança que S. A. Real fez de um título legal para um contestado, mas... os brasileiros estão simplesmente envaidecidos com os títulos de Império e Imperador" [Citação colhida da seção "Imperador e não Rei", de José Honório Rodrigues (1975)].*

[10] *"Realizar a Independência com um mínimo de alterações possíveis na economia e na sociedade" [Citação de Emília Viotti da Costa (1968)].*

[11] *"Romano-germânicos... e a de Napoleão I e o uso em voga na Hungria de cortar o ar de com a espada" [Citação de José Honório Rodrigues (1975)].*

[12] *"A ideia do Império também não deixa de se insinuar através da experiência mexicana... em maio de 1822 [quando]... o alto clero e a aristocracia mexicana proclamam independência do México, sob o título de Agostinho I, o general Iturbide" [Citação de Ilmar Rohloff de Mattos (1944)].*

[13] *"Submetendo os inumeráveis poderes locais da época feudal" [Citação de M. Bloch (1946)].*

Referências bibliográficas

Andrade, Marcos Ferreira de. 2008. *Negros rebeldes nas Minas Gerais: a revolta dos escravos de Carrancas*, em Arquivos Históricos. São João Del Rei: Univ. Fed. Em www.documenta.ufsj.edu.br/modules/wfdownloads/singlefile.phpcid=8&lid=15.

Bloch, Marc. 1946 [1990]. *L'étrange défaite. Témoignage écrit em 1940*. Preface de Stanley Hoffmann. France: Gallimard (Collection Folio/Histoire). 332p.

Brasil. [1824]. Constituição. Constituição Política do Império do Brazil. Rio de Janeiro. http://www.planalto.gov.br/ccivil_03/Constituicao/Constituicao24.htm.

_____. [1891]. Constituição. Constituição da República dos Estados Unidos do Brasil. Rio de Janeiro. http://www.planalto.gov.br/ccivil_03/Constituicao/Constituicao91.htm.

_____. Lei nº 234 de 23 de novembro de 1841. http://www.planalto.gov.br/ccivil_03/leis/LIM/LIM234.htm.

Cabral de Melo, Evaldo. 1997. Prefácio "Depois de D. João VI" em *O movimento de Independência, 1821-1822*. Rio de Janeiro: Topbooks.

Camões, Luís de. 1572 [2000]. *Os Lusíadas*. Porto: Porto Editora.

Carneiro, David. 1946. *História da guerra cisplatina*. Brasília: Editora Universidade de Brasília. 217p. (Coleção Temas Brasileiros, 41).

Carneiro, Glauco. 1965. *História das revoluções brasileiras*. Rio de Janeiro: Cruzeiro. v. 1.

Carvalho, Marcus Joaquim Maciel de e Bruno Augusto Dornelas Câmara. 2008. A Insurreição Praieira. *Almanak Braziliense*. São Paulo: USP. N° 80. Nov. p. 5-38.

Caxias. 1934. *Apontamentos para a História Militar do Duque de Caxias*, (por Eduardo Berlink), por Vilhena de Morais.

Cervantes y Saavedra, Miguel de. 1605. *Don Quijote de La Mancha*.

Costa, Emília Viotti da. 1968[1977]. Introdução ao Estudo da Emancipação Política. In: Mota, Carlos Guilherme (org.). *Brasil em perspectiva*, 9ª edição. Rio de Janeiro: Difel.

Del Priore, Mary e Renato Venâncio. 2010. *Uma breve história do Brasil*. São Paulo: Editora Planeta do Brasil.

Dias, Claudete Maria Miranda. 1995. Balaiada: a guerrilha sertaneja. *Estudos Sociedade e Agricultura*, 5, p. 73-88. Rio de Janeiro: UFRRJ. bibliotecavirtual.clacso. org.ar/ar/libros/brasil/cpda/ estudos/cinco/clau5.htm.

Donato, Hernâni. 1996. *Dicionário das batalhas brasileiras*, 2ª ed. Revista, ampliada e atualizada. São Paulo: IBRASA – Instituição Brasileira de Difusão Cultural.

Fragoso, Augusto Tasso. 1938. *A revolução Farroupilha (1835-1845): narrativa sintética das operações militares*. Rio de Janeiro: *Almanak Laemmert*, Ltda.

García de Cortazár, Fernando e González Vesgas, José Manuel. 1994[2008]. *Breve Historia de España*. Madrid: Alianza Editorial

Grinberg, Keila. 2009. A Sabinada e a politização da cor na década de 1830 em *O Brasil Imperial*, org. Keila Grinberg e Ricardo Salles, v. 2, cap. VI, p.269-296. Rio de Janeiro: Civilização Brasileira.

Heer, Friedrich. 1967 [1968]. *The Holy Roman Empire*. Orig. *Das Hellig Romicche*. Londres: Phoenix Books.

Oliveira, Lima. 1908 [1996]. *Dom João VI no Brasil*. Rio de Janeiro: Topbooks.

Klein, Herbert S. 1967 [1989].*Slavery in the Americas a comparative study of Virginia and Cuba*. Chicago: The University of Chicago Press.

Lauerhass, Ludwig e Nava, Carmem. *Brasil uma identidade em construção. 2007*. Rio de Janeiro: Editora Ática.

Lopez, Adriana e Mota, Carlos Guilherme. *História do Brasil – uma interpretação*. 2008. São Paulo: Editora Senac.

Mattos, Ilmar Rohloff de. 1994 [1944]. *O tempo saquarema: a formação do Estado Imperial* 3ª. Ed. São Paulo: Acess.

Mattoso, José. 2000. A formação da nacionalidade, em *História de Portugal*, org. José Tengarrinha, 7-17. Bauru: EDUSC; São Paulo: UNESP; Portugal: Instituto Camões.

Maxwell, Kenneth. 1999. Porque o Brasil foi diferente? O contexto da independência. P. 177-196 de *Viagem incompleta – a experiência brasileira (1500-2000) formação histórica*. Carlos Guilherme Mota (organizador). São Paulo: Editora Senac.

Merrick, Thomas W. & Douglas H. Graham. 1979. *Population and Economic Development in Brazil: 1800 to the present*. Baltimore e Londres: The Johns Hopkins University Press.

Reis, João José. 2003. *A revolta dos malês em 1853*. Salvador: Universidade da Bahia. www.smec.salvador.ba.gov.br/documentos/a-revolta-dos-males.pdf. (Baseado em seu livro *Rebelião escrava no Brasil: a história do levante dos maleses em 1835*. São Paulo: Companhia das Letras, 2003).

Rizzini, Carlos. 1946. *O livro, o jornal e a tipografia no Brasil 1500 – 1822 com um breve estudo geral sobre a informação*. Rio de Janeiro: Editora Kosmos.

Rodrigues, José Honório. 1975. *Independência: revolução e contrarrevolução*, vol. 1 A evolução política. Rio de Janeiro: F. Alves.

Schwartz, Stuart. 1999. "Gente de terra Braziliense da nação. Pensando o Brasil: a construção de um povo". P. 103-126 de *Viagem incompleta – a experiência brasileira (1500-2000) formação histórica*. Carlos Guilherme Mota (org.). São Paulo: Editora Senac.

Pequeno Vocabulário da Língua Portuguesa. 1943. Rio de Janeiro: Academia Brasileira de Letras. Imprensa Nacional.

II

A POPULAÇÃO NA COLÔNIA E NO IMPÉRIO

O recenseamento geral de 1872 foi a primeira tentativa bem-sucedida de produzir estatísticas a respeito da população brasileira, mas antes de 1872 há outras tentativas, fossem elas em caráter oficial, fosse religioso. Vou seguir neste capítulo a sistemática da historiadora Maria Luiza Marcílio (1974), que define o estudo das estatísticas de população no Brasil em três grandes períodos: a era pré-estatística, que corresponde ao período do início da colonização até a metade do século XVII, período em que não há uma metodologia de contagem direta da população; a era proto estatística corresponde deste período até 1872, em que os dados são derivados de estimativas oficiais e da Igreja Católica e têm uma veracidade maior. A era estatística se abre com o censo de 1872, em que se passa a ter censos com razoável periodicidade e veracidade.

O ano mais antigo em que se tem uma ideia da população da colônia brasileira tem como autor J. Pandiá Calógeras (1930), e é somente para 1583. A colônia tem 57 mil "almas", das quais 25 mil brancas, 18 mil indígenas civilizados e 14 mil escravos, estes últimos correspondendo, portanto, a 25% da população. A fonte de Calógeras são "os mais antigos cronistas", que ele, entretanto, não especifica, e menciona uma população indígena "fora da ação dos portugueses" de 800 mil "cabeças", revelando assim seu preconceito com "almas" de um lado e "cabeças" para os indígenas. Calógeras é um historiador iniciante, de forte formação europeia, mais conhecido por ter escrito o primeiro livro sobre política monetária no Brasil e em francês, por mais incrível que possa parecer hoje, mas é a língua comum da elite brasileira, lembrando o prussiano Frederico, o Grande, que escreve uma história da literatura dos povos germânicos, pasme-se, em francês. Calógeras fala também em uma "população mestiça de gente falando português de 100 mil almas", sem ser claro sobre a data, talvez no fim do século XVII. Suas fontes não são citadas especificamente, de modo que seus números têm reduzida credibilidade, mas talvez seja o caso também da estimativa do Padre Anchieta. Sua *Formação Histórica do Brasil* é um livro formidável, de alta qualidade e o autor teve acesso aos documentos confidenciais do Itamaraty já que obteve acesso aos códigos da instituição. Seu livro foi editado traduzido para o inglês por Percy Alvin Martin, em 1939 que é muito céptico na edição em inglês de 1939 sobre o uso de português *as an instrument of precision, as is for instance the French, and to a lesser extent the Spanish* (p. xxi) e que conclui que *It is reasoned conviction of the writer of this Introduction that of all the Romance languages, the Portuguese makes the most exacting demands upon the translator* (p.xxii). É certo que o prof. Martin não é linguista e muito menos tradutor profissional, é professor de história da Universidade de Stanford e sócio honorário da IHGB. Sua tradução ao inglês deve ser lida com cuidado, já que hoje a ciência linguística sabe perfeitamente que as ideias mais complexas que sejam podem ser expressas em quaisquer línguas modernas e sua afirmação nos diz que não domina o português bem.

A segunda estimativa, surpreendente, é do Padre Anchieta para 1585 com uma população de 57.600 habitantes. Tem-se um número muito elevado de brancos (25 mil) comparativamente ao de indígenas, 18.500, e de negros, 14.100. Os brancos seriam mais numerosos, já que teriam emigrado para a colônia, segundo Capistrano de Abreu (1907), devido ao desastre na batalha de Alcácer Kibir sete anos antes, em que os portugueses foram derrotados pelos mouros e Dom Sebastião desapareceu, iniciando o mito ligado ao seu nome. Esta estimativa é peculiar, porque o número total é baixo, os brancos são predominantes e o número de negros é inferior ao de indígenas. Por indígenas deve-se entender os que estão em contato com os portugueses que estão fortemente concentrados na Bahia (12 mil) e em Pernambuco (8 mil), com o resto da colônia tendo apenas 5 mil brancos. Os dados do Padre Anchieta e de Calógeras devem ser vistos com ceticismo, já que não informam nenhum número para os pretos livres e pardos livre que já deviam existir na colônia e que usaram apenas seus bons sendos. O que importa do ponto de vista nacional, é que desde o começo da colônia, quando se inicia uma atividade produtiva, e não predatória, como era o açúcar em 1533, tem-se um número substancial para a população negra, que se reproduz independentemente do tráfego negreiro e que toma os costumes da colônia desde muito cedo. Também não sabemos entre os 14.100 negros, quantos estariam livres, mas sabemos que boa parte dos brasileiros do século XXI deve ter origem em negros que aqui estão desde o século XVI.

A colônia, em 1583, é um vazio demográfico em uma época em que a atividade econômica é quase predatória, com exploração de pau-brasil, mas não devemos esquecer que, segundo Roberto Simonsen (1937), o nosso primeiro e cuidadoso historiador econômico, a exploração organizada do açúcar começa cedo, em 1533, em São Vicente, São Paulo (e não nas capitanias do atual Nordeste, onde o primeiro engenho de açúcar nasceria posteriormente). A criação do governo-geral do Brasil em 1548 "reduziu consideravelmente a autonomia de cada capitania e os consequentes poderes de seu capitão", como mostra Oliveira Marques (2018,2), seguindo a tradição absolutista portuguesa que não admitia feudos independentes; com a centralização do governo as estimativas da população devem ter melhorado.

Em um ano muito próximo ao de 1585, em 1600, o historiador Rocha Pomba estima a população brasileira em um número muito superior, 100 mil pessoas, das quais 30 mil brancos e 70 mil "mestiços, negros e índios". O termo *mestiço* deve ser entendido como pardo. Possivelmente 30 mil para o número de brancos é exagerado, a julgar pela estimativa de Frei Vicente do Salvador, que estima para 1627 apenas em 190 o número de *engenhos reaes*, que eram os grandes engenhos da época, onde a população branca estava predominantemente situada.

Neste ensaio usaremos a convenção da colônia e do Império do Brazil de que todos os brancos são livres; não há brancos que sejam escravos, formalmente, muito embora pudessem existir eventualmente cores brancas entre os escravos. A população negra compõe-se de pardos e pretos. Os pardos são o fruto de brancos e de pretos, de indígenas e de pretos e dos próprios pardos. Eles, assim como os pretos, podem ser escravos ou livres. O termo *liberto* é sinônimo de forro, ou de manumissado, quer dizer, um escravo que se tornou livre pelo instrumento jurídico de alforria. Infelizmente, em algumas estatísticas e em textos de história, o liberto é usado imprecisamente como o conjunto de pessoas que nasceram livres e das pessoas que se tornaram livres por alforria. É claro que somente parte dos pardos e negros livres é liberta, já que boa parte nasceu livre. É o caso, por exemplo, do pardo mais ilustre na história do Brasil, Machado de Assis, nascido livre em 1839 de mãe branca natural da ilha de São Miguel nos Açores, e de pai pardo livre, natural do Rio de Janeiro. O pai de Machado era filho de pardos libertos, conforme se vê nas certidões de batismo de seus pais, colhida por pesquisa de Gondim da Fonseca (1960). Machado tem, portanto ¼ de sangue negro e ¾ de branco, nasceu livre, filhos de pais livres, e sua cor não é mencionada na certidão de nascimento da igreja onde foi batizado, como era, aliás, o costume nas certidões de batismo, único documento legal da época.

O total da população de Rocha Pomba para 1600 sugere também que os dados do Padre Anchieta para 1585, de apenas 57.600 pessoas, pecam para menos e que os 100 mil de Rocha Pomba para 1660 são mais prováveis. Mas é certo que desde o começo da colônia, no território brasileiro, a presença negra é maciça. Para 1690, Contreiras Rodrigues arrisca uma estimativa de 284 mil a 300 mil habitantes, sem discriminação de condição civil e de cor. Essa estimativa é copiada em Simonsen como *184 mil* a 300 mil habitantes, sem dúvida um erro talvez tipográfico de tão preciso autor.

Roberto Simonsen afirma que a produção do açúcar e seu sucesso, inaugurando o chamado ciclo do açúcar, constituíram as bases econômicas para a fixação do europeu na colônia brasileira. Marcílio observa que a área brasileira no século XVII teve um crescimento considerável em extensão, iniciando uma penetração no interior do país, e que esse período foi marcado pelo crescimento no número de escravos, necessários para a produção do açúcar. Tendo açúcar ou café, têm-se escravos como mão de obra.

Mesmo assim, em 1660, logo após a guerra com os holandeses e no pico do ciclo do açúcar, a população da colônia é de apenas 184.100 pessoas, das quais "74.000 de brancos e índios livres e 110.000 escravos": o total não soma exatamente, mas isso é que informa o quase sempre preciso Contreiras Rodrigues. Os negros representam assim 60% da população brasileira. É uma pena que não se tenha a separação entre escravos pela cor e pardos e pretos livres.

Na primeira metade do século XVII, a colônia portuguesa era rica em termos de renda per capita. Não somente o era pela renda gerada por um produto de fácil exportação e elevado preço, como era o açúcar, mas também porque a população europeia era reduzida. Irrealmente, todos os números são apresentados como se a população escrava não existisse, mas que, apesar disto, gerava renda. O resultado é que se divide uma renda elevada por poucos brancos. O próprio Celso Furtado (1959) escreve sempre sobre a renda per capita da população de origem europeia ignorando a população de escravos e de indígenas, entre os séculos XVI e XVIII. Furtado estima que a renda per capita dos europeus na colônia era de 350 dólares, a preço de 1959, notando que este valor é maior do que o registrado na Europa no mesmo período e que a colônia nunca mais alcançaria este patamar em nenhum outro momento. Em uma comparação com a Europa, que praticamente não tinha escravos, o ciclo do açúcar trouxe enormes ganhos para a colônia, porém Furtado estima que cerca de 90% da renda gerada se concentrou na mão dos senhores de engenho e dos fazendeiros da cana de açúcar. A afirmação de Furtado de que a colônia nunca teria atingido tão elevada renda per capita quanto no ciclo do açúcar é hoje disputada, particularmente por Maddison (2003). A visão predominante é de que, no só no fim do século XVIII até 1820, houve substancial acréscimo na renda per capita da colônia. Os ricos donatários nunca colocaram seus pés na colônia americana e preferiram gastar sua riqueza ali ganha na própria Europa.

O período que corresponde à era pré-estatística é marcado pela dificuldade na obtenção de dados confiáveis. Para o período colonial, só é possível encontrar estimativas conjeturais baseadas em registros religiosos, informações coletadas pelas companhias de ordenança, sob o comando do capitão-mor de cada município, como assinala a magnífica *Estatísticas Históricas* do IBGE (1987) por censos provinciais. Os registros desse período têm estimativas por capitania, mas não se encontram detalhes a respeito das metodologias e técnicas utilizadas em sua obtenção, como assinala o IBGE. Botelho (2005) ressalta a inexistência de listas nominais ou mapas de população, assim como a dificuldade em obter dados paroquiais, devido a problemas na conservação e nos extravios que estes dados sofreram ao longo do tempo. Os erros de estimativa devem ocorrer, e boa parte da população, principalmente a escrava, não é contada.

A era proto estatística corresponde ao período que data de 1750 até 1872. De acordo com Marcílio, apresenta um maior volume de dados, comparada à era anterior, e o trabalho efetuado pelos historiadores foi o de reunir dados suficientes sobre as várias regiões em um mesmo período, em que determinadas regiões pequenas, do ponto de vista populacional, como a capitania de São Paulo e a de Goiás, tiveram um maior número de levantamentos, organizados com uma maior periodicidade do que as capitanias do Rio de Janeiro e Rio Grande do Sul, por exemplo. É, portanto, um período irregular do ponto de vista estatístico.

Botelho (2005) enfatiza que o processo de construção da nação brasileira se articula de forma quase concomitante com o processo de construção do Estado e reforça a semelhança com o Estado português, no qual os mesmos procedimentos e as mesmas preocupações se refletiam na organização e na coleta de dados. Observa que foram mantidas semelhanças com relação às categorias censitárias. A maioria dos censos desse período divide a população em ao menos três segmentos: brancos, pardos e negros. A categoria em que se encaixavam os indígenas é denominada de *caboclos* e só era citada onde a sua presença era relevante.

As *Estatísticas históricas* do IBGE afirmam que o interesse da metrópole ao fazer levantamentos sistemáticos à procura de dados a respeito da população da colônia era o de conhecer o tamanho da população adulta livre disponível e apta para ser usada na defesa do território, sendo as Companhias de Ordenanças as principais ferramentas para a realização dos levantamentos domiciliares. Ressalta também que a Igreja Católica teria informações sobre a população, já que elaborava, anualmente, as listas de obrigação pascal e fazia os registros de batismo e casamento.

A descoberta de ouro no fim do século XVII atraiu um número elevadíssimo de portugueses e escravos para o interior do Brasil. Furtado estima, sem dúvida, exageradamente, a imigração europeia para o Brasil em 300 mil a 500 mil pessoas no século XVIII. As autoridades eclesiásticas, conforme afirma Oliveira Vianna (1922), em seu preciso estudo *Resumo histórico dos inquéritos censitários realizados no Brazil* — que peca, no entanto, por não dar atenção às cores da população, mas sim somente a seu número total e condição civil —, havia recebido da metrópole a missão de obter números confiáveis sobre a população total da colônia. Com base nesses dados, o abade Corrêa de Serra [em Oliveira Vianna (1922)] estimou em 1,9 milhão a população total do Brasil, em 1776, enquanto o demógrafo Giorgio Mortara, em estimativa recente (1941), aponta para 2,7 milhões de habitantes, ligeiramente maior, portanto, que a do território do futuro EUA, de 2,4 milhões, à época em 1775, conforme estimativa de Greene e Harrington (1932), e que é último ano de existência da então colônia britânica. Mortara preocupa-se sempre com os números totais da população e nada nos diz, infelizmente, sobre suas cores.

A lógica histórica sugere que o número apontado por Mortara, de uma população de 2,7 milhões em 1766, é o mais confiável: o território brasileiro é maior que os Estados Unidos em 1776, com as 13 diminutas colônias originais, que tinham só 2,4 milhões de habitantes; o ciclo do ouro já começa a atrair milhares de europeus para as Minas Gerais, enquanto que não há nenhuma razão para os europeus se dirigirem aos Estados Unidos, então em guerra de independência com a Grã-Bretanha, que dura até 1783, e que se sabe hoje ter sido a mais mortífera da história americana (proporcionalmente à população) após a Guerra Civil de 1860-65. O censo demográfico de 1790, o primeiro após a independência americana de 1776, aponta para 3,9 milhões de habitantes, sem dúvida um número superior ao da colônia brasileira. É também um ano de datas importantes; é o apogeu do Iluminismo, que quebrou as tradições greco-romanas do

Renascimento europeu, e também de duas obras-primas que definiram o mundo da economia e da história: *A riqueza das nações*, de Adam Smith, e *Declínio e queda do Império Romano*, de Edward Gibbon.

Em 1810, quase que no começo do Império, Balbi (1822) estima a população em 3.617 mil, com detalhes de situação civil e de cor. Em 1872, quase que no fim do Império, a população era de 9.930 mil, segundo o censo.

O Brasil da colônia e do Império, até 1872, é, porém, de um primitivismo estatístico assustador, se comparado aos Estados Unidos da época e principalmente à colônia espanhola de Cuba que faz o seu primeiro censo em 1774. Conseguimos fazer o censo somente em 1872, 98 anos após Cuba e 82 anos após o primeiro censo americano, e apenas 23 antes do primeiro censo do México, um país dilacerado por guerras civis e perdas gigantescas de território para os EUA decorrentes da derrota mexicana na Guerra EUA-México de 1845-1848, o que é examinado em detalhe no Box 1 adiante.

O ciclo do ouro, na primeira metade do século XVIII, trouxe uma significativa modificação do eixo demográfico do Brasil, tendência essa que se consolidou ao longo do século XIX. É possível observar que a concentração da população em torno das regiões onde houve expressivo crescimento econômico no século XVII vem diminuindo dada a difusão da renda no país e a conquista do território. Entre 1777-88, 74% da população estava concentrada nas cinco províncias mais populosas, mas em 1872 esse percentual cai para 59%, e em 2010 apenas 53% da população brasileira continua concentrada em cinco estados. O país também se desloca para o Sudeste e o Sul, com as principais províncias do Nordeste atual (Bahia e Pernambuco), reduzindo sua participação na população brasileira de 38%, em 1777-88, para 35%, em 1872, e 17%, em 2010.

Box 1. A perda de território do México para os EUA na Guerra México-EUA de 1845-48

O território do México, no período entre 1810 e 1853, sofreu grandes mudanças. Segundo El Colegio de México (Villegas, 1994), em 1822, estima-se que o território do México era de 4.665.000 km², com uma população de cerca de sete milhões de habitantes (que é bem superior à brasileira, de 3,6 milhões em 1810). Países da América Central que hoje são independentes, como Belize, Guatemala, El Salvador, Honduras, Nicarágua e Costa Rica (mencionadas na ordem de sua distância para com a atual fronteira mexicana), faziam parte do território, em 1823, após o fim do primeiro império mexicano, mas estes países decidiram não fazer parte da nascente república, optando por sua independência e união nos Estados Unidos da América Central, posteriormente extinto em 1848. Houve ainda algumas anexações pelo México em Chiapas (1824), Soconusco (1842) e Yucatán (1848), da antiga República de Yucatán.

Box 1 (cont.)

> As perdas territoriais para os Estados Unidos têm um começo aparentemente simples, quando Mose Austin consegue, em 1821, autorização do governo mexicano para colonizar parte do Texas com 300 famílias americanas. Mais adiante, Stephen Austin, seu filho, considerado atualmente o "pai do Texas", obteve do governo mexicano a separação do Texas do estado mexicano de Coahuila, em 1833, e, em 1835, iniciou um conflito contra o México, que só termina com o Tratado de Velasco, em 1836, que suspende a guerra.
>
> Texas declara-se independente em 1836, o que não é reconhecido pelos Estados Unidos, pelo México e por nenhum outro país. Desde 1843, o México declara que a admissão do Texas como parte dos EUA seria considerada como estado de guerra. Em 1845, o Texas anexou-se voluntariamente aos Estados Unidos, o que veio a ser aprovado pelo Congresso Americano. A anexação não é reconhecida pelo México, já que o Texas era até então considerado um estado rebelde, causando a guerra mexicano-americana de 1845-1848, que termina com o hasteamento da bandeira americana no Palácio Nacional do México em 14 de setembro de 1847. O término do conflito é formalizado somente com o acordo Guadalupe-Hidalgo, em 1848, que ratificou a cessão de cerca de 2.400.000 km² do território mexicano para os Estados Unidos, equivalentes a mais da metade do território mexicano, território este que, hoje, corresponde a sete estados estadunidenses (Arizona, Novo México, Utah, Califórnia e uma parte dos estados de Wyoming e Colorado, além do Texas). Como digo, *to add insult to injury*, os "*Estados Unidos daba a México 15 millons de dólares dice que como indemnización*" (como afirma o El Colegio de México).
>
> Em 1853, com a venda de 29.640 km² da região de La Mesilla para os Estados Unidos, conhecida nos EUA como Gadsden Purchase, em que Gadsden, um escravocrata, é o emissário americano no combalido México, o território mexicano perdeu 2.457.383 km² para os Estados Unidos. O total corresponde a quase 53% do território mexicano, baseado em seu território de 1822. Este tratado foi significativo para delinear fronteiras do México, que persistem sem maiores alterações até os dias de hoje.

Notas de A População na Colônia e no Império

[14] *Em Rodrigues, Contreiras. (1935, 35). Traços da Economia Social e Política do Brasil Colonial. Rio de Janeiro: Ariel Editora.*

[15] *Preceito Pascal: "Depois da primeira comunhão, todo fiel está obrigado a comungar pelo menos uma vez por ano. Este preceito deve ser cumprido a não ser que por justa causa se cumpra em outro período do ano".*

Referências bibliográficas

Anchieta, José. 1886. *Informações e fragmentos históricos do padre Joseph de Anchieta*, S.J. (1584-1586). Rio de Janeiro: Imprensa Nacional.

Botelho, Tarcísio Rodrigues. 2005. Censos e a construção nacional no Brasil Imperial. *Tempo Social (Universidade de São Paulo)*, v. 17, n. 1. http://dx.doi.org/10.1590/S0103-20702005000100014.

Calógeras, João Pandiá. 1930. *Formação histórica do Brasil*. São Paulo: Companhia Editora Nacional. Há tradução para o inglês.

Contrera Cruces, Hugo. 2006. Las Milicias de Pardos y Morenos libres de Santiago de Chile em el siglo XVIII, 1760-1800 *Cuadernos de Historias*, Universidade do Chile, Santiago, 2006, p. 93-117.

Contreiras Rodrigues, Félix. 1935. *Traços da economia social e política do Brasil colonial*. Rio de Janeiro: Ariel Editora

IBGE. 1987[1990]. *Estatísticas Históricas do Brasil: séries econômicas, demográficas e sociais de 1550 a 1988*. 2ª ed. Rio de Janeiro: Fundação Instituto Brasileiro de Geografia e Estatística.

Marcílio, Maria Luiza. 1974. *Crescimento Histórico da População Brasileira até 1872*. Original: *La Population du Brésil*. In: *World Populational Year*, Cap 1: Accroissement de la Population: Évolution Historique de la population brésilienne jusqu'á en 1872; p. 7-24. http://www.cebrap.org.br/v2/files/upload/biblioteca_virtual/crescimento_historico_da_populacao.pdf.

Mortara, Giorgio. 1941. *Recenseamento geral de 1940*. Instituto Brasileiro de Geografia e Estatística. http://memoria.ibge.gov.br/en/sinteses-historicas/pioneiros-do-ibge/giorgio-mortara/producao-intelectual-de-giorgio-mortara.

Villegas, Daniel Cosio (org.). 1994 [2000]. Historia mínima de México. Ciudad de México: El Colegio de México.

III

O FASCINANTE CENSO DE 1872: PELA PRIMEIRA VEZ SE TEM UMA VISÃO COMPLETA DE UM IMPÉRIO NEGRO E ANALFABETO

O Império em 1872 está no auge, venceu a Guerra do Paraguai (1864-70) e está intacto ao fim da Revolução Industrial, da qual não participou e que pouco lhe afetou. O Império praticamente ignorou a Revolução Industrial que se dá basicamente do século XIX e que e é europeia e estadunidense. A ignorância do Império é devida basicamente à escravidão já que as invenções da revolução industrial concorrem com o custo da mão-de-obra baixíssimo devido à escravidão e consequentemente só nos casos extremos de revolução radical é que os novos inventos chegam ao Império, e sempre retardados.

A realização de recenseamentos não era um evento inédito, mas eram parciais e limitados em escopo. O 1º Recenseamento Geral do Império de 1872 foi muito complexo, levantando um grande número de informações com respeito à sociedade da época, o que deveria ter atraído a atenção da imprensa, ainda que especializada, o que aconteceu surpreendentemente com baixa frequência.

Os trabalhos do censo foram bem analisados por diversos historiadores e estatísticos brasileiros, aprofundando-se até mesmo na prática de coleta de informações realizada no período. Os dados do recenseamento eram coletados em boletins de famílias, entendendo a definição de família como "a pessoa livre que vive só e sobre-si [...] ou certo número de pessoas [...] que vivem em uma habitação ou parte de habitação sobre o poder, a direção e a proteção de um chefe, dono ou locatário da habitação e com economia comum". É uma definição muito semelhante à definição americana, como mostra Bouk (2022), sem dúvida determinada pelo Congresso de Estatística de São Petersburgo, do qual tanto o Brasil quanto os EUA fizeram parte. O chefe da família assina o boletim e é responsável por suas informações no caso brasileiro o que é bem diferente do caso americano em que o boletim é preenchido pelo agente censitário (que tem para nós brasileiros o nome exótico de *enumerator*).

Os dados foram consolidados no *Relatório e trabalhos estatísticos*, publicado somente cinco anos após o censo, em 1877 pela Typographia de Hyppólito José Pinto no Rio de Janeiro. Somente foram impressos 50 exemplares, pasme-se, sugerindo assim que o Império tinha vergonha de mostrar as estatísticas nacionais ao mundo e mesmo ao povo brasileiro. Somente nas décadas de 1980 e 1990 o censo foi digitalizado, tornando-se acessível ao público apenas em 2013.

A população total censitária de 1872 era de 9.931 mil, bem inferior (11%) à última estimativa de 11.030 mil disponível, publicada no *Atlas do Império do Brazil*, de Cândido Mendes de Almeida (1868), que fez as estimativas com base em "todas as cartas, mapas, e plantas antigas modernas, seja nos arquivos públicos ou mãos de particulares". Os dados do Império, como quase tudo que se lhe refere (como a área da superfície), tendem a exagerar propositalmente sua importância.

A elite brasileira deve ter ficado chocada quando descobriu que, em 1872, a maior parte (60%) da população brasileira era composta de negros, com 40% pardos e 20% pretos. É provável que a população negra esteja subestimada, já que o boletim censitário era preenchido pelo dono da casa, muitas vezes um pardo que deseja ser considerado branco, por prestígio e interesse. Ao contrário, o formulário do censo americano era preenchido por um agente para tanto, cabendo ao chefe de família responder as perguntas feitas; Bouk (2022) afirma que raramente o agente censitário perguntava a cor ou a raça da pessoa e escolhia a que melhor lhe parecia. Somente a partir do censo de 1970 o formulário do censo americano passou a ser preenchido pelo chefe de família.

Ressalta-se que a população brasileira preta e parda de 1872 deveria ser bem inferior, em termos relativos, a de 1750, quando se dá o pico do ciclo de ouro e pela primeira vez na história da colônia há uma forte imigração voluntária de europeus, quase todos masculinos, atraídos pela descoberta de ouro. Proporcionalmente, há poucos escravos entre os pretos e pardos em 1872: um escravo para quatro pretos e pardos livres, segundo o censo. A miscigenação brasileira gera a liberdade dos pardos principalmente além é claro da alforria dos pretos.

A definição de pardo é absolutamente racista. O censo divide a população em brancos, africanos e indígenas, estes últimos chamados de *caboclos*, e o *Relatório* diz que "do cruzamento com a raça africana com as outras resultou a classe dos pardos em número de 3,8 milhões". A "raça africana" tem a cor preta, o que não é, entretanto, e surpreendentemente mencionado no relatório. É patente a vergonha dos organizadores do censo em mostrar que a maior parte da população (60%, conforme dito) é negra e que, mesmo dentro da população livre, há mais afrodescendentes (53%) do que brancos (47%).

Assim, o cálculo censitário indica que a grande maioria da população parda brasileira (87%) era composta por cidadãos. Conforme mencionado, o censo procurava mascarar a negritude: há uma vergonha constante de dizer que, em 1872, 60% da população total são compostas por negros. O país é negro mesmo, e os pretos livres e os pardos livres são 45% do total.

O censo revela que Império é pobre e muito pouco educado. Em diversas ocasiões, os documentos oficiais do censo fazem comparações lisonjeiras do Império com outros países europeus e, em muitos casos, a comparação é feita entre o Rio de Janeiro e o antigo Reino de Nápoles, dizendo explicitamente que o Império em termos de educação não estava tão ruim assim; essa conclusão do Império é falsa. Faz lembrar a comparação com os dados mundiais que o governo chinês fez comparando a alfabetização da cidade de Xangai com a média de dados nacionais de outros países.

A despeito da importância do censo de 1872, existe apenas uma única discussão a seu respeito na Câmara dos Deputados, encabeçada por Paulino de Souza, deputado e ministro do Império, em sessão de 15 de julho de 1870, em que nota que "como se pode legislar com segurança para uma sociedade que não se conhece em seus elementos, situação e movimentos senão por apreciações gerais", destaca que "tenho um verdadeiro acerto é o estabelecimento do ensino primário obrigatório, ao menos no município da Corte". "Uma questão social de maior alcance [...] é a riqueza do país... Todos sabem a que me refiro: poderemos nelas, sem cerrar os ouvidos ao conselho da prudência acelerar o passo antes de conhecermos como se divide no Brasil a população sob o aspecto das duas condições reconhecidas pelas leis civis?". A preocupação de Paulino de Souza com educação é única, mas sua ênfase é no ensino da Corte, que legalmente é de responsabilidade do governo central, ao contrário do ensino das províncias e dos demais municípios. O "ao menos no município da Corte" indica que o resto do País é quase que irrelevante, o que é, no mínimo, pretencioso.

Paulino de Souza é irônico e fala sobre "os obstáculos preventivos, como chamam os economistas", dizendo que no Município da Corte, entre 1860 e 1869, foram batizados 14.144 escravos, mas que "os obstáculos repressivos e a tendência filantrópica dos possuidores" reduziu a "população servil" — como ele assim chama os escravos — da Corte em 43 mil libertos. A preocupação do ministro é clara, nascem aproximadamente 14 mil escravos, mas desaparecem da escravidão 43 mil (sepultados 30 mil e alforriados 13 mil). É interessante notar que o número de libertos foi praticamente igual ao número de novos escravos, indicando uma estabilidade na Corte do número de escravos, caso a mortalidade fosse nula. O ministro usa o termo jurídico "manumissão", e não "alforria", dizendo que é "uma parte da população servil que deixa de existir como tal". Manifesta seu receio de que, sem números corretos, não se pode "calcular qual a que produzirá qualquer medida legislativa". São números raros, mas indicam como o número de alforrias é elevado.

Na mesma sessão de 15 de julho de 1870, o projeto de Paulino de Souza é aprovado pela Comissão de Estatística que cria também a Diretoria Geral de Estatística (DGE), que deve efetuar o censo a cada dez anos, e cria ainda o registro de nascimentos, casamentos e óbitos; este último, no dizer da comissão, é "indispensável para salvaguardar os importantíssimos direitos que nascem em cada uma das 13 grandes épocas das vidas dos homens", não tendo sido especificado quais são as 13 épocas. Criado em 1874, o registro civil somente se iniciaria em 1889, após o Império. A cor aparece nos dados do censo de 1872, mas de uma forma difícil de ser entendida, quase que escondida pelos dados, pois, para se conhecer o número de pretos e o número de pardos (todos os caboclos são livres formalmente), é necessário somar os números para cada província individualmente. Escamoteia-se o fato crucial de a maior parte dos pardos, e quase metade dos negros, são cidadãos livres.

Esse escamoteamento continua em épocas mais recentes. As *Estatísticas históricas do Brasil* (IBGE 1987) não dão para o censo de 1872 informações sobre a cor, apenas assinalam a condição civil entre livres (8,4 milhão) e escravos (1,5 milhão). Não há outras informações sobre o censo, como se isso não fosse importante e não pudesse ser determinado com um pouco mais de cuidado no censo de 1872.

Levantamento e Apuração do Censo de 1872

O *Relatório* divulgado em fevereiro de 1877, conforme dito somente cinco anos após o censo, apresenta a síntese das estatísticas demográficas coletadas no período e constitui o relatório final do primeiro recenseamento geral do Império iniciado em 1872. Tudo indica que o censo foi bem realizado, apesar dos entraves: a excessiva dispersão geográfica da população, as condições limitadas de comunicação e a falta de prática e experiência. Por meio do Decreto nº 4.856, de 30 de dezembro de 1871, é possível idealizar o trabalho a ser realizado, pois a maior parte do Decreto versava sobre a realização do trabalho de campo. No mais, o instrumento básico de coleta eram as listas de família (artigo 3º), já utilizadas em registros de operações administrativas da Coroa portuguesa.

Conforme consta no artigo 8º do Decreto 4.856, o número de agentes censitários, sua remuneração e suas nomeações eram atribuições do ministro da Corte, quando se tratasse de trabalhos realizados no Município Neutro e cabia aos seus presidentes no caso das províncias. Os nomeados que se recusassem a realizar o trabalho estariam sujeitos à multa de 20 milréis, quantia relativamente alta à época. Pelos meus cálculos, um milréis de 1872, pela Paridade do Poder de Compra (PPC), a preços de 2009, equivale a US$ 70; e assim 20 milréis, equivalem a US$ 1.400,00, quantia nada desprezível em 2009. A multa é forte, mas teria sido aplicada? Procurei a multa no orçamento, mas não há detalhes no Orçamento. É algo que deve ser objeto de pesquisa no futuro, mas dado à bagunça escritural no Império duvido que seja encontrado; não se encontra na historiografia queixas dos recenseados de terem pagado multa, daí que em princípio ninguém pagou multa alguma, o que é grave e diz que a qualidade dos formulários é baixa.

A população livre do censo deve estar superestimada. Conforme um dos boletins escravos, a condição do liberto é especificada da seguinte forma: "tem a obrigação de acompanhar seus senhores durante a vida". Não é exatamente uma pessoa livre, mas o censo deve tê-lo admitido como tal. A fiscalização da atividade de coleta nas províncias estava a cargo de até três escriturários, conforme o número de habitantes da província que seriam selecionados do próprio corpo de funcionários públicos da província e nomeados para esse cargo por seu presidente, passando a fazer parte da Secretaria da Presidência. É assim uma fiscalização quase que *pro forma*, já que eram somente três funcionários. Para o Município Neutro, esses fiscais eram membros da própria Diretoria Geral de Estatística, nomeados pelo ministro do Império. A Ilustração III.1 traz o único formulário preenchido em poder do IBGE sobrevivente do censo de 1872, de uma família da Bahia, capital, que não foi entregue ao agente censitário. O IBGE possui um formulário em branco disponível para consulta em seu site.

Aqueles que se recusassem a receber, preencher e entregar a tempo as listas de famílias, ou prestassem conscientemente informações incorretas, seriam processados e punidos por crime de desobediência e pagariam multa de 20 a 100 milréis, imposta pelas comissões censitárias e cobradas pelos agentes fiscais da Fazenda Nacional. É muito dinheiro mesmo, de modo que o censo, aliás, demandado pela elite brasileira, deve ter sido bem aplicado.

O censo brasileiro de 1872 seguiu rigorosamente as recomendações do 8º Congresso Internacional de Estatística, de São Petersburgo de 1872, do qual o Império participou. No entanto, quatro variáveis são distintas: *língua* (que não foi pedida no Censo), *cor, instrução* e *condição civil* que foram acrescentadas. As perguntas que compunham o censo estavam todas organizadas nos quadros que compunham os boletins de famílias, que possuíam um cabeçalho no qual do lado esquerdo constavam o nome da província, município, paróquia e número do distrito de paz; do lado direito, temos informações quanto à localização da residência da família (com nome do quarteirão, indicações das proximidades designadas como lugar, rua e número da casa). Abaixo do título *Recenseamento geral do Império de 1872*, encontramos a numeração da lista de família e na sequência o quadro a ser preenchido pelo "chefe de família", nome dado ao indivíduo consultado, que deveria assinar a lista em espaço designado para isso, assim como o "administrador", agente censitário, responsável pela conferência das informações prestadas no momento de recolhimento da lista. Infelizmente mesmo mais de século e meio após o censo os nomes dos recenseados, particularmente do chefe de família, quer masculino e feminino, não são públicos, ao contrário do que acontece nos EUA em que os nomes são tornados públicos após 72 anos do censo, como nos mostra Bouk (2022), o que significa dizer que os nomes dos recenseados americanos em 1950 são agora públicos.

Ilustração III.1. Lista de Família do Recenseamento Geral de 1872 (IBGE 1872)

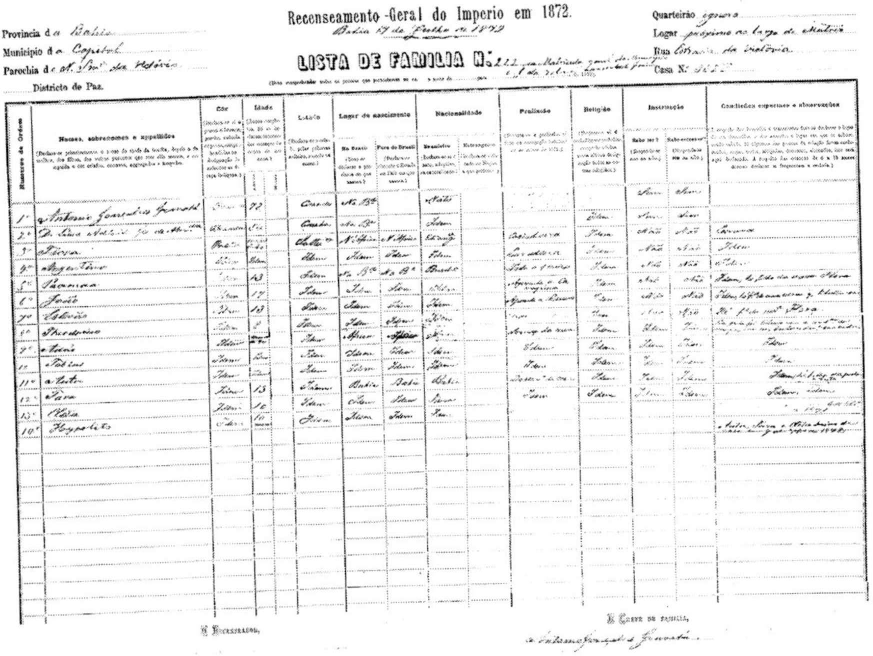

Nota: o formulário tem os itens Nome, Cor, Idade, Estado civil, Lugar de nascimento, Nacionalidade, Profissão, Religião, Instrução e Condições Especiais e Observações (um eufemismo para informar se o recenseado é livre ou escravo, quando for o caso etc.; esta é a principal ambiguidade do formulário).

Resultados do Quinto Relatório da Diretoria Geral de Estatística

A síntese do censo apresentada no quinto relatório da DGE, somente divulgado em dezembro de 1876, é um sucinto relatório que não compõe um dos 23 volumes divulgados como o resultado do recenseamento, no ano regular de 1877, mas é sim um resumo da situação geral do Império, de suas províncias e do Município Neutro.

Dos 8.419 mil habitantes livres, encontram-se no Império 4.319 mil homens e 4.100 mil mulheres. O número de homens excede o número de mulheres em proporção considerável de 51,3% para 48,7%. A desigualdade entre os gêneros na população deve-se à imigração e à escravidão, pois no período a maior parte dos estrangeiros, escravos ou não, que chegavam ao país era de homens. É o que mostra, por exemplo, um dos poucos casos conhecidos, o gênero dos imigrantes que chegam ao porto de Santos, SP, coletados pelo próprio Estado.

Quanto ao estado civil da população, 68,0% são solteiros; 27,2%, casados; e 4,8%, viúvos. Entre a população solteira, predominam os homens na razão de 51,9%, e 48,1% mulheres; no entanto, o número de viúvas no país é consideravelmente maior, existindo 28 % mais viúvas que viúvos, já que os homens morrem mais e mais cedo.

Para a elaboração de estatísticas relativa às raças, foram definidas três categorias (branca, africana e indígena), sendo adicionada uma quarta categoria, a raça parda, resultante da mistura dos africanos com as demais. Conforme visto, o Império do Brazil era fortemente miscigenado em 1872 com 3.801.782 pardos (38%), 3.787.389 brancos (38%), 1.954.452 africanos (20%) e 386.955 indígenas (4%).

A densidade da população do Império é de 0,78 habitantes por km² — uma densidade baixa, quando comparada com países da Europa da época. Para a população do Império, foram adotadas duas categorias: católicos e acatólicos, uma classe das demais religiões distintas da católica. O catolicismo era predominante no período; para cada habitante acatólico, existiam 358 católicos. Nessa estatística, todo escravo era considerado como católico. As populações brasileira e estrangeira (inclusive a africana) foram registradas em termos da condição civil (população livre e escrava) e apuradas em termos de cada província e Município Neutro. No país, a maioria da população era brasileira, 9.548 mil (96%), sendo apenas 382 mil estrangeiros (4%), dos quais a maior parte (243 mil) era de escravos africanos; consequentemente há apenas 139 mil de estrangeiros que não são escravos, um número diminuto em um país de quase 10 milhões de habitantes. É impressionante que quase todos estrangeiros são de escravos nascidos na África. Os brancos europeus são realmente um número mínimo de apenas 139 mil pessoas, ou seja, apenas 5% da totalidade dos brancos e como será visto concentrados no Rio, então a cidade mais importante e a capital do País. Praticamente não há imigração branca em um império escravagista, já que o nível de salários dos imigrantes seria de difícil concorrência com o nível de renda monetária nulo dos escravos, além, é claro, dos maus-tratos que os imigrantes europeus sofriam.

Do total das 9.830 mil pessoas recenseadas por profissão, 3.233 mil (32%) trabalham na agricultura, as profissões não classificadas têm 1.578 mil pessoas (16%), 749 mil (7,5%) nas profissões manuais e mecânicas, 102 mil (1%) no comércio, 73 mil exercem artes liberais (0,7%), e 19 mil (0,2%)

trabalham nas manufaturas, totalizando, portanto, 5.765 mil trabalhadores em uma população de 9.930 mil (ou seja, 58% da população faz parte da mão-de-obra ocupada). Observa-se assim que a maior parte da população ocupada está empregada na agricultura e 42% da população do Império está desempregada, formalmente, simplesmente trabalha em casa ou é ociosa. Isto, na verdade, não muda em 2010 em que apenas 48% da população é definida como economicamente ativa.

Em relação ao grau de instrução, a população livre foi dividida em termos daqueles que sabem ler e escrever, e os analfabetos, e dessa consulta foi excluída a população escrava. As estatísticas levantadas revelam que, excluída a população livre menor de cinco anos, 22,0% da população é letrada, enquanto 81,3% são analfabetos. Não há informações sobre a alfabetização dos escravos e sempre se fala na população livre e não na população total. Durante o recenseamento, foram, ainda, identificadas as crianças entre 5 e 16 anos que frequentam a escola, contudo esses dados não foram apresentados no *Relatório*.

Lembra-se que a população escrava foi excluída destas estatísticas, provavelmente por constituir status de "coisa". Considerando que esta totalizava 1.510.806 pessoas, ou seja, 18% da população, sua inclusão implicaria uma taxa de analfabetismo oficial de 84%, e não de 81%. Isso supondo que todos os escravos eram analfabetos, já que raramente cursavam a escola. No entanto, conforme estimativa do autor descrito adiante os analfabetos em 1872, são na realidade 97% da população. O Império é analfabeto!

Revisão Crítica do Recenseamento Geral de 1872

O censo de 1872 tem inegável importância histórica — sendo o único recenseamento realizado no período colonial e escravista, com cobertura sistemática de todo o território nacional. Não obstante, apresenta incorreções na estrutura etária da população e na agregação dos dados por paróquia, o que pode provocar distorções na distribuição populacional.

Tendo por base uma revisão crítica desse levantamento, fez-se as seguintes modificações:

i. correção dos totais provinciais pela correta soma dos quadros paroquiais;

ii. análise das condições de planejamento e execução dessa pesquisa.

Os quadros paroquiais foram recalculados mediante programas computacionais de forma a realizar a tarefa com precisão. Persistem, no entanto, os erros no preenchimento das listas de família, as quais não se tem mais acesso. Imagine-se, digo eu, a quantidade de erros que devem ter ocorrido com uma população de 97% de analfabetos.

O problema na consolidação desse censo advém também do seu próprio planejamento e realização, haja vista a dificuldade na distribuição de três milhões de listas de famílias e 25 mil cadernetas pela DGE às províncias, e estas aos municípios e, por conseguinte, às paróquias. Isso atrasou a realização do censo, que deveria realizar-se em 1º de agosto de 1872. Quatro províncias realizaram o censo em datas diferentes: Mato Grosso em 1º de outubro de 1872, Goiás em 25 de junho de 1873, Minas Gerais, a mais populosa província, em 1º de agosto de 1873 e São Paulo em 30 de janeiro de 1874. Os erros, só por isso, são grandes, já que um ano se passa em Minas, e chega a dois anos em São Paulo, a terceira maior província do Império.

Não há informações sobre a falta dos formulários de listas de famílias nas províncias, falta de difícil supressão em uma época de caro transporte, mas o bom senso sugere que deve ter acontecido e muito, já que a base populacional era desconhecida o que impediria uma estimativa cuidadosa de listas de famílias.

É necessário ressaltar que a realização simultânea do censo em todo o território nacional era imprescindível para que se minimizassem erros de contagem, decorrentes de processos migratórios. Algumas pessoas poderiam emigrar para províncias onde o levantamento já tinha ocorrido, ou emigrar de províncias já recenseadas para as não recenseadas, incidindo na falta ou dupla contagem, além é claro de nascimentos e mortes devido à defasagem. Os erros provenientes desse atraso são potencializados quando levamos em consideração que a não contagem ocorreu nas paróquias de províncias onde vivia 36% da população escrava do país e quase 30% da população livre.

Além dos atrasos, em muitas províncias ocorreu a omissão de paróquias na execução da consulta. Em Minas Gerais, foram omitidas ao menos 14 paróquias de diferentes territórios da província. Embora essa omissão corresponda a 4% do total de paróquias (870), implicou a omissão de 62.954 indivíduos do levantamento, cuja correção foi realizada levando-se em conta a proporção de 400 habitantes por indivíduo, estimada pela DGE, ajustando-se a população mineira na ordem de 3%.

Entrementes, o critério de correção acima poderia subestimar o resultado, sendo desaprovado, até mesmo, pela literatura da época. Se para a província de Minas Gerais os erros de contagem seriam inferiores a 3%, em outras, como o Sergipe, em que 17% do total de paróquias não havia sido recenseados, os valores subestimados da população total poderiam diferir de forma mais acentuada em relação à população real da província.

Por fim, outro ponto a ser corrigido, levantado por Paiva e Martins (1982), é aquele que se refere à classificação das profissões. Os critérios para definir as 35 categorias de profissões estão mal definidos, especialmente no que diz respeito às categorias "criados e jornaleiros" e "serviços domésticos".

O Senado, a Câmara e o Conselho de Estado Ignoram o Censo

O censo de 1872, entendido como o marco inicial da realização dos censos no Brasil, tinha como objetivo traçar o perfil da população brasileira, escapando às finalidades estritamente militares ou fiscais. Aprovado pela Câmara dos Deputados e pelo Senado, e sancionado pela princesa imperial regente, em 1871, com a anuência do Conselho de Estado, o censo provocou impacto mínimo sobre os debates no Executivo e no Legislativo.

Pouca importância foi dada pela Câmara dos Deputados no século XIX ao recenseamento. Em ata, a Câmara dos Deputados, na sessão de 29 de julho de 1870, destaca-se a aprovação em primeira discussão do projeto de governo mandando parecer ao recenseamento da população brasileira, com parecer da Comissão de Estatística, sem contribuição adicional dos deputados presentes. Esse projeto redundou na Lei nº 1.829, de 9 de setembro de 1870.

O regime monárquico no Brasil é muito ativo e o Poder Moderador, exercido pelo imperador, que também é chefe do Poder Executivo, tem como principal atribuição controlar a atividade das demais esferas do poder político. É certo que o Poder Moderador é incompatível com o pleno exercício do Estado de direito e em prática dá poderes absolutistas ao monarca. O imperador contava com o auxílio do Conselho de Estado na tomada de decisões em causas entendidas como graves pelo próprio chefe do Executivo. Ora, um Poder Moderador é por definição irresponsável e, sendo assim, incompatível com o Estado democrático de direito.

O Conselho de Estado é um órgão eminentemente consultivo do Império, que não encontra semelhança na república e no mundo europeu monárquico Faz lembrar levemente o *Conseil Privé* da monarquia francesa antes da Revolução, mas era bem mais atuante. D. Pedro II, no entanto, tinha profundo respeito pelos seus membros, nomeados para cargo vitalício pelo próprio monarca, o que garantia o grande peso das discussões realizadas no âmbito do conselho. Consultei uma a uma todas as atas do Conselho de Estado entre os anos de 1870 e 1877, publicadas em 1978 pelo Senado Federal e disponibilizadas, posteriormente, na internet. Nesses documentos, não foi encontrada nenhuma discussão sobre a realização do recenseamento, nem mesmo como assunto na pauta do imperador D. Pedro II. É incrível o descaso do Conselho de Estado com o censo!

Dos 50 conselheiros que fizeram parte do Conselho de Estado, entre 1842 e 1889, 37 deles também eram senadores, participando duplamente do processo de elaboração das leis, ora como conselheiros, examinando os projetos de leis e regulamentos sob as vistas do imperador, ora como senadores, emendando e votando matéria legislativa.

Tal qual o cargo de conselheiro, o cargo de senador era vitalício e de nomeação do imperador, embora realizada eleição indireta e a indicação realizada em lista tríplice, conforme artigo 43 da Constituição Imperial de 1842. O caráter vitalício desse cargo poderia evidenciar a pouca importância dada à realização do censo, que viria a traçar não só o perfil da população brasileira, contribuindo para a identificação das demandas públicas, mas também para definir o perfil de um provável eleitorado que pouca influência teria sobre a posição política daqueles investidos nesses cargos.

A inaptidão do processo eleitoral como forma de provimento desses cargos torna-se ainda mais clara em virtude de sua natureza vitalícia (artigo 40 da Constituição Imperial). Além disso, os príncipes da Casa Imperial eram senadores por direito, ocupando o cargo ao chegarem aos 25 anos de idade (artigo 46 da Constituição Imperial) .

O Censo de 1872 na Imprensa

O *Economista Brasileiro* era uma revista quinzenal, tendo como redator principal Ramos de Queiroz, com assinatura anual custando 12$000. Essa revista destaca-se pelos comentários que fez a respeito do trabalho realizado pela Diretoria Geral de Estatística, mostrando a preocupação, ainda que de uma pequena parcela, da sociedade sobre o recenseamento.

Em uma edição de setembro de 1878, produziram-se comentários críticos sobre a realização do primeiro censo oficial. Sobre o título "Quadro demonstrativo da distribuição da população nas diferentes freguesias do Rio de Janeiro", a revista mostra-se taxativamente contrária ao trabalho realizado pela Diretoria das Obras Públicas, comentando, em detalhes, as suas observações, e entendendo a necessidade de novos parâmetros, justificando assim o seu ponto de vista.

A crítica dá-se à população do recenseamento de agosto de 1872, que só se tornou público cinco anos depois. Do censo segue-se, naturalmente, que os algarismos relativos ao número de habitantes já estão defasados. Segundo o recenseamento da província do Rio de Janeiro realizado em 1870, havia uma população de 526.972 habitantes livres.

A revista, contudo, tinha poderosas razões para crer que o aumento anual desta população fosse superior a 2%, mas reduz, porém, essa proporção a 1,5%, fato que se dá na generalidade dos países da Europa. É evidente que, só pela influência do excesso dos nascimentos sobre os óbitos, a população da província do Rio de Janeiro, seis anos depois do recenseamento, isto é, em agosto de 1878, mês anterior à edição da revista, devia elevar-se a 576.207 habitantes. Avaliando em mais de 40 mil os ingênuos que sobrevivem aos 58.500 que nasceram esse período, admitiu-se que a população livre na província não poderia ser inferior a 616 mil almas (em número redondo) em 1878, e não 526.972 habitantes livres reportados pelo censo.

Conforme a revista, a Diretoria Geral de Estatística, em vez de corrigir os defeitos que o recenseamento pudesse encerrar, e estavam certos de que os tinha, limitava-se a repetir os dados que ali encontrou, agravando o problema ao apresentar como verídicos resultados que não os eram. Na verdade, hoje se sabe que a Diretoria estava correta e que é melhor não corrigir os dados dos censos, deixando a elaboração de estudos e estimativas para terceiros de modo a e manter a integridade dos dados originais.

A revista conclui suas observações informando que o último relatório da Diretoria Geral de Estatística ainda repete a hipótese de 12.676.744,08 km^2 de superfície do Brazil, tendo a província do Rio de Janeiro (que não inclui a cidade do Rio de Janeiro) 104.544 km^2. E assim, conclui que estando inexatos os algarismos da população, é óbvio que todos os cálculos referentes à sua proporção para com o território, número de escolas e de alunos necessitam de uma completa revisão.

O famoso *Almanak Laemmert*, cujos detalhes são apresentados mais adiante, em 1872, faz a primeira referência à Repartição de Estatística do

Império, órgão relacionado à Diretoria Geral de Estatística que realizou o recenseamento daquele ano. A publicação anunciava o início do funcionamento da repartição, em 1º de março de 1871, o endereço em que estava localizada (Rua da Guarda Velha, 5) e os nomes dos funcionários e cargos que compunham o órgão: diretor-geral; chefes de secção; oficial; amanuenses; praticantes; porteiro e guarda de arquivo e contínuo. Segundo o *Relatório* do censo de 1872, a Diretoria Geral de Estatística tinha um total de 13 funcionários, dos quais dois chefes de seção (um doutor e um bacharel), dois oficiais (sendo um bacharel), dois amanuenses, dois "praticantes", três empregados extranumerários, um porteiro e um contínuo; ou seja, é um número incrivelmente pequeno de funcionários para realizar um trabalho tão complexo como foi o censo de 1872, com o baixo nível tecnológico da época.

O primeiro trabalho da Repartição de Estatística do Império foi divulgado em 1874 pelo *Almanak Laemmert* sob o título de "Extratos do relatório dos trabalhos estatísticos", em que ainda não aparece nenhuma referência às estatísticas da população escrava. Neste, apresenta-se uma breve divisão administrativa do Império, na qual constava o número de províncias (20), cidades (209), vilas (433), municípios (642), paróquias (1.473) e curatos (17); além da superfície do território (12.676.744,08 km^2) e o número de habitantes (10.161.041). Já é um país com uma estrutura complexa, particularmente em número de paróquias.

O relatório também expõe um quadro sinótico geral com a divisão eleitoral do Império. Foram apresentados: o número de distritos eleitorais, colégios, paróquias, eleitores, eleitores votantes, membros da assembleia provincial, deputados gerais e senadores; a proporção dos deputados gerais e provinciais para os eleitores, em relação à população livre para as províncias do Império. Além disso, foram apresentados dados referentes à divisão eclesiástica e de bibliotecas.

No ano seguinte, 1875, foi divulgado um primeiro "Quadro estatístico de escravos matriculados no Império", divididos por sexo, profissão (agricultores, artistas ou jornaleiros e serviços domésticos) e local de residência (áreas urbanas e rurais), segundo cada província, conforme a Ilustração III.2

Ilustração III.2. "Quadro estatístico dos escravos matriculados no Império", 1875 (Almanak Laemmert

Quadro estatistico dos escravos matriculados no Imperio.

PROVINCIAS.	SEXOS.			PROFISSÕES.			RESIDENCIAS.	
	Masculino.	Feminino.	Total.	Agricultores.	Artistas.	Jornaleiros e serviço domestico.	Urbanas.	Ruraes.
Amazonas (a)	579	604	1.183	465	264	454	599	584
Pará (b)	7.216	7.395	14.611	12.146	896	1.569	1.315	13.296
Maranhão	36.623	38.316	74.939	49.011	9.691	16.237	11.683	63.256
Piauhy	12.601	12.932	25.533	9.883	2.727	12.923	2.407	23.126
Ceará (c)	15.497	17.907	33.404	8.608	3.628	11.168	5.924	27.480
Rio G. do Norte	6.397	7.087	13.484	3.497	2.417	7.540	1.774	11.710
Parahyba (d.)	12.310	13.715	26.025	11.919	1.705	12 371	2.813	23.212
Pernambuco (e)	46.358	46.502	92.855	52.630	4.135	36.086	13.063	79.792
Alagôas	16.517	16.695	33.212	21.590	453	11.200	5.219	27.993
Sergipe	16.444	16.530	32.974	28.065	2.976	1.933	4.910	28.064
Bahia	86.993	86.616	173.630	....	....	....	....	....
Espirito-Santo	12.226	10.512	22.738	15.895	884	5.959	2.843	19.895
Municipio neutro	24.402	22.858	47.260	6.914	5.964	31.382	36.163	11.097
Rio de Janeiro	168.051	136.690	304.714	204.009	28.312	72.423	12.828	290.403
S. Paulo	95.616	74.348	169.964	127.805	17.792	24.367	16.650	153.814
Paraná	5.543	5.172	10.715	8.380	534	1.801	2.141	8.574
Santa Catharina	5.461	5.090	10.551	5.248	1.883	3.420	2.209	8.342
S. Pedro do Sul	36.512	32.854	69.366	13.728	11.318	41.290	13.602	55.764
Minas-Geraes (f)	....	....	235.115	....	....	....	....	....
Goyaz (g)	....	....	10.171	....	....	....	....	....
Matto-Grosso (h)	3.543	3.389	6.932	3.602	1.189	2.012	2.016	4.916
	....	....	1.409.448	....	....	....	....	....

Notas de O Fascinante Censo de 1872: pela primeira vez se tem uma visão completa de um Império negro e analfabeto

[16] Pedro Luis Puntoni, "Os Recenseamentos do Século XIX: Um Estudo Crítico," in Populações: (Convivência e Intolerância (org. Samara, E. de M. São Paulo: Humanitas, FFLCH/USP, 2004), 159-205.
[17] É muito difícil determinar informações sobre o total de escravos, e o total de cidadãos pardos e negros. Para se obter esse dado simples, tem-se que ler e reler atentamente o Relatório.
[18] Não há uma tabela de resumo que permita indicar os totais nacionais de cidadãos negros e de cidadãos pardos; a determinação desses totais foi feita pela soma cuidadosa feita pela assistente de pesquisa Daniela Milani, com base nos dados por província (e do Município Neutro), que eram de 20 em 1872. A informação apresentada é fruto da compilação das informações do Relatório e Trabalhos Estatísticos (1877) do censo de 1872 e foram organizadas na Tabela IV-1 "População da Colônia em 1810 e do Império do Brasil em 1872, por cor e por condição social".
[19] Os Annaes do parlamento brasileiro da Câmara dos srs. deputados, editado pela Typographia Imperial e Constitucional de J. Villeneuve & C., da Rua do Ouvidor, em 1870, é uma raridade no Brasil. A Câmara dos Deputados digitalizou-as recentemente, e estou muito muito grato por isso.
[20] Paulino José Soares de Souza, filho de pai homônimo titulado como Visconde do Uruguai (um dos fundadores e idealizadores do Partido Conservador), nasceu em Itaboraí, atual cidade de Nova Friburgo, interior fluminense, em 21 de abril de 1834. Formou-se pela Faculdade de Direito de São Paulo. Foi secretário de Legação em Viena e Londres, deputado em 1857, presidente da Câmara em 1877. Ministro do Império de 1868 a 1870. Foi senador em 1884. Faleceu em 3 de novembro de 1901.

[21] Jane Souto de Oliveira, "Brasil, Mostra a tua Cara: Imagens da População Brasileira nos Censos Demográficos de 1872 a 2000," in Textos para Discussão nº 6. (IBGE, Escola Nacional de Ciências Estatísticas, 2003).
[22] Nelson Senra, História das Estatísticas Brasileiras (Vol. 1. Rio de Janeiro: Fundação Instituto Brasileiro de Geografia e Estatística, 2009).
[23] Eles poderiam servir, até mesmo, gratuitamente.
[24] A língua foi incluída entre as recomendações do Congresso de São Petersburgo, porém foi excluída no Império do Brazil, por razões desconhecidas. Será que a língua geral ainda era importante em 1872 e o Império tinha vergonha disso?
[25] A Itália, por exemplo, apresentava densidade de 83,98 habitantes por km^2.
[26] Clotilde Andrade Paiva e Maria do Carmo S. Martins, "Notas sobre o Censo Brasileiro de 1872," in Anais do II Seminário sobre a Economia Mineira (Belo Horizonte: Cedeplar, 1982).
[27] Inclui pessoal assalariado que se dedica a atividades de diversos setores da economia, incluindo o trabalho doméstico. O jornaleiro é o diarista atual.
[28] Quanto ao levantamento sobre os debates, realizado junto às atas da Câmara dos Deputados para dois anos, 1871 e 1877, ressalte-se que a Câmara dos Deputados, em Brasília, não disponibiliza nenhuma das atas referentes ao censo, portanto a pesquisa encontra-se incompleta. Anteriormente, em pesquisa realizada na própria Câmara, foram coletadas somente as atas referentes ao ano de 1870, ano em que é aprovada a lei que estabelece o recenseamento. A Câmara dos Deputados afirma que as atas das sessões dos trabalhos legislativos realizados no período em estudo estão disponíveis no Arquivo Nacional, que, consultado no Rio de Janeiro, informou que as encaminhou para a Biblioteca Nacional, que, por sua vez, ainda não as disponibilizou ao público. É uma vergonha tal descaso.
[29] R. Magalhães Júnior, "A Importância Documental das Atas de Conselho de Estado," in Atas do Conselho de Estado Pleno (Terceiro Conselho de Estado, 1874-1875. 1978).
[30] Também compõem essa pesquisa as informações a respeito do censo de 1872 levantadas na consulta realizada nas Atas do Senado entre os anos de 1870 e 1877, publicadas em volumes pelo próprio Senado Federal. Não foi encontrado nenhum debate sobre o censo nesses documentos.

Referências bibliográficas

Brasil. [1824]. *Constituição*. Constituição Política do Império do Brazil. Rio de Janeiro. Disponível em http://www.planalto.gov.br/ccivil_03/Constituicao/Constituicao24.htm.

_____. 1870-1877. *Atas do Conselho de Estado*. Disponíveis em: http://www.senado.leg.br/publicacoes/anais/asp/AT_AtasDoConselhoDeEstado.asp

_____. 1870-1877. *Atas do Senado*. Disponíveis em: http://www.senado.leg.br/publicacoes/anais/asp/IP_AnaisImperio.asp.

_____. 1870. *Atas da Câmara dos Deputados*. Câmara dos Deputados.

_____. 1898. Ministério da Indústria, Viação e Obras Públicas 1898. Diretoria Geral de Estatística. *Censo de 1890*. Rio de Janeiro: Officina de estatística. http://www2.senado.leg.br/bdsf/item/id/227299.

_____. Decreto nº 4.676 de 14 de janeiro de 1871. http://www2.camara.leg.br/legin/fed/decret/1824-1899/decreto-4676-14-janeiro-1871-552057-publicacaooriginal-68972-pe.html.

_____. 1871. Decreto nº 4.856 de 30 de dezembro de 1871. http://www2.camara.leg.br/legin/fed/decret/1824-1899/decreto-4856-30-dezembro-1871-552291-publicacaooriginal-69467-pe.html.

_____. 1870. Lei nº 1.829 de 9 de setembro de 1870.

Calmon, Pedro. 1978. *Prefácio*. Atas do Conselho de Estado Pleno – Terceiro Conselho de Estado, 1868-1873. http://www.senado.gov.br/publicacoes/anais/pdf/ACE/ATAS8-Terceiro_Conselho_de_Estado_1868-1873.pdf.

Cândido Mendes de Almeida, org. *Atlas do Império do Brazil. 1868*. Rio de Janeiro: Litographia do Instituto Philomáthico. Acessado na Biblioteca digital do Senado Federal.

DGE – Diretoria Geral Estatística. 1872. *Censo de 1872*. Vol. 1. Rio de Janeiro: Coleção Brasiliana. https://archive.org/details/recenseamento1872bras.

Directoria Geral de Estatística 1877. *Relatórios e trabalhos estatísticos*. Rio de Janeiro: Typographia de Hyppólito José Pinto, Rua do Hospício n 218. Em http://biblioteca.ibge.gov.br/visualizacao/livros/liv49656.pdf. Acessado em 9.02.2015.

IBGE. 1987[1990]. *Estatísticas Históricas do Brasil: séries econômicas, demográficas e sociais de 1550 a 1988* 2ed. Rio de Janeiro: IBGE.

_____. 2000. *Sinopse preliminar do censo do ano de 2000*. Rio de Janeiro.

Oliveira, Jane Souto de. 2003. Brasil mostra a tua cara: imagens da população brasileira nos Censos demográficos de 1872 a 2000. *Textos para Discussão*, n.º 6. Instituto Brasileiro de Geografia e Estatística (IBGE), Escola Nacional de Ciências Estatísticas.

Magalhães Júnior, R. 1978. *A importância documental das Atas de Conselho de Estado*. Atas do Conselho de Estado Pleno – Terceiro Conselho de Estado, 1874-1875. http://www.senado.gov.br/publicacoes/anais/pdf/ACE/ATAS9-Terceiro_Conselho_de_Estado_1874-1875.pdf.

Oliveira, Luís Antonio Pinto de; Simões, Celso Cardoso da Silva. 2005. O IBGE e as pesquisas populacionais. *Revista Est Pop*. Vol. 22., p. 291-302, jul./dez. http://www.abep.nepo.unicamp.br/docs/rev_inf/vol22_n2_2005/vol22_n2_2005_8artigo_p291a302.pdf.

Paiva, Clotilde Andrade; Martins, Maria do Carmo S. 1982. *Notas sobre o Censo Brasileiro de 1872*. II Seminário sobre a Economia Mineira, 1982, Diamantina.

Anais do II Seminário sobre a Economia Mineira. Belo Horizonte: Decepar.

Puntoni, Pedro Luís. 2004. Os recenseamentos do século XIX: um estudo crítico. Em: Samara, E. de M. (org.). *Populações: (com) vivência e (in) tolerância.* São Paulo: Humanistas/FFLCH/USP, p. 159-205.

Sena, Nelson. 2009. *História das Estatísticas Brasileiras, v.1.* Rio de Janeiro: Fundação Instituto Brasileiro de Geografia e Estatística.

IV

AS CORES BRASILEIRAS E A GRANDE MENTIRA DO CENSO DE 1872

*Somos Negros em toda a História,
e mais Negros do que as Estatísticas Oficiais Mostram*

A cor *preta* tem uma tradição de caráter etimológico defendida pelo gramático negro Hemitério José dos Santos, que, em uma polêmica com outro gramático em 1907, João Ribeiro, afirma que, ao contrário deste, não há nenhuma carga negativa na palavra *preta*. Conforme bem explica Maria Lúcia Rodrigues Müller (2008), "a matéria está encerrada do ponto de vista etimológico, mas não, é claro, do ponto de vista do preconceito. Muitos preferem *negro* ao *preto*, o que não é o meu caso", diz Maria Lúcia Rodrigues Müller.

Hemitério dos Santos, o único professor preto do Colégio Militar do Rio de Janeiro, em 1900, e também professor do Colégio Pedro II, ficou famoso porque acusara Machado de Assis de ter vergonha da própria raça. Hemitério tem um livro primoroso mostrando como o educador Fernando de Azevedo, em 1927, proibia, na prática, a entrada de professoras negras na Escola Normal no Rio de Janeiro com uma inspeção de saúde que exigia "exame de vestes, pele e pelos", um eufemismo que significava que somente brancos poderiam ser professores na Escola Normal.

Já a palavra *mulato* tem característica pejorativa desde a sua origem. Um exemplo típico é o caso de Joaquim Nabuco, que em carta a José Veríssimo protesta contra o fato de este chamar Machado de Assis de *mulato*. "A palavra não é literária, é pejorativa, basta ver-lhe a etimologia", e arremata: "de mais, o ser *mulato* em nada afetava sua caracterização caucásica. Eu pelo menos vi nele o grego". É uma conversa amável, suposto ser simpático, de Joaquim Nabuco, brasileiro aristocrata, que como Calógeras prefere escrever em francês prefere escrever e falar em francês do que em português, mas que não vai para o âmago da questão, como Hemitério foi.

Coloquialmente, muitos brasileiros atualmente usam *moreno* como sinônimo de *pardo* ou de *preto*, mas o termo ainda não está enraizado no

País. Como se verá adiante, em castelhano, uma língua muito próxima do português brasileiro, falada por nove dos 12 países fronteiriços do Brasil, o *moreno* do castelhano é o *preto* em português, o que causa alguma confusão, principalmente nos estados brasileiros da fronteira, com o *moreno* da língua portuguesa, que é, para boa parte dos brasileiros, um branco de cabelos castanhos ou pretos e que para outros é simplesmente um preto ou um pardo. O *Aurélio 2000* diz que o adjetivo e o substantivo *moreno* são "do esp. moreno, da cor trigueira do mouro", o que não ajuda muito na discussão.

O termo *mulato* tem atualmente uma conotação negativa no português corrente, e com muita razão, e não será usado neste trabalho, exceto quando especificamente observado na nomenclatura dos censos. Um dicionário do século XVIII, o *Vocabulário Portuguez & Latino* de Raphael Bluteau, de 1716, que diz que *mulato*, originalmente, é "besta, o macho asneiro, filho de cavalo & burra". Também é pelo citado dicionário, "filho de branca & negro [sic], ou de negro & de mulher branca". *Mulato* vem de "Mû, ou mulo, animal gèrado de dous outros de diferente espécie", segundo aquele dicionário. Interessante notar a passagem em que se diz que *mulato* é "uma cor duvidosa, neutra entre os dois; malíssima sem dúvida" ("... *color dudoso, o neutral entre los dos malíssimo sin Duda*").

O dicionário etimológico *Oxford* define *mulatto* como "an offspring of an European and a Negro ('o descendente de um europeu e um negro')", em uso desde o século XVI, talvez refletindo quando os negros começaram a aparecer nos Estados Unidos em grande número. O *Oxford* complementa que *mulato* é o espanhol e o português para *young mule* (mula nova), *hence one of the mixed races* ("daí, de raça misturada"). Assim, em inglês *mulatto* é ainda mais depreciativo do que em português. Em conclusão, não há como se chamar alguém de *mulato(a)*, já que a associação é inicialmente animal e deve ser evitada por ser agressiva e por menosprezar a pessoa assim chamada.

Já em 1789, o *Dicionário da Língua Portugueza* de Antonio de Morais da Silva tem algumas definições curiosíssimas: *mulato* como "filho ou filha de preto com branca até certo grau", nada dizendo sobre o grau (será como o 1/8 como foi adotado nos EUA por alguns censos e em alguns estados, o que é também mais restritivo pior que o limite nazista para a definição de quem é judeu?). Esclarece que *pardo* é "de cor entre branco e preto assim a do pardal", relacionando-o assim com o pássaro pardal, e sendo preciso: *moreno* como "de cor parda escura"; *negro*, de "cor preta como a tinta do carvão apagado". Mas isso é português europeu, e talvez na colônia já se notasse alguma diferença, como pode ser visto no *Dicionário da Língua Brasileira* de Luis Maria da Silva Pinto, de 1832, um ano relevante para o nosso estudo do Império do Brazil, que traz acepções que seriam aceitas por muitos brasileiros em 2016: *moreno* como "de cor parda escura"; *pardo*, "de cor entre branco e preto, mulato"; e *negro*, "diz-se homem preto".

Dada a semelhança com o castelhano, é útil examinar como *negros*, *mulatos* e *morenos* eram definidos em castelhano no século XVIII: o *Diccionario de la Lengua Castellana*, publicado entre os anos 1726 e 1739, da Real Academia Española, em Madrid, tem oito acepções distintas para *negro*, e todas são basicamente a cor *preta* em português. Há uma única acepção de *negro* em castelhano, que é distinto do *preto* em português: "*se toma tambien por moréno, ò que le falta la blancúra que le corresponde*". *Moreno* é "*adj. que se aplica al colór obscúro, que tira 'a negro*". Já para o dicionário oficial, o *mulato* é "*adj. que se aplica à la persona que ha nacido de negra y blanco, o al contrário*". Covarrubias Orozco (1611), por sua vez, afirmou: "*se disse de los Moros, porque regularmente tienen esse color*". Os armênios que vão para a Espanha visitar o sepulcro do apóstolo *San* Tiago são *mórenos*, segundo o citado dicionário, e têm "*el appelido de Ethiopes*". Um autor, Francisco Quevedo, em seu livro *Los Sueños*, de 1798, fala "*al negro moréno*", em uma construção que não existe em português. O *moreno* é "*tambien al hombre negro atezado, por suavizar la voz negro, que es la que le corresponde*". Minha conclusão é de que *negro* em castelhano é o *preto* em português do século XVIII.

Corroborando a conclusão anterior, um estudo de Barcia Zequeira (2004) conclui que desde o século XVI "*negros y mulatos libres..., denominados por esta condición pardos y morenos*", são parte das forças militares nas colônias espanholas, principalmente em Cuba, São Domingos e Porto Rico. O *negro* (esp.) e o *mulato* (esp.) seriam sinônimos de *pardo* e *moreno*, respectivamente. Mas a nomenclatura também não é firme em castelhano. Um estudioso contemporâneo, Contrera Cruces (2006), conclui, pelo exame detalhado dos documentos da 1760-1800, que "*negro y moreno serán usados para la población de origen africano y sus descendientes sin mezcla racial, mientras que mulato y pardo se referirán, en general a los descendientes mestizos de índio y negro o mulato*". Então, para este autor, no século XVIII, o *preto* do português brasileiro é chamado indistintamente de *negro* ou *moreno* em castelhano; e o *mulato* e o *pardo* em português brasileiro são o *mulato* ou *pardo* em castelhano. A palavra *preto* simplesmente não existe em castelhano.

Atualmente no Brasil, o termo *negro* compreende *pretos* e *pardos*; este último é o fruto de *brancos* e *negros*, *indígenas* e *negros* e dos próprios *pardos*, e será usado aqui desta forma, exceto quando os censos usarem outra linguagem, quando então será explicado.

Os povos originários na nomenclatura atual que no passado colonial brasileiro eram chamados *vermelhos* (como os chama o preciso e indevidamente negligenciado historiador brasileiro Contreiras Rodrigues em seu livro de 1935), ou *amarelos*, até a entrada de um contingente importante de japoneses no Brasil no início do século XX, serão chamados neste trabalho de *indígenas*. Não há uma denominação corrente para o fruto de *indígena* e *negro* (o termo histórico *cafuzo* foi utilizado pela primeira vez em 1881, segundo o *Dicionário Etimológico Nova Fronteira*; quer dizer *mestiço* e está em desuso), de modo que será incluído na categoria de *pardo*. O fruto de indígena e branco (o termo histórico *mameluco* usado em português, no original em francês, por Balbi é mencionado no citado dicionário, tendo sido utilizado pela primeira no século XVII e também está em desuso) será chamado de *caboclo* neste texto, já que este é o termo do recenseamento de 1872.

Concordo perfeitamente com Marvin D. Harris (1968), quando observou que "não existem critérios objetivos para separar a população brasileira ou qualquer outra população hibrida negro-branca em dois, três ou quatro agrupamentos significativamente distintos". Ele observou também que o falso mito de que os brasileiros não têm restrições raciais foi exposto em numerosos estudos.

As definições de cores são assim imprecisas em português, daí que a *Estatísticas históricas* (IBGE 1987) simplesmente evita a discussão, somente falando da condição civil entre escravos e livres, e ignora informações sobre a cor. Isto é um erro, porque reduz a discussão sobre miscigenação, crucial para a civilização brasileira.

No último censo com dados detalhados disponíveis, de 2010, o IBGE simplesmente manteve o termo já tradicional de "cor ou raça" dividido entre *branca, preta, parda, amarela, indígena* e sem declaração. Amarelo é quase um insulto para os japoneses e chineses que vivem aqui no Brasil. Talvez *oriental* seja a melhor escolha. Em 2010, por gênero, há 4,2% mais mulheres do que homens na população de 190 milhões de habitantes, o que é um percentual tradicional em termo mundial. É curioso notar que a diferença entre mulheres *brancas* e as *pardas* no total de 5,7 pontos de percentagem é bem superior aos 2,5 pontos de percentagem da diferença entre homens *brancos* e homens *pardos*.

Finalmente, no censo de 2010 parece claro que a emigração maciça de japoneses masculinos do Brasil para o Japão está causando sério desbalanço na população de origem japonesa no Brasil, que conta 19% de mulheres a mais que homens — a miscigenação das japonesas com *brancos, pardos* e *pretos* deve acentuar-se nos próximos anos, quase que inevitavelmente.

Só Temos Cores Conhecidas desde 1798

Não há dados nacionais sobre a cor da população brasileira antes de 1798, uma vez que muitos dos habitantes livres são indígenas, pretos e pardos, e a separação somente é disponível por condição civil, o que não ajuda muito, já que há muitos pardos e pretos livres desde o começo da colônia. Em 1798, o Dr. Francisco Pereira Santo Apollonia (conforme menção de Contreiras Rodrigues), sobre o qual pouco se sabe, além de ser médico e conselheiro do Conselho Geral da província de Minas Gerais, dá as primeiras estimativas da cor da população da colônia, pouco antes da Independência. A população tem um número respeitável de 3 milhões e 250 mil pessoas, sendo 1 milhão e 361 mil escravos pretos, 1 milhão e 10 mil brancos, 406 mil negros libertos (pretos livres e pardos livres), 221 mil escravos pardos e 252 mil indígenas.

Sobressai o número da população negra, entre escravos pretos, escravos pardos e "libertos", com um total de 1.988 mil pessoas, o equivalente a 61% da população, já que se devia esperar mais, quando se sabe que os brancos emigram para a colônia e para o Império primordialmente no curto ciclo do ouro (1700-1780). Note-se o número imenso de libertos de cor preta e parda, 406 mil pessoas, quase que o dobro dos escravos pardos. Infelizmente, não se sabe a cor dos libertos entre pardos e pretos. O termo *liberto* foi usado imprecisamente por Santo Apollonia, já que é um número muito elevado e que claramente inclui não somente os libertos, isto é, os escravos alforriados — também chamados de forros, que são realmente os libertos —, mas também a população de pretos e pardos que já nasceu livre.

O fim do ciclo do ouro brasileiro (1780) está próximo de 1798, período que registrou a maior emigração portuguesa à colônia americana jamais vista no período colonial, de modo que a porcentagem da população branca, de 31% do total, deve ser considerada como sendo muito superior *a priori* comparativamente à do Império no século XIX. Estes dados são compatíveis aos dados censitários ajustados por este autor para 1872 indicam que os brancos representam apenas 12% da população total (incluindo os indígenas).

Balbi Dá-nos para 1810 a Cor do Fim da Colônia, em um.
Ano Bem Próximo ao Nascimento do Império do Brazil

A grande fonte de dados da população, para o início do Império do Brasil, é Adrien Balbi (1822), com dados para o ano de 1810. Escrito em francês, em uma publicação difícil de ser obtida inicialmente, Balbi, um italiano e antigo professor de geografia, física e matemática, foi comissionado pelo rei de Portugal para fazer o trabalho *Essai statistique sur le Royaume de Portugal* (1822). Teve como base para a colônia brasileira o relatório do Visconde de São Lourenço, antigo ministro da monarquia portuguesa no Rio, segundo o *Essai*, "baseado em relatórios de governadores e capitães em obediência a instruções de 22 de agosto e 30 de setembro de 1816". Segue assim a tradição da época de contratar-se um estudioso para escrever um trabalho sobre o país, caso que, aliás, se verificaria por diversas vezes no Império do Brazil. No citado livro, Balbi ofereceu-se para fazer um ensaio mais detalhado só para a colônia brasileira, mas infelizmente não o fez devido a falta de interesse do Império do Brazil, criado formalmente no mesmo ano de publicação de sua obra.

Uma observação sobre o livro de Balbi: Roberto Simonsen conhecia-o, mas não as *Estatísticas históricas do Brasil* do IBGE, já que cita Balbi por Simonsen. O livro era difícil de ser achado no Brasil, e os detalhes da população são aqui apresentados pela primeira vez, graças à digitalização de um exemplar do livro existente na Universidade de Toronto, a quem agradeço aqui, tornando-o de fácil acesso.

Balbi é importante por várias razões; é um estudioso a serviço da Coroa portuguesa, mas relativamente independente dado seu caráter de italiano e de antigo professor; os dados que apresenta pouco antes da Independência permitem uma comparação com os dados de 1872, do primeiro censo brasileiro, quase no fim do Império do Brazil, quando existia escravatura ainda muito forte: como a Lei do Ventre Livre é de 1870, pouco resultado estatístico de liberdade de crianças poderia ter sido notado, já que teria apenas dois anos de vigência.

A população brasileira, segundo Balbi, em 1810 é de 3 milhões e 617 mil. Balbi é cuidadoso e mostra tanto o termo francês quanto o original em português, exceto para os brancos, que são mencionados apenas em francês (*blanc*). A nomenclatura de Balbi está especificada adiante em itálico: (a) 1 milhão e 728 mil *esclaves (pretos captivos)*, (b) 843 mil *blancs*,

(c) 426 mil *métis, ou de sang melangé libres* (*mistisses, mulatos e mamelucos libertos*), (d) 259 mil de *Américaines de différent tribos* (*indígenas de todas as castas*) o que sugere dado o número elevado que o autor incluiu indígenas "não civilizados"), (e) 202 mil *métis esclaves* (*captivos*) e (f) 159 mil *noirs libres de différent nations africains* (*pretos forros e de todas as nações africanas*), respectivamente que traduzi como (a) escravos pretos, (b) brancos, (c) pardos, (d) indígenas, (e) escravos pardos e (f) pretos livres. *Mameluco* é a designação europeia, inclusive portuguesa, para a pessoa de sangue preto e indígena. Tem-se, portanto, em Balbi, os descendentes miscigenados dos *indígenas de todas as castas* para a população indígena. Os europeus herdaram para a colônia um país negro, e esse caráter negro será acentuado no Império escravocrata. A população da colônia é essencialmente negra e escravizada em 1810. Segundo Balbi, a colônia brasileira, excluindo a população indígena de 259 mil pessoas (que deve ser uma estimativa baseada apenas na sensibilidade do poder colonial, já que os indígenas vivem fora do ambiente político e principalmente do ambiente econômico-demográfico da colônia), é 75% negra, com apenas 25% de brancos e 57% da população é escrava. É um país quase que negro, que tem um número imenso de pretos (56% do total), comparados com os pardos (19% do total), além dos citados 25% de brancos. É um território em que ser preto significa ser escravo (92% dos pretos são escravos) e em que os pardos, ao contrário, são predominantemente livres — 68%. Este é um resultado que condiz com o desenvolvimento histórico da colônia, centrada em uma população inicialmente preta e escrava, em que a miscigenação permite à escrava escapar da escravatura para seus descendentes e para si mesma. Como será examinado adiante, em 1872, da população total do Império do Brazil, segundo a minha estimativa, 88% são negros, o que é consistente com os dados de 75% de negros de 1810. Essa alta proporção de negros é decorrente de uma forte entrada de escravos negros, no século XIX, para as ricas plantações de café, e por causa da miscigenação brasileira, que aumenta o número de pardos e reduz o número de escravos, sem dúvida pelo fato que "repugna ao senhor escravizar o próprio filho". Os estupros na pintura de 1774 em uma colônia espanhola e mostrados na Ilustração VII.1 devem ter sido ainda mais comuns na colônia e no Império brasileiro do que nas colônias espanholas que com exceção das do Caribe (Cuba, São Domingos e outras ilhas menores) produzem pouco açúcar, produto que demanda mão-de-obra escrava.

Os dados por cor de Balbi para 1810 são mais razoáveis do que os de Santa Apollonia para 1798, que tem apenas 61% de população negra. Possivelmente, não há exagero no número de brancos computado por Balbi, como se verifica posteriormente no censo de 1872, já que os portugueses tinham diversas restrições legais contra pardos, negros e indígenas, adicionalmente às tradicionais restrições aos judeus e aos muçulmanos. O poder colonial absolutista em Portugal e na colônia tem interesse em dar o nome prestigioso de *branco* somente àqueles que sejam realmente de cor branca e que definem o controle político e econômico da colônia.

Os dados de Balbi de 1810 permitem entender o Império do Brazil em seu início, onde não se fala de abolição e onde o açúcar, inicialmente, e o café, posteriormente, são os grandes produtos de exportação e usam quase que exclusivamente a mão de obra escrava. Frise-se que os dados de Balbi indicam que 41% da população livre é negra — em uma porcentagem semelhante a que deve prevalecer nos anos anteriores —, que aumentou para 53% em 1872, pelo censo, e para 85%, pelos dados corrigidos pelo autor. Já por 1872, tem-se movimentos espontâneos e legais de abolição que diminui relativamente o número de escravos e aumenta o de negros livres, estes últimos já cidadãos, que têm uma taxa de mortalidade inferior e uma taxa de natalidade superior à dos escravos.

Há outras estimativas para anos próximos da Independência por condição civil (livres e escravos) e por províncias. Em primeiro lugar, para 1819, o conselheiro Veloso de Oliveira com seu trabalho *A Igreja no Brasil* (1819), um trabalho difícil de ser obtido ainda hoje, e que as *Estatísticas históricas* mencionam, por outro estudo, o de Joaquim Norberto Souza e Silva (1870): a população é de 4 milhões e 396 mil, bem superior aos 3 milhões e 617 mil de Balbi, de 1810.

Os dados do conselheiro, por condição civil, são repetidos por Calógeras (1930), um historiador que quase sempre não menciona a fonte de seus dados, que repete os dados de Veloso de Oliveira, e também por Contreiras Rodrigues, calculando população total em 2 milhões e 488 mil brancos, 1 milhão e 107 mil escravos e 800 mil indígenas, ou seja, os mesmos 4 milhões e 396 mil pessoas de Velloso de Oliveira. O total do conselheiro Veloso de Oliveira para 1819 parece-me exagerado, e pode ter sido estimado visando aumentar o número de habitantes para efeito de propaganda da colônia na Europa. Além disso, observe-se que não há referência ao número de pardos livres e pretos livres, que já sabemos serem existentes desde 1798, no mínimo.

A população, excluindo os indígenas, é de 3 milhões e 358 mil, em 1810, segundo Balbi, é um pouco mais de 3 milhões e 595 mil, em 1819, segundo Veloso de Oliveira, números, portanto, compatíveis. Mas há diferenças grandes no detalhamento: a população livre de Balbi é de 1 milhão e 428 mil, enquanto a de Veloso de Oliveira é muito superior, de 2 milhões e 489 mil; o número de escravos em Balbi é 1 milhão e 930 mil, bem superior ao 1 milhão e 107 mil de Veloso. Balbi tem como fonte os registros das autoridades coloniais e da Igreja, enquanto Veloso tem somente os registros da Igreja. Possivelmente, os dados de Balbi são de melhor qualidade, uma vez que a Igreja pouco sabe sobre o número de escravos que entram a todo o momento no país, já que seus registros são de batizado, casamento e de mortalidade oficial. Os dados de mortalidade da Igreja são particularmente precários, já que só são registrados os enterrados em cemitérios, o que muitas vezes não acontece, em que os escravos são lançados em uma vala comum, ou simplesmente jogados em rios e no mar. Como se verificou no porto de Valongo, no Rio de Janeiro, o principal porto negreiro do Império, os escravos mortos sejam jovens ou não, foram enterrados em valas próximo ao porto sem nenhum controle das autoridades, quer dizer, da Santa Casa de Misericórdia, então e hoje administradora dos cemitérios do Rio de Janeiro.

Em segundo lugar, tem-se para 1823 a *Memória estatística do Império do Brazil*, somente publicada em português pelo Instituto Histórico e Geográfico Brasileiro, surpreendentemente 72 anos depois, em 1895. O relatório estima a população brasileira em 3 milhões e 960 mil pessoas, número bem próximo dos dados de Balbi e de Veloso de Oliveira. Em todos esses trabalhos, a ênfase é na condição civil, livres e escravos, o que pouco nos diz sobre a cor de boa parte da população livre que é parda ou preta. Não há interesse na cor e muito menos na fração da população negra já livre. A separação por cor após Balbi em 1810 só vai ser apresentada oficialmente a partir do censo de 1872; e o censo tem a desvantagem de acontecer nos últimos anos da escravidão, quando os movimentos abolicionistas são mais intensos e quando a escravidão já tem má reputação e consequentemente há uma participação relativamente elevada de pretos livres e pardos livres, bem acima da prevalecente no começo do Império.

No Império do Brazil praticamente não houve imigração branca, e o preciso historiador alemão Handelmann (1860) lista a população das colônias estrangeiras fundadas no Brasil de 1812 a 1855 em apenas os irrisórios

31.422 a 31.552 pessoas. O tráfego negreiro continuou livre até 1850 e quase livre até 1871, quando da Lei do Ventre Livre. Há uma forte razão econômica para que a população escrava aumente continuamente em números absolutos na colônia e no Império: há uma concentração crescente dos "ricaços" — o feliz termo é de Simonsen (1937) —, que são originalmente os ricos "fidalgos" da cana-de-açúcar, estimados, em 1700, em apenas 190 proprietários dos "engenhos reais", os engenhos de grande produção e com número importante de escravos, que demandam mais escravos para o uso produtivo e para uso doméstico. Estimo os "ricaços" em 400 no Império do Brazil, que é o número dos barões de café vivos a cada momento: os barões não queriam pagar salários para a mão de obra livre, quer branca, quer negra. Conforme se verá adiante, os fazendeiros tratavam tão mal os poucos imigrantes europeus que vinham ao Brasil que a imigração prussiana foi desestimulada e mesmo quase que proibida pelos maus-tratos que os imigrantes europeus tinham no Império do Brazil.

Há Sobre Estimativa Proposital da População Branca em 1872

Nos 62 anos decorridos entre os dados de Balbi para 1810 até o censo de 1872, a população total do agora Império do Brazil cresce em 1,6% a.a., que é uma taxa elevada, mas perfeitamente razoável, comparada à da colônia escravocrata de Cuba, uma colônia de boas estatísticas, sem dúvida de melhor qualidade que a do Império ,e que faz seu primeiro recenseamento em 1774, mais de um século antes do Império. Balbi estima também a população total para 1819, 4.222 mil, tendo assim uma taxa de 1,7% a.a. no período, que é compatível com a taxa censitária de 1,6% para 1872, levando em conta a diminuição do tráfego negreiro na metade do século XIX. O que é surpreendente é que a taxa censitária de crescimento da população branca é de 3,4% a.a., o que leva a crer que esteja certamente superestimada.

Há diversas razões sólidas que indicam que os dados analisados da população branca estão superestimados em 1872. Em primeiro lugar, conforme dito, praticamente não houve imigração europeia significativa para o Império do Brazil. A população branca apresenta somente crescimento vegetativo, que não pode ser superior a Portugal: na verdade, como a vida na colônia é mais dura que a da metrópole, pode-se esperar uma taxa de crescimento demográfica da população branca colonial inferior à da metrópole. Os dados censitários apontam, no entanto, para resultado oposto, portanto os dados do censo devem estar errados.

O racismo da aristocracia brasileira, copiada dos europeus e dos estadunidenses escravocratas, que valoriza o branco e despreza os demais povos, inclusive os de cultura milenar, como a do Japão, China e Índia, indica que todas as pessoas gostariam de ser consideradas de brancas, se assim fosse possível.

O imperador, como representante da aristocracia europeia, era abertamente racista. Era de domínio público sua amizade cordial com Gobineau, o intelectual do racismo e chefe da legação diplomática da França, A aristocracia do Império é francamente racista. Há um estigma para um cidadão livre em se declarar pardo ou preto, já que estes são considerados inferiores. Se perguntassem a Machado Assis sua cor em 1872, ele diria, provavelmente, "branco", muito embora não o fosse. Se perguntassem ao Barão de Cotegipe, ministro de Negócios Estrangeiros no Império, "mulato", segundo Gobineau, ele teria dito, com tranquilidade, "branco". Se o perguntassem a Francisco de Paula Souza e Melo, preto, ministro e secretário do Estado de Negócios de Fazenda (31.05.1848 a 14.05.1849), ele possivelmente responderia "branco" ou "pardo". Como o sociólogo americano Harris (1968) observou, "a "raça" (cor) no Brasil é cambiante: uma pessoa rica julgava-se branca quando ela queria".

A sistemática de coleta de dados do censo de 1872 é baseada em um formulário que é entregue ao chefe da família, que o preencherá como bem quiser e o entregará a um agente censitário que não tem independência alguma. O funcionário é sujeito a todo tipo de pressão para aceitar a palavra do chefe de família, muitas vezes um cidadão negro conceituado e rico da localidade. Evidentemente nenhum agente censitário duvidaria de alguma coisa em um formulário preenchido por um Machado de Assis: se este tivesse declarado como raça a cor branca (não sabemos como o fez, é claro), o agente censitário teria anuído.

Dever-se-ia esperar que os pardos tivessem uma taxa de crescimento populacional superior à dos pretos, dadas as suas condições de vida ser menos duras. Mas, na realidade, a taxa de crescimento da população censitária, isto é, a taxa oficial de pardos e pretos, é a mesma (2,9% a.a.). Isso confirma que uma parcela significativa dos pardos livres se registrou como branca, distorcendo o censo. Note que censo nos diz os pardos livres pela maior expectativa de vida, e pelas alforrias crescem a 3,4% a.a., nível ainda superior a dos brancos, de 2,5% a.a., e de 1,4% dos escravos pardos.

Em sexto lugar, não há como um agente censitário recusar legalmente um formulário preenchido por um cidadão que, por exemplo, se diz branco (quando obviamente seria pardo ou preto), já que a certidão de batismo (o único documento de identidade da época) simplesmente não menciona a cor do "inocente" batizado. Os pretos livres crescem, apesar de tudo, a uma elevada taxa de 2,9% a.a., que me parece correta, bem superior ao 1,6% a.a. de crescimento médio anual da população em 1810-72 por uma combinação de crescimento vegetativo e de alforrias, este último ocorrendo inclusive com os escravos recém-ingressos no Império.

Modernamente, sabe-se que uma fração significativa (60%) dos brasileiros que se declaram brancos, ainda no começo do século XXI, quando o prestígio de ser negro é sensivelmente superior ao de 1872, tem matrilinhagem ameríndia ou negra, segundo os estudos genéticos de Sérgio Pena (2002), da UFMG. Os dados dos pardos do censo 1872 estão, por essa razão, claramente subestimados; e os dos brancos, sobre-estimados. Por conseguinte, o máximo que se pode esperar para a população branca de um país com renda per capita muito inferior à europeia, com condições de saúde precárias, é um crescimento igual ao da população da antiga metrópole.

Comparações Mundiais Confirmam que o Número Oficial de Brancos no Império é Sobre-Estimado

Maddison (2001, 2003), trabalhando com os melhores especialistas mundiais indicados pelos governos dos países membros da OCDE e de alguns países associados, inclusive do Brasil, na década de 1970, é referência para os dados dos principais países para população, renda e renda per capita. Estas últimas baseiam-se em paridade do poder de compra em dólares constantes para os 50 anos entre 1820 e 1870, que são próximas do período visto por Balbi em 1810 e do censo de 1872. O crescimento censitário de 2,5% a.a. da população branca de Maddison, possivelmente baseada no censo de 1872, em 1810-1872 está também sobre-estimado pela comparação mundial, como se verá adiante.

Os dados de outros países ajudam a testar a qualidade dos de Balbi para 1810 e do Censo de 1872. Na América Latina, pode-se observar uma taxa de crescimento da população de Cuba, uma colônia com economia escravocrata baseada em açúcar, bem semelhante à economia do açúcar e do café do Império, é exatamente o mesmo, de 1,6% a.a. da taxa brasileira, sugerindo que a taxa global brasileira está correta. A Argentina, por sua vez, que recebe um número imenso de imigrantes brancos no século XIX, cresce 2,5% a.a. Não é possível que a população branca brasileira tenha uma taxa igual à da Argentina, já que o Brasil quase não recebe imigrantes brancos até a abolição da escravatura em 1888. No restante da América ibérica do século XIX, não há um território que possa ter uma taxa de crescimento demográfica comparável com o Brasil. O México (com crescimento demográfico de 0,7% a.a.), país de porte semelhante ao Brasil, teve mudanças territoriais que dificultam comparações; o mais semelhante seria a Colômbia, com um crescimento de um modesto 0,7% a.a. dada a inexistência de um forte produto de exportação que demanda mão de obra escrava.

No caso dos Estados Unidos, observam-se diversos elementos que justificam o forte crescimento populacional de 2,8% a.a. entre 1820 e 1872. Um fator é a compra do gigantesco território francês da Louisiana, em 1803, com 827 mil milhas^2, o que quase dobra de seus território de 888 mil milhas^2 existentes em 1790, o que abre um território fértil e quase que vazio para a emigração europeia que a ele se dirige. Ainda mais, os EUA, na guerra de 1845-1848 entre EUA e México, obtêm uma gigantesca área, mas a população mexicana que se torna americana *manu militari* é pequena, com 538 mil habitantes, equivalente a apenas 3% da população americana de 17 milhões e 69 mil em 1840. O gigantesco território também atrai fortíssima população branca europeia, pela fertilidade e pelo seu vazio imenso. Por fim, a descoberta de ouro no agora território americano da Califórnia atrai um número imenso de aventureiros europeus. Para se ter uma ideia do *boom* do ouro, a produção anual média mundial aumenta de 1.760 mil onças *troy* em 1841/50 para 6.445 mil onças *troy* na década seguinte, um aumento de 267%.

Na Europa, que experimenta um crescimento econômico único devido à Revolução Industrial, as taxas de crescimento da população, invariavelmente branca, são muito baixas entre 1820-1870, oscilando de 0,4% a.a. para a França, para um máximo de 0,9% a.a. para a Alemanha. Maddison (2003) calcula a população de 12 países da Europa ocidental, obtendo um crescimento de 0,7% a.a. Dois países de população mais elevada, excluídos do conceito de Europa Ocidental de Maddison, são a Espanha, com 12 milhões de habitantes em 1820, que cresce de 0,57% a.a. em 1820-1870, e Portugal, um país estagnado no século XIX, tem apenas 3 milhões e 297 mil de habitantes em 1820 e 4 milhões e 353 mil em 1870, ou seja, cresce 0,56% a.a. no citado período, apenas ligeiramente inferior ao da população espanhola.

Conclui-se que os dados censitários da população branca brasileira estão claramente superestimados. Como visto, os valores de crescimento da população total e branca em diversas partes do mundo permitem inferir que o valor do crescimento da população branca brasileira é significativamente mais modesto. A América Latina, exceto o Brasil, cresce 1,19% a.a. entre 1820 e 1870. Simplesmente não é possível que a população branca brasileira tenha crescido mais do que o dobro da população hispano-americana. Além disso, a população brasileira branca não pode ter, em hipótese alguma, a taxa de crescimento próxima à população branca americana, que foi de 2,8% a.a., ou superior à média da Europa ocidental, que foi de 0,7% a.a.

O Império do Brazil é 88% Negro, e não 66%, como Diz o Censo de 1872

É necessário corrigir os dados do censo de 1872 tendo em vista a sobre estimativa da população branca apresentada nas duas seções anteriores. A premissa fundamental da correção realizada pelo autor, na Tabela IV.1 adiante, é que a população branca brasileira entre 1810-1872 cresce à mesma taxa de Portugal em 1820-1870, ou seja, 0,56% a.a. O bom senso indica que a taxa brasileira deve ser até mesmo inferior a taxa portuguesa, uma vez que as condições de saúde da colônia e do Império do Brazil devem ter sido piores que as de Portugal, mas não há como determinar precisamente uma taxa mais baixa. O dado corrigido do autor é assim demasiadamente elevado para a população branca no Brasil, mas neste momento não há como ter melhores estimativas.

A redução do número de brancos na correção fez-se exclusivamente pelo aumento no número de pardos livres, e não nos pardos escravos, já que estes não têm possibilidade de dizer suas cores para o censo. Os pardos livres têm total liberdade para especificar a cor de sua conveniência, de modo que boa parte deles deve ter preferido dizer-se branca. Possivelmente, um número razoável de pardos livres no censo era, na realidade, de pretos, mas não há como estimar este número, dado que a classificação de pardo é fluida e não há base de comparações internacionais para se chegar a taxas diferenciadas entre pardos e pretos. A correção do autor indica que, das 3 milhões e 787 mil pessoas que se declararam brancas no censo, 71% (ou seja, 2 milhões e 672 mil pessoas) eram realmente pardas. Essa porcentagem de 71% de informação falsa é corroborada, conforme dito, pela conclusão de Sérgio Pena, o pesquisador da UFMG, que descobriu em 2002, em que os brasileiros que se dizem brancos têm 60% de matrilinhagem preta ou indígena.

Fazendo a correção de se crescer à taxa de brancos do Brasil idêntica à de Portugal e a diferença sendo incluída na categoria de pardos livres, surgem muitas diferenças entre os dados ajustados pelo autor e os censitários:

1. Em 1872 a população de pardos aumenta de 40% da população total, excluídos os indígenas, para 67% do total, pelos dados corrigidos. Os pardos livres são agora 62% da população, bem acima aos 35% dos dados do censo. O país é essencialmente negro, com 88% da população preta e parda;

2. Há poucos pardos escravos: somente 7% dos pardos são escravos, pelos dados corrigidos, e 13%, pelos dados do censo. Em 1872, seria muito difícil para a polícia, ou um capitão-do-mato em uma cidade qualquer pedir documentos, ou constranger os pardos, já que sabia que em sua maioria eram cidadãos livres; quem é que iria pedir documentos ao Barão de Cotegipe?

3. Os pretos são escravos em pouco mais da metade (53%) dos casos, e esse percentual é mantido pela correção feita. Dessa maneira, o risco de insurreições provocadas pela escravidão é minimizado, já que a parcela de pardos escravos, camada mais bem-educada entre os negros, e que poderia liderar rebeliões, é pequena, de apenas 5% da população total;

4. A população branca é de apenas 12% do total, pelos dados corrigidos, caindo muito em relação aos 40% dos dados censitários; faz sentido historicamente já que o país praticamente não teve emigração de mulheres brancas até a república.

5. A população livre é gigantesca em 1872, com 84% do total, pelos dados do censo ou pelos dados corrigidos. A escravatura é quase residual: o trabalho é essencialmente realizado pela população livre, uma situação bem distinta da dos estados do Sul nos EUA em 1860, antes da Guerra Civil.

Os dados oficiais, isto é, os dados não corrigidos indicam que a população branca em 1872 mesmo assim é inferior à parda e é equivalente a 34% da população negra (pretos e pardos). A pequena, territorialmente, província do Rio de Janeiro, então a maior produtora de café, tem a segunda maior população escrava do Império, logo abaixo das gigantescas Minas Gerais, que demandou forte mão de obra escrava por causa do ciclo do ouro. As três maiores províncias, Minas, Rio e Bahia, abrigam 55% da população escrava, mas apenas 40% da população livre. Mesmo na população livre, os brancos (no número sobre-estimado do censo) são inferiores aos negros com 85% do total.

O censo é crucial para entender as cores da população brasileira nesse fim do Império do Brazil, tendo sido revolucionário em sua metodologia ao incluir uma questão sobre cor, uma vez que a metodologia-padrão europeia, adotada pelo Congresso de Estatística de São Petersburgo, em 1872, simplesmente não perguntava a cor da população já que seria redundante, por serem todos os europeus brancos. Foi uma inovação importante que tal questão fosse levantada no Brasil, e que nos ajudaria muito nos anos futuros para que a miscigenação, característica principal da sociedade brasileira, fosse aceita, particularmente por sua elite. Depois de 1872, no entanto, muitos censos brasileiros, os de 1900, 1920, 1970 e de 1980 não perguntaram as cores da população, estes dois últimos, em minha opinião, pela habitual rigidez da ditadura militar que acreditava na irrelevância política dos conceitos de cor, como, aliás, mostra Pinto de Oliveira e Cardoso da Silva Simões (2005), mas não sei a razão da não indagação de cor em 1900 e 1920, exceto pelo receio dos brancos em confirmar os dados dos censos de 1872 e 1890 que o País é essencialmente negro.

Os dados apresentados na tabela IV-1 *População da Colônia em 1810 e do Império do Brazil em 1822, por cor e condição social* são únicos e devem ser entendidos que é o fruto de cuidadosa reflexão pessoal do autor compartilhada por outros estudiosos brasileiros.

Tabela IV.1. População da Colônia em 1810 e do Império do Brazil em 1872, por Cor e por Condição Social.

Cor/Ano	1810 (Balbi) Total	%	1872 (Censo) Total	%	1872* (Ajustado pelo autor) Total	%	1872*/1810 Total	%
I. População negra e branca (A+B) = (C+D)	3358	100	9543	100	9543	100	184	1.7
[A] Negros (1+2)	2515	75	5756	60	8351	88	232	1.95
1. Pardos (1.1 + 1.2)	628	19	3802	40	6397	67	919	3.81
1.1 Livres	426	13	3324	35	5919	62	1289	4.34
1.2 Escravos	202	6	478	5	478	5	137	1.4
2. Pretos (2.1 + 2.2)	1887	56	1954	20	1954	20	4	0.06
2.1 Livres	159	5	921	10	921	10	479	2.87
2.2 Escravos	1728	51	1033	11	1033	11	-40	-0.83
[B] Brancos	843	25	3787	40	1192	12	41	0.56
[C] População livre	1428	43	8032	84	8032	84	462	2.82
[B] Brancos	843	25	3787	40	1192	12	41	0.56
1.1 Pardos	426	13	3324	35	5919	62	1289	4.34
2.1 Pretos	159	5	921	10	1921	10	479	2.87
[D] População escrava	1930	57	1511	16	1511	16	-22	-0.39
1.2 Pardos	202	6	478	5	478	5	137	1.4
2.2 Pretos	1728	51	1033	11	1033	11	-40	-0.83
[E] Pardos escravos//Total Pardos	-	32	-	13	-	7	-	-
[F] Pretos escravos//Total Pretos	-	92	-	53	-	53	-	-
II. População Indígena	259	8	387	4	387	4	49	1
III. População total (I + II)	3617	-	9930	-	9930	-	175	2

Observação: o número de pardos livres para 1872 foi ajustado foi aumentado pela diferença entre o dado do censo (3.787 mil) para brancos e a calculada pelo autor com base na taxa de crescimento demográfica de Portugal de 0,56% a.a. de 1820-1870 (1.192 mil), e a diferença foi colocada em pardos livres, cujo total aumentou de 78% em relação ao número censitário.
Fonte: Balbi (1872), Censo de 1872 e este autor.

População por Província e por Condição Civil

O registro mais antigo encontrado em que consta discriminada a população entre províncias é de 1777-88, quando a concentração populacional nas cinco maiores províncias era de 74% do total. É o fim do ciclo do ouro, e Minas Gerais tem 23% da população brasileira. A população de Minas cai paulatinamente nos próximos dois séculos, mas ainda é expressiva com 21% do total em 1872. Bahia mantém em 1872 a posição que tinha em 1777-88 com 14% da população. A província do Rio de Janeiro tem 14% da população em 1777-88 e apesar de ser o líder da produção de café, praticamente o único produto de exportação do país, reduz a sua participação na população para 8% em 1872. Pernambuco, por sua vez, que era a segunda mais importante província em 1777-88 com uma participação da população de 15%, mas cai para 8% em 1872. São Paulo, hoje o estado mais populoso do país, em 1777-88 e em 1872 tinha a população de somente 8% do País. A distribuição da população hoje é mais equilibrada com os cinco maiores estados caindo de 74% da população para apenas 53% com os dados do censo de 2010.

A mais antiga discriminação entre população livre e escrava, por província, é de 1819 apenas. A proporção da população escrava nas cinco províncias mais populosas, entre 1819 e 1872, cresceu consideravelmente ao longo do tempo. Em 1819, a sua população escrava era de 58% (637 mil) do total de escravos (1,1 milhão). Em 1823, essa proporção aumentou para 67% e, em 1872, para 71%. Percebe-se que os dados de 1823 são precários, uma vez que a tendência da relação entre as populações livres/escravos flutua em direção oposta ao comportamento entre 1819 e 1872. Os dados de 1823 são da *Memória estatística do Império do Brazil*, documento claramente tendencioso que tende a aumentar o número da população livre e branca e reduzir a escrava e negra, com objetivos propagandísticos do Império.

Na província de Minas Gerais, a proporção de escravos em 1819 era de 36% da população livre, dado o ciclo do ouro, mas cai significativamente em 1872 para 22%. Na Bahia, a proporção de escravos em relação aos livres em 1819 era expressiva, com 45%, e tem uma queda vertiginosa para 14%, denotando a estagnação econômica que a região sofre no fim do século XIX. Situação semelhante ocorre em Pernambuco, que tinha uma proporção de 36% em 1819 e cai para 12% em 1872. No Rio de Janeiro, por sua vez, a proporção de escravos em relação à população livre passa de 40% em 1819 para impressionantes 60% em 1872, decorrente do dinamismo econômico da produção cafeeira. São Paulo, por fim, tinha uma proporção de 48% em 1819, que se reduz para 23% em 1872.

Há uma profunda racionalidade econômica na distribuição de escravos, que se dirigem para as cinco maiores províncias: em 1872, por exemplo, 59% da população está concentrada nessas províncias, índice inferior à participação dos escravos de 71%. Em 1819 a proporção de escravos nas cinco maiores províncias era de somente 58%. Essa diferença na participação de escravos deve-se a um deslocamento de escravos das menores províncias para as maiores entre 1819 e 1872, o que é de se esperar, uma vez que as províncias mais populosas são também as mais ricas.

As Cores no Brasil Moderno:
Somos brancos e morenos, e não brancos e pardos

A Pesquisa Mensal de Emprego (PME) de 1998, aplicada para pessoas acima de 10 anos em seis regiões metropolitanas (SP, RJ, BH, RE, SA e PA), e o mais completo, Programa Nacional de Amostragem Domiciliar de 1976 (Pnad/76), feitos pelo IBGE, são as únicas pesquisas nas quais a pergunta "cor" é aberta, à escolha do entrevistado. Logo após ter respondido à pergunta aberta, faz-se a pergunta fechada tradicional do IBGE (branca, preta, parda, amarela e indígena). Há algumas surpresas no PME de 1998 principalmente quando comparado ao do censo mais próximo, o de 2000:

1. Os *brancos* são sistematicamente a maior parte da população total pelo critério de cor aberta ou fechada. Entre 1976 e 1998, na cor aberta, os brancos sobem de 49,4% para 54,2% do total da população, incluindo os indígenas, tendência que é confirmada pelo censo de 2000, com 53,8%. A diferença é quase residual, ou seja,

o branco considera-se branco mesmo que possa escolher entre todas as cores;

2. A segunda maior categoria é *morena*, com 20,9% do total, que, com os morenos claros (2,9%) e os morenos escuros (0,5%), totaliza 24,3% da população, notando que a categoria *morena* não aparece em nenhum censo.

3. A terceira maior categoria aberta, *pardo*, com 10,4% em 1998 é a segunda no censo de 2000, quando aparece com 38,5%, uma enorme diferença relativa de 270%. *Pardo* é ambíguo, portanto, e sugere que a denominação não deve ser usada no censo;

4. A categoria aberta *preta* (4,3%) é a quarta mais elevada aberta em 1998;

5. A categoria *negra* (3,1%), a quinta mais elevada, e que não aparece no censo de 2000, é muito inferior à soma dos pardos e pretos, com 44,7% do total; assim o termo *negro* só pode ser usado após definição cuidadosa já que não é prática corrente.

6. Os *morenos*, quando não podem escolher nesta categoria quando na pergunta fechada, são primordialmente pardos (77,0%), seguidos de brancos (13,8%), segundo Petruccelli (2000). Há 143 nomes de cores, dos quais 77 só aparecem uma vez entre os 3.404.265 entrevistados no Pnad/98, sendo, portanto, irrelevantes do ponto de vista estatístico.

O IBGE deveria ter a sensibilidade e permitir que, no censo, o entrevistado pudesse autodesignar-se *moreno*, a segunda cor mais importante no Brasil, e eliminar a cor *parda* e *amarela*. Precisamos mostrar ao mundo, pela estatística oficial, a riqueza da miscigenação e das cores brasileiras.

Notas de As cores brasileiras e a grande mentira do Censo de 1872

[31] *"A matéria está encerrada do ponto de vista etimológico, mas não é claro do ponto de vista do preconceito. Muitos preferem 'negro' ao preto, o que não é o meu caso"* [Maria Lúcia Rodrigues Müller, A Cor da Escola: Imagens da Primeira República (Cuiabá: Ed. UFMT, Entrelinha UFMT, 2008), 66].

[32] Ver nota 1.

[33] *"Exame de vestes, pele e pelos"* (Müller, A Cor da Escola, 85).

[34] *"A palavra não é literária, é pejorativa, basta ver-lhe a etimologia [...] de mais, o ser mulato em nada afetava sua caracterização caucásica. Eu pelo menos vi nele o grego"* [Brito Broca, A Vida Literária no Brasil – 1900, 105, citado por Teresinha V. Zimbrão da Silva, "Diplomática Atração do Mundo," Ipotesi 9, no. 1 (2005): 63-68].

[35] A definição de Bluteau segue, citando as observações de Manuel de Faria e Souza quando comenta a palavra baça, referindo-se à população das Arábias, mencionada na Oitava 100 do Canto 10 d'Os Lusíadas, de Camões, em tradução para o castelhano: "Todas da gente veja, & baça", donde diz "Quiere dezir, que la gente dessas partes es de color ni blanca, ni negra, que en Portugal llamamos pardo, o amulatado, porque se llamam mulatos los hijos de negro y blanco, a los cuales de essa mescla de padres queda esse color dudoso, o neutral entre los dos; malíssimo sin duda, porque hasta ali sea malo, el ser neutral; cosa aborrecible. Hallo escrito, que Ana suegra de Esau, fue ela inventora desta suerte de animal, haciendo juntar el asno con la yegua, que son los padres del mulo, que lo es de la vez mulato, respetando la calidad de la junta de objetos contrários" [transcrição de Raphael Bluteau, Vocabulario Portuguez & Latino, 8 vol. (Coimbra: Collegio das Artes da Companhia de Jesus, 1715), 628].

[36] O título completo da obra, que se divide em seis tomos, é Diccionario de la lengua castellana en que se explica el verdadero sentido de las voces, su naturaleza y calidad, con las phrases o modos de hablar, los proverbios o rephranes, y otras cosas convenientes al uso de la lengua (Obtido na Biblioteca Digital Hispánica).

[37] Sebastián de Covarrubias y Orozco, autor do primeiro dicionário exclusivo de espanhol (Tesor de la lengua castella o españõla), de 1611, já que todos os outros anteriores eram de latim e espanhol ou castelhano, simultaneamente.

[38] "Negro y moreno serán usados para la población de orígen africano y sus descendientes sin mezcla racial, mientras que mulato y pardo se referirán, em general a los descendientes mestizos de índio y negro o mulato" [Hugo Contrera Cruces, "Las Milicias de Pardos y Morenos Libres de Santiago de Chile en el Siglo XVIII, 1760-1800," Cuadernos de Historias (2006): 2].

[39] "Não existem critérios objetivos para separar a população brasileira ou qualquer outra população híbrida negro-branca em dois, três ou quatro agrupamentos significativamente distintos". Citação de Harris, no item "Race," International Encyclopedia of the Social Sciences, vol. 13 (1968): 22.

[40] Condição civil é determinada por população livre ou escrava.

[41] Os dados de 1798 de Santa Apollonia foram repetidos também por Contreiras Rodrigues e por Nina Rodrigues (1932), o que sugere que são de boa qualidade, já que se tratam de cuidadosos pesquisadores, se bem que Nina Rodrigues seja tendencioso ao "embranquecimento" e desdenhoso dos negros.

[42] Dr. Agostinho Marques Perdigão Malheiros, A Escravidão no Brasil: Ensaio Histórico-Jurídico-Social (Vol. 1, parte 1. eBooks Brasil, 2008 [1866]).

[43] No auge do ciclo do ouro, entre 1705 e 1720, estima-se a imigração europeia tenha sido de 3 a 4 mil pessoas, conforme Boxer (1963), baseado na capacidade de transporte dos navios que chegaram ao Brasil; Lima Junior (1978) estima a imigração de 1705 a 1750 no ciclo de ouro brasileiro em apenas 10 mil pessoas, baseado nos livros de navegação. Agradeço a Anita Novinsky (2015) essas preciosas observações

[44] Consultei numerosas certidões de batismo digitalizadas de diversas paróquias católicas da colônia, e em nenhuma delas consta a cor. Mesmo no Rio, a capital de gigantesca população escrava no registro de batismo de escravos não consta a cor. Livros semelhantes não existem na maior parte das cidades brasileiras. Ainda mais, com a liberdade de culto religioso no Império, a certidão de batismo não é um documento legal, mas sim estritamente religioso, que, por costume, é considerado legal. Não tive oportunidade de consultar os registros de outras denominações religiosas existentes no século XIX.

Referências bibliográficas

Anchieta, José. 1886. *Informações e fragmentos históricos do padre Joseph de Anchieta, S.J. (1584-1586)*. Rio de Janeiro: Imprensa Nacional.

Instituto Histórico e Geográfico de Brasil.1895. *Revista Memória estatística do Império do Brazil em 1823*. Rio de Janeiro: IHGB. https://books.google.com.br/books?id=uJtcOFBWfiAC&pg=PA324&lpg=PA324&dq=Revista+mem%C3%B3ria+estat%C3%ADstica+do+imp%C3%A9rio+do+Brasil+1895&source=bl&ots=gIP6Nw-

NEHt&sig=uW2_4LTDd0JftxxgKGxRYc2UpQo&hl=pt-BR&sa=X&ei=pf-60VNW_Ava1sQTrl4DgCg&ved=0CCAQ6AEwAA#v=onepage&q=Revista%20mem%C3%B3ria%20estat%C3%ADstica%20do%20imp%C3%A9rio%20do%20Brasil%201895&f=false.

Balbi, Adrian. 1822. *Essai statistique sur Le Royaume de Portugal*. Paris: Rey et Gravier. https://archive.org/details/essaistatistique02balbuoft. Acesso em 13.1.2015. [Existe uma versão atualizada deste livro, publicada pela Imprensa Nacional de Lisboa, em 2004, conforme mencionado por Abreu (2010)].

Bluteau, Raphael. 1712 - 1728. *Vocabulário Portuguez & Latino, 8 v*. Coimbra: Collegio das Artes da Companhia de Jesus.

Bolt, J. and J. L. van Zanden. 2013. *Maddison Project*. http://www.ggdc.net/maddison/maddison-project/home.htm.

Botelho, Tarcísio Rodrigues. 2005. Censos e a construção nacional no Brasil Imperial. *Tempo Social (Universidade de São Paulo)*, v.17, n.1. http://dx.doi.org/10.1590/S0103-20702005000100014.

Boxer, Charles R. 1963. *The golden age of Brazil, 1695-1750: growing pains of a colonial society*. Berkeley and Los Angeles: University of California Press.

Broca, Brito. 1956. *A vida literária no Brasil – 1900*. Rio de Janeiro: Ministério da Educação e Cultura, Serviço de Documentação.

Calógeras, João Pandiá. 1930. *Formação histórica do Brasil*. São Paulo: Companhia Editora Nacional.

_____. 1939[1963]. Calógeras, João Pandiá. *A History of Brazil*, 2nd edition, translated and edited by Percy Alvin Martin. Nova Iorque: Russel & Russel.

Capistrano de Abreu, João. 1907. *Capítulos de história colonial (1500-1800)*. http://www.brasiliana.usp.br/bbd/handle/1918/00157600#page/5/mode/1up . Acesso em 13.1.2015.

Villegas, Daniel Cosio (org). 1994 [2000]. *Historia mínima de México*. Ciudad de México: El Colegio de Mexico.

Contrera Cruces, Hugo. 2006. Las Milicias de Pardos y Morenos libres de Santiago de Chile em el siglo XVIII, 1760-1800 *Cuadernos de Historias*, Universidade do Chile, Santiago, p. 93-117.

Contreiras Rodrigues, Félix. 1935. *Traços da economia social e política do Brasil colonial*. Rio de Janeiro: Ariel Editora.

Covarrubias Orozco, Sebastián [conhecido como Covvar]. 1611. *Tesoro de la lengua castellana o española*. Madrid.

Cunha, Antônio Geraldo da. 1982[1986]. *Dicionário Etimológico Nova Fronteira da Língua Portuguesa*. 2ª edição. Rio de Janeiro: Nova Fronteira.

DGE – Diretoria Geral Estatística. 1872. Censo de 1872. Vol. 1. Rio de Janeiro: Coleção Brasiliana. https://archive.org/details/recenseamento1872bras.

Fonseca, Gondim. 1960. *Machado de Assis e o hipopótamo*. Rio de Janeiro: Editora Fulgor.

Furtado, Celso. 1959. *Formação econômica do Brasil*. Rio de Janeiro: Fundo de Cultura.

Gibbon, Edward. 1776[1976]. *Declínio e queda do Império Romano*. Original: *The Decline and Fall of the Roman Empire*, an AMS Press (Nova Iorque, 1974) reprint of the 1909, 14th edition published by Methuen Company, Londres.

Greene, Evarts B; Harrington, Virginia D. 1932 [1981]. *American Population Before the Federal Census of 1790*. New York: Columbia University Press. http://books.google.com.br/books?id=BQT4bkQjUc4C&printsec=frontcover&hl=pt=-BR#v-onepage&q&f=false.

Handelmann, Heinrich. 1860 [1982]. *História do Brasil*. Tradução por Lúcia Furquim Lahmeyer. São Paulo: Ed. da Universidade de São Paulo

Harris, Marvin. 1968. "Race" em *International Encyclopedia of the social sciences*, vol. 13, 263-268.

Hierro, Francisco. 1729. *Diccionario de la lengua castellana de 1729*. Madrid.: Real Academia Española. https://books.google.com.br/books?id=yeQz-Jl-KdIIC&pg=PA660&dq=se+toma+tambien+por+moreno,+o+que+le+falta+la+blancura+que+em+portugues&hl=pt-BR&sa=X&ei=Ub-vVPHOD5aLsQTIi4LQBA&ved=0CB4Q6AEwAA#v=onepage&q=se%20toma%20tambien%20por%20moreno%2C%20o%20que%20le%20falta%20la%20blancura%20que%20em%20portugues&f=false .

IBGE. *Anuário estatístico do Brasil de 2010*. 2011. Vol. 71. Rio de Janeiro.

_____. 1987[1990]. *Estatísticas Históricas do Brasil: séries econômicas, demográficas e sociais de 1550 a 1988*. 2ª ed. Rio de Janeiro: Fundação Instituto Brasileiro de Geografia e Estatística.

_____. 2005. O IBGE e as pesquisas populacionais *Rev. Est. Pop.* Vol. 22, p. 291-302, jul./dez.

Klein, Herbert S. 1967 [1989] *Slavery in the Americas- a comparative study of Virginia and Cuba*. Chicago: Elephant Paperback.

Maddison, Angus. 2001. *The World Economy: a millennial perspective*. Paris: OCDE

_____. 2003. *The World Economy: Historial Statistics*. Paris: OCDE.

Malheiros, Dr. Augustinho Marques Perdigão. 1866[2008] *A escravidão no Brasil*: ensaio histórico-jurídico-social. Vol. 1. Parte 1. eBooks Brasil. www.ebooksbrasil.org/eLibris/malheiros1.html.

Mamigonian, Beatriz G. 2017. *Africanos livres: a abolição do tráfico de escravos no Brasil*. S.Paulo: Companhia das Letras.

Marcílio, Maria Luiza. 1974. *Crescimento Histórico da População Brasileira até 1872*. Original: *La Population Du Brésil*. In: World Populational Year, Cap 1: Accroissemt de la Population: Évolution Historique de la population Brésilienne jusqu'á em 1872; p. 7-24. http://www.cebrap.org.br/v2/files/upload/biblioteca_virtual/crescimento_historico_da_populacao.pdf.

Mortara, Giorgio. 1941. *Recenseamento geral de 1940*. Instituto Brasileiro de Geografia e Estatística. http://memoria.ibge.gov.br/en/sinteses-historicas/pioneiros-do-ibge/giorgio-mortara/producao-intelectual-de-giorgio-mortara.

Milliet, de Saint-Adolphe, J.C.T. 2014. C*oleção Mineiriana: Dicionário geográfico, histórico e descritivo do Império do Brasil*. Tradução de Caetano Lopes de Moura. Parceria com IPEA. Belo Horizonte: Fundação João Pinheiro.

Müller, Maria Rodrigues. 2008. *A cor da escola – imagens da primeira república*. Cuiabá: Ed. UFMT. Entrelinha UFMT.

Oliveira, Pinto e Cardoso Silva. 2005. O IBGE e as pesquisas populacionais. *Revista Est Pop*. Vol 22, p. 291-302, jul./dez. http://www.abep.nepo.unicamp.br/docs/rev_inf/vol22_n2_2005/vol22_n2_2005_8artigo_p291a302.pdf.

Oliveira, Veloso. 1822. *Memória sobre o melhoramento da província de São Paulo.* São Paulo: Editora: n.d. http://penelope.uchicago.edu/Thayer/P/Gazetteer/Places/America/Brazil/_Texts/CALFHB/home.html.

Paiva, Clotilde Andrade; Herbert S. Klein. 1997. Escravos livres nas Minas Gerais do século XIX: Campanha em 1831. *Estudos Econômicos* 22,1 (jan. – abr.): 129-151.

Pena, Sergio D.J. 2002. Capítulo do livro *'Homo brasilis, aspectos genéticos, linguisticos, históricos e sócioantropológios da formação do povo brasileiro'* , org. Serigo D. Pena; Ribeirão Preto: Funpec.

Petruccelli, José Luís. 1998. *A cor denominada: um estudo do suplemento da Pesquisa Mensal de Emprego de julho/1998.* Rio de Janeiro: IBGE.

Pinto, Luis Maria da. 1832. *Dicionário da Língua Brasileira.* Ouro Preto: Typographia de Silva.

Quevedo, Francisco. 1798 [1960]. *Los Sueños* 3.ed. Madrid: Espasa Calpe.

Real Academia Española. 1726 e 1739. *Diccionario de la lengua castellana en que se explica el verdadero sentido de las voces, su naturaleza y calidad, con las phrases o modos de hablar, los proverbios o rephranes, y otras cosas convenientes al uso de la lengua.* Madrid: Real Academia Española.

Rocha, Pombo. Citado em Rodrigues, Contreiras. *Traços da economia social e política do Brasil Colonial.* 1935. Página 32. Rio de Janeiro: Ariel Editora.

Rodrigues Nina. 1932. *Os africanos do Brasil.* Rio de Janeiro: Centro Edelstein de Pesquisas Sociais. http://static.scielo.org/scielobooks/mmtct/pdf/rodrigues-9788579820106.pdf.

Santo Appolonia, Francisco Pereira. 1935 [1798]. Conforme citado em Contreiras Rodrigues.

Senra, Nelson. 2009. *História das Estatísticas Brasileiras, v.1.* Rio de Janeiro: Fundação Instituto Brasileiro de Geografia e Estatística.

Serra, Correia. Citado em *Recenseamento de 1920.* Rio de Janeiro: IBGE.

Silva, Antonio de Morais da. 1789. *Dicionário da Língua Portugueza:* Lisboa, Tipograhia Lacerdina.

Silva, Teresinha Zimbrão da. 2005. Diplomática Atração do Mundo (revista impressa). Juiz de Fora: *Ipotesi* (UFJF), v. 9, n.1, p. 63-68. http://www.ufjf.br/revistaipotesi/files/2011/05/7-Diplom%C3%A1tica-atra%C3%A7%C3%A3o.pdf.

Simonsen, Roberto C. 1937[2005]. *História Econômica do Brasil*: 1500-1820 4ª Edição. Brasília: Conselho Editorial do Senado Federal. <http://www2.senado.gov.br/bdsf/item/id/1111.

Silva, Joaquim Norberto Souza e. 1870. *Investigações sobre os recenseamentos da população geral do Império e cada província de per si, tentadas desde os tempos coloniais até hoje; feitas em virtude de aviso de 15 de março de 1870, do ministro e secretário do estado dos negócios do império*. Rio de Janeiro: Editora Tipografia perseverança.

Uertaga Embil, José Maria. Salvador, Carlos Corral. 1997. *Dicionário de Direito Canônico*. São Paulo: Loyola. *Original: Diccionario de derecho Canonico. Madrid: Tecnos.*

U.S Census Bureau. 1949. *Historical Statistics of the United States, 1789-1945*. Washington: Superintendent of Documents, U.S Government Print Office http://www2.census.gov/prod2/statcomp/documents/HistoricalStatisticsoftheUnitedStates1789-1945.pdf.

Viana, Oliveira. 1920. *Resumo histórico dos inquéritos censitários realizados no Brazil*. Rio de Janeiro: Conselho Nacional de Estatísticas, Serviço Nacional de Recenseamento.

Vicente do Salvador, Frei. *História do Brasil: 1500 – 1627*. Rio de Janeiro: Fundação Biblioteca Nacional. Citado em Contreiras Rodrigues (1935 35). *Traços da economia social e política do Brasil Colonial*. Página 32. Rio de Janeiro: Ariel Editora.

Zequeira, Barcia, María del Carmén. 2004. El tema negro em la histografia cubana del siglo XX. *Del Caribe*, 44, 102-110.

V

DOM PEDRO II ERA RACISTA?

A maior parte dos historiadores contemporâneos realça a popularidade de Dom Pedro II entre os escravos. Ele é visto como a favor da abolição e a favor dos negros em geral. Chalhoub (1990) comenta que D. Pedro II "gozava de certa popularidade entre os negros, pelo menos nos anos finais da monarquia" e cita Joaquim Nabuco, que, em 1883, escrevera que o nome do imperador "é para os escravos sinônimos de força social e até de Providência, como sendo o protetor da classe". Mas será mesmo que os escravos e os negros livres estavam corretos em sua admiração por Pedro II? Nabuco era certamente antiescravista, mas era também monarquista fervoroso e dependente do governo para suas atividades diplomáticas. Não poderia ser considerado um observador objetivo de Dom Pedro II.

Admiração, contudo, não quer dizer que as ações de Dom Pedro fossem necessariamente abolicionistas, ou seja, que tenha agido de maneira ativa a favor da abolição. Conforme visto, o Império do Brazil era um regime profundamente antidemocrático, talvez o único regime absolutista existente no mundo ocidental além do Império Russo ao fim do século XIX. Recorde-se que o Reino da Prússia, tradicionalmente considerado como um Estado absolutista no século XIX tem uma Constituição desde 1848-50 e a Constituição Imperial alemã de 16.04.1871, que unificou os diversos estados germânicos, exceto a Áustria-Hungria, reduziu consideravelmente o poder do *Kaiser*. Se quisesse, Dom Pedro poderia abolir a escravidão, já que sempre teve o controle do Parlamento, como fez a princesa regente em 1888, mas não o fez.

Dom Pedro nada fez pela abolição. D. Pedro de fato entendia que sua posição dependia do apoio das oligarquias do café e do açúcar, que dominavam os quadros políticos brasileiros do século XIX e que eram fortemente dependentes dos braços escravos. Por conseguinte, nada deveria fazer contra essa estrutura poderosa que mantinha a única monarquia do continente, uma monarquia que ele próprio sabia ser primitiva do ponto de vista político, se comparada com as da Europa.

O Império é Corrupto na sua Essência

Como Chalhoub (2017) observou, "o maior exemplo de corrupção na história do país talvez tenha sido a importação ilegal de centenas de milhares de trabalhadores por meio do tráfico africano". Muito embora a Lei da Regência de 7 de novembro de 1831, em seu Art. 1º, determine "todos os escravos, que entrarem no território ou portos do Brasil, vindo de fóra, ficam livres", ela não é obedecida. O tráfico continua livre com um pico de entrada de 61.752 escravos em 1848 e um total de 745.097 escravos em 1831-66, superior, inclusive aos 416.346 para a América hispânica, como mostram os dados da *Slave Voyages* da Universidade de Emory. A lei é tão ignorada que muitos dos americanos sulistas derrotados na Guerra Civil de 1865 emigraram com seus escravos para o Brasil, desobedecendo deliberadamente que a legislação que proibia a entrada de escravos no Império. D. Pedro II é no mínimo conivente com a corrupção do Estado, já que não faz obedecer às leis do país.

"Os primórdios da pressão britânica para o fim do tráfico negreiro remontam a 1810, quando Portugal assina o Tratado de Aliança e Amizade". Conforme acordado com a Grã-Bretanha, o reino luso deveria permanecer com o tráfico apenas nos territórios africanos que lhe fossem de direito. Passados alguns anos, a Convenção Adicional de 28 de julho de 1817 regulamentou o fim do comércio ao norte da Linha do Equador — o que tomava boa parte do território da colônia — e o apresamento dos navios que estivessem na região. Ademais, os africanos apreendidos nos navios ilegais deveriam ser libertos e utilizados como trabalhadores livres, tutelados pelo Estado. Porém, foi somente com o alvará português de 26 de janeiro de 1818 que ficou determinado o tempo máximo dessa tutela: um período de 14 anos. Estima-se que apenas 177 mil escravos foram resgatados e se tornaram africanos livres no Brasil, representando apenas 6% do total de escravos transportados entre 1807 e 1867, conforme menciona David Eltis (1987) citado por Beatriz Mamigonian (2017).

A fim de que a independência do Brasil se concretizasse, intencionalmente o governo inglês fez a mediação das discussões brasileiras com os portugueses, e este em 1825 reconhece o novo país. Em contrapartida, a Grã-Bretanha exigiria uma condição muito hostil para a política e sociedade brasileira do período: o fim do tráfico transatlântico de escravos. A exigência era perturbadora, visto que o Império havia se tornado uma sociedade profundamente arraigada no sistema escravista desde o fim do século XVI. De acordo com Stuart Schwartz (1999): "a norma era usar os escravos em regime de produção máxima, baixando os custos e mantendo um esquema de trabalho intensivo". Sendo assim, dificilmente seria possível abolir o tráfico de escravos onde a escravidão era o alicerce da economia. Portanto, tal situação vantajosa não poderia acabar, na opinião de políticos, e principalmente dos proprietários de terra e de escravos. Ao contrário dos EUA o escravo no Brasil era usado até o máximo de seu esforço físico, mesmo sabendo que isso iria diminuir sua expectativa de vida, já que era fácil e barato trazer novos escravos da África.

Após o reconhecimento da independência pela Inglaterra, a Convenção de 23 de novembro de 1826 na qual o governo britânico e o recente Império brasileiro mantiveram os acordos assinados com Portugal, inclusive a Convenção Adicional de 1817, como também estabeleceu um tratado anglo-brasileiro em que o tráfico de escravos passou a ser considerado pirataria e deveria ser extinto em três anos. Foram criadas, ainda, comissões mistas em Londres, Rio de Janeiro e Serra Leão para julgar os navios apreendidos. Logo depois, em novembro de 1831, durante o caos do período regencial, após a abdicação e saída de Dom Pedro I e em conjunto com a ascensão de um ministério liberal, foi sancionada por Felisberto Caldeira Brant, o Marquês de Barbacena, a lei que designou a categoria dos "africanos livres". Ademais, ficara decidido que os africanos presos deveriam imediatamente ser conduzidos de volta à África, custeados pelos traficantes que os aprisionavam. Entretanto, devido à ineficácia sem dúvida proposital, e lentidão para o cumprimento da medida, vários africanos livres permaneceram alojados na Casa de Correção da Corte. Enquanto aguardavam a decisão sobre seus destinos, poucos africanos de fato foram reenviados para seu continente, pois a grande maioria permaneceu no Brasil de maneira tutelada, utilizada em obras e instituições públicas como a Fábrica de Ferro Ipanema. Na prática, o Estado brasileiro buscava uma alternativa entre a extinção do tráfico e o impedimento de um possível choque político com a Inglaterra. Fazia um jogo de empurra ingênuo, como se a Grã-Bretanha fosse esquecer a escravidão no Império do Brazil.

Com o fim do período regencial (1831-40), das disputas políticas internas e com a demissão do Gabinete da Maioridade (de tendências abolicionistas) devido à emancipação de Dom Pedro II, o esforço do governo em reprimir o comércio negreiro tornou-se cada vez mais relaxado. Por outro lado, a pressão britânica fazia-se constante, visto que os ingleses estavam determinados em fazer com que o negócio fosse abolido. Com a recusa do governo brasileiro em fazer valer os acordos, os britânicos estabelecem uma lei unilateral, o *Slave Trade Suppression Act*, de 8 de agosto de 1845, mais conhecida como *Bill Aberdeen*. A legislação determinava que o governo inglês pudesse julgar as embarcações e seus comandantes como piratas em tribunais ingleses, não importando o local onde fossem capturadas (África ou América). Deste modo, o tráfico estava sujeito à repressão, independentemente de qualquer contato prévio entre o Império Britânico e o país responsável pela carga.

Entre os anos de 1840 e 1848, a Marinha britânica que tinha colocado apenas um número reduzido de navios para combater a pirataria só conseguiu apreender pouco mais de 600 barcos. que mesmo assim carregavam milhares de africanos. Dada a supressão oficial do tráfico para os EUA, a grande maioria desses escravos deveria vir ao Brasil, mas muito dos capturados foram conduzidos às colônias inglesas do Caribe, onde, apesar de receberem um soldo, viveram em condições muito próximas à dos escravos.

Após a sanção da lei britânica o Império não teve como reagir, e o número de escravos africanos entrantes com o tráfico começou a declinar. Somente em 1850 foi retomada a discussão acerca da legislação de 1831, que foi sancionada em 4 de setembro, ficando conhecida como a Lei Eusébio de Queiróz. A norma previa processar traficantes, capitães, tripulação e todos os envolvidos no sistema ilegal. Por sua vez, os escravos presentes nas embarcações apreendidas ou na costa deveriam ser libertos e continuar sob a guarda do governo brasileiro. Apesar das falhas e lacunas presentes na legislação, foi somente a partir da lei de 1850 que o tráfico de escravos diminuiu significativamente. Em 1841-50, o número de escravos entrantes no Império foi de 307 mil e, nas décadas posteriores, a mudança foi dramática para apenas 10 mil.

Enquanto eram travados os debates sobre o comércio negreiro entre intelectuais e parlamentares, nenhuma outra medida havia sido tomada a respeito da liberdade efetiva dos africanos tutelados no país. Somente com o decreto de 28 de dezembro de 1853 foi possível definir a liberdade daquelas pessoas. Inicialmente, apenas foram "contemplados" os africanos que tivessem trabalhado durante 14 anos exclusivamente para particulares. Pode-se perceber que o governo brasileiro acabou revelando o não cumprimento do alvará de 1818, o qual determinava o período de 14 anos da tutela, pois todos concluíram o tempo de serviço quando o decreto de 1853 foi emitido. Sendo assim, "a maioria deles trabalhou muito tempo antes de receber suas cartas finais de emancipação". Já a liberdade para todos os trabalhadores tutelados ocorreu em 1864. As cartas deveriam ser expedidas pelo juiz de Órfãos da Corte e pelos presidentes das províncias. Após o processo, eram destinadas aos chefes de polícia para serem entregues aos emancipados.

O Racismo de Pedro II Pode Ser Deduzido por Várias Vertentes

D. Pedro II era um aristocrata europeu que estava acidentalmente no trono de um país americano. Refletia assim o pensamento racista da elite europeia então prevalecente. Sua formação familiar e de educação por professores particulares europeus foi acentuada pelo seu casamento com uma aristocrata europeia; fez um total de três viagens para os EUA então escravagista, e duas longas viagens pela Europa e pelo Oriente Médio, uma delas superior a um ano. D. Pedro II ficou quase 35 meses — quase três anos — fora do país. Ele era eminentemente um turista cultural e um chefe de Estado *pro forma*. O que D. Pedro fazia por prazer mesmo eram duas coisas: presidir as sessões do órgão de pesquisa que enaltecia a monarquia, o Instituto Histórico e Geográfico do Brasil no qual presidiu mais de 600 sessões e aprender línguas estrangeiras; pouco cuidava dos afazeres de Estado.

Não há registros, tampouco, de uma participação ativa de Dom Pedro para abreviar a escravidão, contentando-se com um palavrório abstrato em âmbito nacional e principalmente internacional. Dom Pedro age como um observador, e não como um participante de política pública que poderia ter eliminado a escravidão.

A política deliberada de imigração europeia, subsidiada pelos pobres cofres do Império, tem como objetivo propiciar o embranquecimento da população. Isso vai de encontro à realidade da pobreza do país e dos escravos que clamavam por escolas: são quase 10 milhões de habitantes, em 1872, com apenas 173 mil alunos em pouco mais de 5 mil escolas e mais 1,5 milhão de escravos sem nenhum acesso ao ensino. Cada milréis gasto no subsídio a emigrantes europeus (como passagens marítimas e concessão gratuita de terras) é um milréis que poderia ter sido gasto em melhorar o baixíssimo nível educacional da população escrava do Império. Os escravos alforriados jamais receberam terra de graça, ao contrário dos emigrantes europeus e norte-americanos que chegaram ao Império.

A emigração europeia do fim do século XIX é largamente espontânea, dado o receio de uma população europeia crescente e o medo do vaticínio de Malthus "o excesso de população somente acabará com a fome" que nunca se concretizaria. Os governos europeus estimularam a emigração: afinal a população na Europa ocidental aumentava a 0,69% a.a., em 1820-70, e 0,77% a.a. em 1870-1913; números explosivos, se comparados com uma quase estagnação no período de 1500-1820, de 0,26% a.a., conforme Maddison (2003). Havia um pânico malthusiano na Europa e também no Japão com a explosão demográfica no fim do século XIX.

Entre 1873 e 1896, a grande depressão europeia causada pela Revolução Industrial empurrou os europeus a emigrarem para o Novo Mundo e para a Austrália. Esse é também o período de perseguição aos judeus no gigantesco Império Czarista, que incluía a Polônia até 1918, o que induziu a emigração judaica para países que admitiam a liberdade religiosa, o que não era o caso do Império do Brazil, em que outras religiões que não a católica eram apenas toleradas. Mas os europeus não querem vir para um império escravagista, e torna-se necessário subsidiar sua vinda, o que é feito em detrimento da população local.

Apoiado em levantamento cuidadoso dos gastos do governo imperial com imigração e colonização com base nos Orçamentos do Império, agora disponível na internet, é possível realizar neste ensaio a primeira estimativa do esforço concreto do Império para atrair imigrantes. A média é de 2285 contos de réis entre 1824-89 (excluídos 1879/80, 1881/82, 1882/83 e 1883/84), equivalente a 1,9% do total da despesa média do Império no período. É muito dinheiro (e não inclui como deveria um valor estimado para as terras doadas) para um país pobre! Já a imigração japonesa não é subsidiada pelo Império, refletindo um preconceito racial da elite republicana brasileira no começo do século XX e foi causada possivelmente pelo crescimento rápido da população japonesa — que tinha taxas estáveis e baixas de crescimento populacional entre 1500-1820 (0,22% a.a.) e 1821-70 (0,21% a.a.), mas expande sua população rapidamente para 0,95% a.a. em 1870-1913 e para 1,32% a.a. em 1913-50 —, e sua emigração é financiada pelo governo japonês sem um tostão de auxílio do Tesouro brasileiro. Os japoneses dirigem-se ao Brasil após a República e principalmente após a proibição da emigração aos EUA em 1907 por um *"Gentlemen's Agreement"* entre os EUA e o Japão e pela legislação anterior americana do *Yellow Peril* americano que em prática proibia a imigração de chineses e japoneses para os EUA

O Império aceita e até estimula a imigração dos derrotados da Guerra Civil, que termina em 1865, para o território brasileiro. E não são poucos: Maya Jasanoff (na *New York Review of Books*, 2013) estima que eram mais de 10 mil. Outros historiadores dizem que foi a maior emigração até então vista na história dos EUA, e isso no curto período de 1865-88. Alguns simplesmente desapareceram no Império ou voltaram para os EUA após a abolição da escravatura e a perda de seu protetor, D. Pedro II, mas muitos fixaram residência por aqui, até fundando cidades, como é o caso de Americana no interior de São Paulo, que se tornou uma das primeiras cidades verdadeiramente industriais — indústria têxtil — fora da capital estadual.

Dom Pedro tem um relacionamento intelectual íntimo com Arthur de Gobineau. Gobineau foi chefe da legação francesa no Rio por um pouco mais de um ano, entre março de 1869 e maio de 1870, e construiu uma amizade sólida com o imperador que continua após o seu regresso à França, com "assídua correspondência, iniciada em 1870 e finalizada em agosto de 1882, dois meses antes do falecimento do escritor". Essa amizade chega a ser um insulto para um país primordialmente negro como era o Brasil no século XIX. Afinal, Dom Pedro sabia perfeitamente que Gobineau era o autor de um dos livros mais racistas jamais escritos na Europa, que em português teria o título sugestivo de *Ensaio sobre a desigualdade das raças humanas* (1853). Gobineau dá asco aos antirracistas e aos abolicionistas, que jamais poderiam ter amizade com um homem tão moralmente repugnante. Mas a amizade é muito prezada por D. Pedro II, que menciona várias vezes as conversas que teve com Gobineau aos domingos no Palácio de São Cristóvão, conforme se lê nas poucas cartas sobreviventes de D. Pedro a Gobineau.

Gobineau é publicamente um racista, e pior, tem a pretensão de dar cunho científico ou histórico ao racismo. É um diletante, que escreve sem base científica — não tem nenhum treinamento em ciência — e é cheio de viés contra os negros em geral. D. Pedro, dileto admirador de Gobineau, chega a ficar horrorizado quando, encontrando-se casualmente com Nietzsche, a ele indaga sobre Gobineau e recebe a resposta que dele nunca ouvira falar, conforme nota Raeders (1938). A ignorância de Nietzsche sobre de Gobineau simplesmente diz da reduzida importância intelectual do último, mas Raeders (1938) enumera os vários pontos comuns entre o pensamento dos dois: respectivamente, teoria da "decadência" e teoria da "degradação", ou ainda teoria da "vontade de poder" e teoria da "destruição de valores morais", mas é certo que não há em Nietzsche nada sobre o racismo propriamente dito. Recorde-se que Pedro II conheceu Nietzsche apenas casualmente em uma viagem de trem e não teve nenhum contacto posterior.

Dei-me o trabalho de ler o livro de Gobineau, que deve ser lido com o desconto do parco conhecimento do século XIX sobre raças, do racismo generalizado europeu, que desemboca nos horrores do Holocausto em 1933-45. O livro é dedicado ao rei de Hanover, um dos numerosos estados germânicos existentes em 1853, e é uma algaravia que não faz sentido para defender o racismo. Sem dúvida, Nietzsche, um dos mais sábios filósofos do século XIX, jamais poderia conhecer intelectualmente Gobineau, já que este escreve um conjunto de bobagens, do ponto de vista filosófico.

Gobineau afirma que a humanidade tem origem múltipla (título do capítulo X do *Essai*) e que são desiguais em força e beleza (título do capítulo XII). No capítulo XVI, discute a superioridade da raça branca e, neste, a superioridade da família ariana. Conclui que somente a raça branca tem "originalmente o monopólio de beleza e da força" e que "sua união com outras 'variedades' irá produzir mestiços belos sem serem fortes, mestiços fortes, porém sem inteligência e inteligentes com muita feiura (*leideur*) e debilidades".

Gobineau segue a tradição francesa de falar muito com base em filosofia e política, ainda muito forte até a primeira metade do século XX. Segundo Tony Judt, os franceses "têm uma tendência de raciocinar por analogias e não por identidades e contradições, o que pode ocasionar perda de contato com a realidade". Esta forma de raciocínio e o desconhecimento da antropologia explicam o pensamento de Gobineau, que tanto influenciaria D. Pedro II. Gilberto Freyre, por sua vez, aluno de Franz Boas na Universidade de Colúmbia, um antropólogo moderno, que conhecia o racismo nazista pessoalmente, evidentemente deveria ter asco de Gobineau. Franz Boas é muito conhecido nos EUA e talvez seja o único antropólogo em que o celebrado detetive americano Nero Wolf, criado por Rex Stout, lia regularmente e com admiração.

Não teria sido difícil a Pedro II recusar Gobineau como ministro da legação francesa na Corte, dizendo dessa forma seu repúdio ao racismo. Não o fez, e ao contrário, deu-lhe sua amizade fraterna, conversando com ele em seu Palácio de São Cristóvão duas a três vezes por semana. É sintomático que, após Gobineau ter retornado à França, acompanhou Dom Pedro II em suas viagens à Europa, a primeira em 1871, quando recebeu o imperador na fronteira franco-espanhola, quando apresenta os cumprimentos de Thiers, primeiro-ministro francês, a Pedro II. Na sua segunda e mais longa viagem (1875-77), Pedro começa a viagem exatamente pela Suécia, onde Gobineau era o ministro da França; Gobineau obteve autorização do governo francês para deixar seu posto e acompanhar o imperador em sua viagem por diversos países. Dom Pedro é um turista cultural na Europa de seus pais e interessado no consumo de cultura, e pouco trata dos assuntos do Império. Gobineau ajuda-o organizando encontros entre D. Pedro e os principais escritores e cientistas europeus que lhe são próximos, ou seja, quase todos racistas. D. Pedro, é claro, jamais escreveu coisa alguma importante, cientificamente e literariamente quer em português ou em francês.

Em seu *Essai*, Gobineau nota que o Império em si é habitado por "mestiços degenerados". Como se explica uma amizade que perdura por muitos anos, mesmo após a saída de Gobineau do Brasil, senão por admiração mútua pelas mesmas ideias? Gobineau e Dom Pedro II têm uma longa correspondência epistolar, que está nos Arquivos do Conde d'Eu, na França, que compreende quase que exclusivamente as cartas de Gobineau a Dom Pedro de 1870 até sua morte em 1881, ou seja, 11 anos. São cartas longas e íntimas de Gobineau para um velho e querido amigo.

As considerações raciais de Gobineau seriam possivelmente tomadas como apologias ao nazismo atualmente. De fato, a maior parte dos historiadores contemporâneos destaca que a característica essencial do nazismo era o seu caráter racial. Winkler (2000) nota, por exemplo, que na visão nazista os poloneses deveriam ser tratados como inferiores a seres humanos, como *"Untermenschen"* (sub-humanos), e que, depois de conquistados, deveriam, sob a ocupação alemã, ser ensinados a contar somente até 500, a escrever apenas o próprio nome, não sendo necessário aprender a ler. De forma mais radical, o ministro de propaganda Goebbels faz publicar no *Das Reich*, um jornal com tiragem de mais de 1 milhão de exemplares, uma declaração de que o "objeto nazista é a destruição dos judeus na área alemã de influência". Pode parecer estranho comparar o pensamento de Gobineau com o nazismo, mas ambos têm uma mesma vertente: o ódio racial.

No século XIX e até o término da Segunda Guerra Mundial, o uso do termo *raça* era comum em toda a Europa. Na Primeira Guerra, o chefe do Estado-Maior alemão, o general Ludendorff, fala em aniquilação da "raça" francesa (como se raça fosse um sinônimo de população), por meio de guerra total, como mostra Kramer (2007). *Raça* era um termo muito comum, diz este, inclusive na profissão médica. Kramer menciona um estudo de Annette Becker (2000), que, em sua discussão sobre a Grande Guerra e os distúrbios mentais, diz que "a utilização do substantivo raça é onipresente [nos estudos médicos de problemas mentais causados pela 1ª Guerra]". De fato, Becker nota que a concepção de guerra é tal que é "considerada positiva, é o dever de preservar a 'raça francesa' em sua integridade, ela é uma luta entre duas 'raças' intrinsecamente opostas, a francesa e a alemã" . O período da primeira guerra tem como preocupação provar que só a "raça alemã" é inferior, pervertida e pervetizante de uma maneira negativa.

Gobineau espanta-se quando chega à Bahia em 1869: "é o lugar do Brasil onde há mais negros. "Mal desembarcamos, vimos negros, negras e negrinhos, de todos os matizes, correndo, passando e caminhando". E mais a diante Gobineau insiste: "Bahia é a cidade brasileira onde há mais negros, uns escravos e outros livres. Vimos profusão deles ". Deve ter levado um choque quando viu negros que já nasceram livres (como Machado de Assis), negros alforriados e brancos circulando juntos; aliás, nota que o então ministro de Negócios Estrangeiros, o Barão de Cotegipe, era negro. Gobineau advoga claramente no *Essai* a superioridade da raça ariana, "a mais nobre de todas, perdida para sempre em razão dos casamentos com asiáticos e negros" . Raeders (1938) menciona que Gobineau chegou ao cúmulo de considerar a derrota da França para a Prússia como uma "desforra legítima da raça ariana sobre uma raça latina degenerada" , em um artigo que só se tornaria conhecido em 1918, anos após sua morte. Mais tarde, Afrânio Peixoto dá o troco, dizendo que Gobineau foi "a antecipação invertida de Spengler e Keiserling", dada a vitória francesa e a derrota alemã na Primeira Guerra Mundial. Trata-se de uma referência confusa, já que Spengler fala também, como Gobineau, da decadência da Europa e Keyserling refere-se com admiração à delicadeza do povo brasileiro.

Em um dos seus últimos encontros com D. Pedro II, Gobineau observa que a população brasileira deve desaparecer rapidamente e que informara desse aspecto ao imperador, que simplesmente agradeceu seu comentário (Raeders 1934). D. Pedro II chegou a expressar sua satisfação a Gobineau a respeito de seu artigo, que tratava na extinção da população brasileira, "julgando que poderia servir à causa da imigração para o Brasil" , e este é o quinto fator que confirma que Pedro é racista. É terrível que D. Pedro II não tenha protestado veementemente contra essa visão de Gobineau que indicaria que a população brasileira seria extinta. Adicionalmente, Gobineau tem um "exótico" raciocínio de que os pardos não se reproduzem, publicado no periódico francês *Le Correspondant*, em que nota que "a grande maioria da população brasileira é mestiça e resulta de mesclagens contraídas entre os indígenas, os negros e um pequeno número de portugueses", e conclui: "todos os países da América, seja no Norte ou no Sul, hoje, mostram, incontestavelmente, que os mulatos de distintos matizes não se reproduzem além de um número limitado de gerações". Tal conclusão seria assim válida para os EUA e para o Canadá.

Escrevendo em 1874, portanto após a abolição da escravatura e da guerra civil nos EUA, Gobineau afirma categoricamente que: "é inquestionável que, antes de cinquenta anos, todos os mulatos do Haiti terão desaparecido. No Brasil, acabamos de ver que um período de trinta anos roubou um milhão de almas", e conclui dramaticamente: "em menos de duzentos anos veremos o fim da posteridade dos companheiros de Costa Cabral [sic] e dos imigrantes que o sucederam". Gobineau é firme quando diz que há "dois pontos [que] parecem pacíficos: a incapacidade do negro para o trabalho voluntário e à delicadeza, como traço mais característica da civilização brasileira e a impossibilidade de substituir este trabalhador nas latitudes quentes por outros de raça branca". Gobineau, entretanto, é paradoxalmente antiescravagista s e acolheu muito bem a lei de 28 de setembro de 1871, que aboliu a escravatura entre os nascidos em todo o Império. "Ninguém mais nasce escravo", diz ele. Não devemos esquecer que Gobineau é muito firme sobre o pensamento de D. Pedro II sobre escravatura, dizendo que "o soberano esclarecido que preside os destinos do grande império americano jamais escondeu sua repulsa pela manutenção de semelhante situação". Se isso é verdade, por que D. Pedro II não colocou sua repulsa de maneira pública? Sua ação teria acelerado a abolição.

Infelizmente, Gobineau "exerceu uma influência extraordinariamente poderosa" no pensamento racial europeu e estadunidense da virada do século, nas palavras do antropólogo Franz Boas (1911), concluindo que, "com base na identificação dos dados históricos e raciais [...] [Gobineau] desenvolve sua ideia de excelência suprema do europeu norte-ocidental".

A Pró-Escravidão de José de Alencar e o Silêncio do Imperador

A historiadora Suely Robles (1993) mostra que a abolição se dá contra os interesses do imperador D. Pedro II, representante da oligarquia brasileira. Nota que a Grã-Bretanha exercia grande pressão para a eliminação do tráfico de escravos, tendo conseguido em 1826 um acordo com o Império para colocar fim ao tráfico em três anos, a partir da data de ratificação do tratado, obtendo o direito de abordar, em alto-mar, navios brasileiros para inspeção com a finalidade de cumprir o acordo. Em sete de novembro de 1831, em obediência a um prazo previsto, é aprovada a lei que extingue o tráfico negreiro. Todos no parlamento concordam que fora feita "para inglês ver", como se os ingleses fossem perfeitos idiotas. De fato, os dados do *Slave Voyages* mostram que, entre 1821-1830, 524 mil escravos desembarcaram no Brasil e, na década posterior já em vigor a nova lei de proibição do tráfego negreiro, em 1831-40, o número mais que dobra e aumenta para 1 milhão e 300 mil.

Na década de 1870, no entanto, o escravo era um bem comum entre brasileiros, tanto de negros livres a brancos, a pequenos e grandes fazendeiros, em 643 municípios em todo o Brasil. O escravo, e a escravidão faziam parte da cultura brasileira e era a mão de obra básica utilizada na agricultura. A Grã-Bretanha tinha a visão de que "todos os ingleses nasceram como homens livres" e já havia estabelecido, por decisão judicial de Lord Mansfield em 1772, que todo escravo que entrasse no Reino Unido era automaticamente um homem livre. O Reino Unido já abolira o tráfico negreiro no seu império em 1807; a abolição da escravidão neste país e em suas colônias deu-se em 1833, mas o Estatuto de Servos Contratuais (*Indentured Servants*) que prevalecia nos EUA inicialmente e Caribe britânico com indianos e que era uma forma disfarçada de escravidão continuou até 1917, por mais incrível que pareça. Contrasta-se essa posição com a da França, que, após a Revolução Francesa, aboliu a escravidão nas suas colônias em 1794 restaurou-a com Napoleão Bonaparte nove anos depois em 1803 e a aboliu em definitivo em 1848, 15 anos após o Reino Unido e que jamais teve nada semelhante com os *Indentured Servants* britânicos e estadunidenses. Os britânicos teimam até hoje, com maior cara de pau, em dizer os *Indentured Servants* não são escravos, mas sim trabalhadores contratuais que assinaram seus contratos em plena liberdade e pleno conhecimento de seus deveres.

Em 1845 o parlamento britânico aprova a Lei Aberdeen, que considera lícito o apressamento de quaisquer embarcações negreiras, inclusive em portos, quer dizer, em prática podiam entrar nos portos do Império. A desmoralização do Império é total e leva à aprovação, somente cinco anos depois, em 14 de setembro de 1850, da lei elaborada por Eusébio de Queiroz que extingue o comércio de escravos para o Brasil e transfere para o almirantado brasileiro a punição dos infratores, conferindo assim ao poder central a prerrogativa de punição delegada aos *juris* locais, muito mais sujeitos às pressões dos fazendeiros. No período 1851-1866, o *Slave Voyages* somente registra 46 mil africanos desembarcados no Império. Realmente, Eusébio de Queiroz e a Grã-Bretanha acabaram com o tráfico. Dada sua importância, é transcrito a seguir o Art. IV da Lei Aberdeen de 1845:

> IV. And be it enacted, That it shall be lawful for Her Majesty's High Court of Admiralty and any Court of Vice Admiralty within Her Majesty's Dominions to take cognizance of and adjudicate any Vessel carrying on the *African* Slave Trade in contravention of the said Convention of the Twenty-third Day of November One thousand eight hundred and twenty-six, and detained and seized on that Account subsequently to the said Thirteenth Day of *March*, by any Person or Persons in the Service of Her Majesty, under any Order or Authority of the Lord High Admiral or of the Commissioners for executing the Office of Lord High Admiral, or of One of Her Majesty's Secretaries of State, and the Slaves and Cargo found therein, in like Manner and under the like Rules and Regulations as are contained in any Act of Parliament now in force in relation to the Suppression of the Slave Trade by British-owned Ships, as fully to all Intents and Purposes as if such Acts were re-enacted in this Act as to such Vessels and to such High Court of Admiralty or Courts of Vice Admiralty.

A Marinha britânica tem uma estação naval no Rio de Janeiro desde o período colonial, o que dificulta, mas não impede o tráfico negreiro. Mas os contrabandistas e as autoridades coniventes continuaram ativos no tráfego por muito tempo. Eltis (2010), citado por Mamigonian (2017), calculou que somente 177 mil africanos foram resgatados entre 1807 e 1867. É muito pouco: entre 1811 e 1870, um período semelhante ao anterior, 2.644 mil escravos desembarcaram no mundo, quase todos para o continente americano, ou seja, 6,7% apenas foram resgatados. O lucro do tráfico negreiro era excepcionalmente alto o que induzia o tráfego.

O fim da Guerra Civil nos Estados Unidos em 1865 e a suspensão da escravidão em 1863 no país pelo *Emancipation Proclamation* isolaram o Brasil. Em sua análise, Parron (2008) observa que "a república norte-americana conseguia compelir outras nações a adotar uma conduta diplomática de neutralidade respeitosa à existência da escravidão no país [...] que vinha garantindo uma sobrevivência relativamente estável do cativeiro no Brasil".

O *Comité Français d'Emancipacion* enviou comunicação ao imperador em 1866 pedindo o fim da escravidão e, como argumento, assinala o término da escravidão nos Estados Unidos após a sangrenta Guerra Civil de 1860-65, para não deixar que o Brasil fosse o último país cristão a utilizar mão de obra escrava. D. Pedro II passou a partir daí a se interessar publicamente pela abolição da escravidão. Ainda em 1866, concedeu por decreto a libertação de escravos de propriedade do Estado que servissem ao Exército no conflito com o Paraguai: trata-se de um gesto quase simbólico, já que o número de escravos de propriedade do Império no conflito era pequeno. Na Fala do Trono de 1867, o imperador sugere, embora discretamente, que se iniciem reformas necessárias à melhoria dos cativos, e um projeto da *Emenda Bueno* à libertação dos nascituros é imediatamente revivido. Mas o imperador não fala mal do pró-escravismo de José de Alencar, um dos mais importantes escritores do Império, cala-se apenas.

Em março de 1884, unilateralmente, a província do Ceará extingue o cativeiro em seus territórios. É uma medida quase simbólica, já que o que o Ceará tinha em 1872 apenas 32 mil escravos, ou seja, 2,1% da população escrava do Império, mas "a libertação" do Ceará causa pânico no Império. Anteriormente, diversos municípios do Rio Grande do Norte já haviam abolido a escravidão, inclusive na capital Natal, mas com limitado impacto político.

Em sua obra José de Alencar excluiu o negro quase que completamente e de forma deliberada do processo de construção de uma identidade nacional. Para Alfredo Bosi (1970), o Brasil de Alencar seria uma "espécie de um cenário selvagem, onde expulsos os portugueses, reinariam capitães altivos, senhores de baraço e cutelo rodeados de sertanejos e peões, livres sim, mas fiéis até a morte".

José de Alencar também se notabilizou como autor de teatro. *O demônio familiar* (1857) é um dos raros momentos nos quais o negro está presente em sua obra. De acordo com Uemori (2004), o escravo Pedro é retratado nessa obra como sendo um "malandro, alcoviteiro, egoísta, interesseiro, mentiroso que manipula seu senhor (Eduardo) e as outras personagens brancas". Bosi, por sua vez, assinala a intenção ética de Alencar ao citar a alforria do escravo Pedro, para que este pudesse escolher seu caminho: a alforria era a forma de educar o rapaz e fazê-lo assumir as consequências de suas escolhas, no entanto o que ficou foi "a figura do moleque irrecuperável: Pedro apenas mudará de senhor, realizando seu sonho dourado – ser cocheiro de um rico major, função que lhe permitirá motejar com desprezo os cocheiros de aluguel" -permanecendo o estereótipo do negrinho astuto e cínico.

José de Alencar, deste modo, sugere-nos que a alforria é um instrumento irrelevante para a igualdade humana, já que o novo cidadão continua com os velhos hábitos culturais do escravo. Defende que o escravo deve continuar escravo. Proença Filho (2004) é ainda mais claro definindo este posicionamento como *visão distanciada*, em que prevalecem os estereótipos e a visão da elite cultural branca sobre o negro.

José de Alencar, como político, estava dentro da facção mais tradicional do Partido Conservador, também chamado de grupo Saquarema na década de 1840. Como a maior parte da sociedade da época, defendia a manutenção do trabalho escravo. A ação política de José de Alencar esteve relacionada com um descompasso entre a visão da sociedade brasileira sobre a escravidão e as ações tomadas pelo Império devido a pressões internacionais. O governo imperial, conforme visto, encontrava-se em dificuldades, sofrendo diversas pressões para pôr um fim na escravidão.

Na obra de José de Alencar, por outro lado, a escravidão foi retratada e discutida, ao contrário de outros autores de seu tempo, que se recusaram a fazê-lo. José de Alencar não se furta em defender a escravidão, fazendo uma análise baseada em concepções históricas, políticas e antropológicas, sempre ressaltando uma futura integração do negro na sociedade e cumprindo seu papel na construção da identidade nacional. José de Alencar não é um homem da sua época, mas não vincula o negro como intrinsecamente inferior aos indígenas e aos ibéricos.

Dentro da celeuma sobre a escravidão, José de Alencar escreve *Ao imperador: novas cartas políticas de Erasmo*, obra de 1867. A escolha do pseudônimo foi em alusão ao humanista neerlandês Erasmo, de Roterdã. Em continuidade a essa publicação, ele escreveu *Novas cartas políticas* direcionadas ao imperador defendendo a escravidão e opinando sobre sua atitude em relação à Guerra do Paraguai.

Atualmente, há certa vergonha nacional em relação aos escritos políticos de Alencar, tendo sido excluído este último conjunto de obras do corpus de textos do autor publicados pela editora Nova Aguilar em 1960. As *Cartas a favor da escravidão* foram publicadas 18 anos depois, em 2008, e cuidadosamente organizadas por Tâmis Parron. Organizadores ilustres da obra de Alencar não mencionam seus escritos pró-escravidão (como Luiz

Viana Filho e Nelson Romero), talvez envergonhados com tal posição. Silvia Cristina Martins de Souza, escrevendo em uma revista pouco conhecida, republicou três das sete cartas em 1996 conforme nota Parron (2008).

Ao imperador: novas cartas políticas de Erasmo são sete missivas endereçadas a D. Pedro II entre junho de 1867 e março de 1868. Parron (2008) apresenta que o objetivo da primeira missiva é fornecer um quadro conceitual adequado para sua análise sobre a escravidão. Rizzo (2007b), por sua vez, é mais forte em sua opinião e observa que o conteúdo da primeira missiva é de reprovação à de D. Pedro II no decorrer da guerra contra o Paraguai. A hipótese de uma abdicação do imperador é reprovada por José de Alencar, que lembra ao imperador: "Não sois uma pessoa; não tendes uma individualidade; não há sob o manto imperial que vos cobre o *eu* livre e independente". Alencar ressalta que o imperador traz consigo a essência da identidade nacional e que sua permanência como imperador é a garantia da ordem política e social. Isso me fez lembrar quão perniciosa foi a amizade pública de Pedro II com Gobineau: um imperador não pode ter amigos racistas.

A segunda missiva apresenta o contexto em que se insere a análise de Alencar quanto à escravidão. Rizzo (2007b) observa que a segunda, a terceira e a quarta missiva são as primeiras em que Alencar entra diretamente no tema da escravidão. Alencar argumenta que o imperador "não pode pautar sua política pela filantropia estrangeira", em clara referência à carta enviada pelo *Comité Français d'Emancipacion* ao imperador. Como observa Parron (2008), as terceira e quarta cartas expõem os argumentos de Alencar contra o término da escravidão, que podem ser divididos a seguir em quatro tópicos: cultural, político-social, econômico e de identidade.

Pelo aspecto cultural, Alencar explica que os povos bárbaros são moralizados pela escravidão: "O escravo deve ser, então o homem selvagem que se instrui e moraliza pelo trabalho". E o tempo de cativeiro dos escravos africanos não tinha sido suficiente para eles serem educados: "A raça africana tem apenas três séculos e meio de cativeiro. Qual foi a raça europeia que fez nesse prazo curto a sua educação?".

Alencar, no entanto, é contra os maus-tratos de escravos e não acredita ser esta a maneira de o escravo ser educado, e critica a forma como os escravos eram tratados nos Estados Unidos, culpando-os por denegrirem a imagem da escravidão no Brasil. Segundo Alencar, os escravos no Brasil não eram maltratados, como outros países acreditavam, eles tinham direitos tais como o do matrimônio e da aquisição do pecúlio. Permitia-se a compra de sua alforria e sua inserção na sociedade. Essa era a voz corrente brasileira, que somente seria refutada ao fim do século XX, quando o historiador Holloway (1993), em estudo clássico sobre a comparação da escravidão no Rio de Janeiro e nos EUA, nota que as penas prescritas em lei para os escravos brasileiros eram mais pesadas que para os escravos no Sul dos EUA, rejeitando o estereótipo da bondade brasileira com seus escravos.

Pró-abolicionistas argumentavam que o crescimento vegetativo inexpressível de escravos era evidência da superexploração do trabalho que sofriam. Alencar, no entanto, contra-argumenta citando a expansão do número de escravos nos Estados Unidos, que passou de 693 mil escravos, em 1790, para 1 milhão e 536 mil, em 1820, e 3 milhões e 178 mil, em 1850, bem acima do número de escravos brasileiros em 1872. Afinal, "a escravidão no Brasil não esteriliza a raça nem a dizima". Segundo Alencar, a redução no número de escravos não advém de seus maus-tratos, mas de escoamentos naturais advindos da bondade do senhor, e da remissão, permitindo a inserção do alforriado na sociedade; inserção que dava o direito ao alforriado nascido no Brasil de participar das eleições de primeiro grau, e de seus filhos serem cidadãos brasileiros, como qualquer outro.

Para Alencar, a escravidão tem importante papel na conservação do equilíbrio macroeconômico das riquezas nacionais. É mediante a escravidão que o Brasil consegue honrar com as dívidas contraídas no exterior, garantindo uma pátria nobre. De forma que o seu término gradual previne "o risco de um grande abalo na sociedade, e modera-se a perturbação econômica". Na verdade, a abolição brasileira em 1888, abrupta que parecia ser, revestir-se-ia de grande tranquilidade, quase que um *no event*.

O povo brasileiro estaria incompleto sem o sangue africano: "[A] transfusão de todas as famílias humanas no solo virgem deste continente ficaria incompleta se faltasse o sangue africano". O cativeiro tinha a função de contribuir para a identidade nacional, abastecendo a sociedade brasileira de novos cidadãos. Assim sendo, o cativeiro permitia a retirada do homem do estado bruto para a sociedade. Era "o embrião da sociedade". Alencar acredita, dessa forma, que o africano, para contribuir à sociedade brasileira, deveria ser domesticado e que o cativeiro permitiria sua retirada do estado bruto para a sociedade.

José de Alencar reconhece a existência de três raças distintas no solo brasileiro: a raça ibérica, a raça americana e a raça africana. A raça africana, na definição de Alencar, seria "embrutecida e bárbara" ao mesmo tempo em que era "vigorosa e forte". Simões (2010) observa que, para Alencar, a barbárie do negro não decorria da escravidão em si, mas de seu estado anterior, sendo a escravidão um processo civilizador, em que seria formado o caráter do povo negro, ao ensinar o controle de suas paixões e auxiliando a superação desse estado de ignorância.

Na visão de José de Alencar, a escravidão é inerente ao progresso e à modernização, por isso era contra D. Pedro II ter se "curvado" aos pedidos das nações europeias. "Se a escravidão não fosse inventada, a marcha da humanidade seria impossível". Alencar argumenta que "a escravidão caduca, mas ainda não morreu; ainda se prendem a ela graves interesses de um povo". Ele defendia a necessidade do trabalho escravo, e que este cessaria de existir com a libertação dos escravos e a imigração de estrangeiros, a mesma imigração que pôs fim à escravidão nos Estados Unidos.

O escravo foi, durante a história europeia, substituído pelo proletário na cidade, e pelo servo na agricultura, entre outros; segundo José de Alencar, se o Brasil tivesse recebido no mínimo 60 mil imigrantes por ano nos últimos 15 anos, menos, portanto, que os Estados Unidos, a escravidão já teria deixado de existir, sem a necessidade de uma lei abolicionista. Alencar conclui, então, que a tendência era de que, à medida que a força de trabalho aumentasse, com ex-escravos, seus filhos ou imigrantes, a escravidão cessaria de forma "natural", sem a necessidade de se instituírem leis. Na verdade, sabe-se hoje que há importantes erros históricos nos argumentos de José de Alencar, por exemplo: a servidão europeia extinguiu-se com o feudalismo no século XVI e o proletário somente aparece após a Revolução Industrial, que se inicia em 1780, um século antes da publicação de *O capital* (1867), de Karl Marx.

O trabalho, importante elemento para o progresso de países da Europa, como Espanha, Portugal, Inglaterra, França e Holanda, foi substituído pelo proletário na cidade e pelo servo na agricultura. No entanto, José Alencar via que isso não era uma solução viável para as possessões europeias no continente americano, que tentaram substituir o trabalho escravo por aquele do *galé*, que, por já ser civilizado, se libertava e se aventurava no deserto.

Segundo Rizzo (2007a), José de Alencar acreditava que a permanência da escravidão após a Independência se devia à insuficiência numérica da população. José de Alencar discorre em suas missivas sobre a responsabilidade da escravidão pela população da América, o desenvolvimento da agricultura, a diversificação da cultura e a criação de uma "nova" sociedade. "Sem a escravidão africana e o tráfico que a realizou, a América seria ainda hoje um vasto deserto".

Ignorando o tamanho da população indígena, Boris Fausto (1994) observa que, por falta de dados, é difícil fazer um real estimativo do número de indígenas na América do Sul quando da chegada dos exploradores portugueses e espanhóis, e indica estimativas de 2 milhões para todo o território do Brasil (exceto a Amazônia) e Paraguai, e de 5 milhões de nativos somente para a Amazônia brasileira. O colonizador, o aventureiro, evitava o trabalho, daí a importância dos escravos. "A essa raça ibérica, que era também semi-africana, estava reservada a glória de lançar primeira a mão ao Novo Mundo e pô-lo ao alcance do Antigo".

José de Alencar ilustra sua visão discorrendo sobre a escravidão no Oriente, onde a escravização de prisioneiros de guerras serviu tanto para poupar a vida destes como permitiu a população de terras inférteis e com climas abrasadores. No Brasil, o tráfico de escravos serviu para dominar a natureza, cultivando o solo, e formar a civilização:

> "Se a raça americana suportasse a escravidão, o tráfico não passaria de acidente e efêmero. Mas, por uma lei misteriosa, essa grande família humana estava fatalmente condenada a desaparecer da face da terra, e não havia para encher esse vácuo senão a raça africana. [...] Sem a escravidão africana e o tráfico que a realizou, a América seria ainda hoje um vasto deserto. A maior revolução do universo depois do dilúvio fora apenas uma descoberta geográfica, sem imediata importância. Decerto não existiriam as duas grandes potências do novo mundo, os Estados Unidos e o Brasil. A brilhante civilização americana, sucessora da velha civilização europeia, estaria por nascer.".

O viés de José de Alencar contra a Argentina, na época bem mais desenvolvida que o Brasil, e o Canadá, um protetorado britânico apenas formal, é evidente. José de Alencar recorda que a escravidão sempre existiu durante a história. Ele se refere ao livro de Gênesis, em que o homem se filia "à família estranha pelo cativeiro". Segundo ele, o homem precisa de outros homens para multiplicar suas forças e apropria-se disso pela geração ou pela conquista.

Para José de Alencar, a escravidão era "um fato social, como são ainda o despotismo e a aristocracia". Apesar da imagem de repugnância com a qual é vista a escravidão, que humilha e rebaixa um ser humano a uma coisa, José de Alencar chama atenção para o fato de terem existido "mais bárbaras instituições", como os romanos, e, no entanto, eles são fundadores do direito civil moderno. Alencar descreve a escravidão como sendo uma forma rude do direito:

> [...] uma fase do progresso; um instrumento da civilização, o mancípio (prisioneiro de guerra que se torna escravo), a gleba. [...] De feito, na história do progresso representa a escravidão o primeiro impulso do homem para a vida coletiva, o elo primitivo da comunhão entre os povos. O cativeiro foi o embrião da sociedade; embrião da família no direito civil; embrião do estado no direito público.

José de Alencar define o escravo como sendo um "homem propriedade, o homem lígio, adstrito ao solo ou à pessoa do senhor". Observa que a Europa, que tanto pressionou o Brasil para abolir a escravidão, era um grande consumidor dos produtos brasileiros de produção escravista:

> "O filantropo europeu, entre a fumaça do bom tabaco de Havana e da taça do excelente café do Brasil, se enleva em suas utopias humanitárias e arroja contra estes países uma aluvião de injúrias pelo ato de manterem o trabalho servil. Mas por que não repele o moralista com asco estes frutos do braço africano?".

Havana e o Rio de Janeiro eram as grandes capitais de nações escravas no início do século XIX. Os europeus não abriam mão de comprar especiarias, mas insistiam que países como o Brasil arruinassem suas indústrias com a abolição da escravidão, tirando o escravo da produção do café, do açúcar e do tabaco. O escravo, que era de extrema importância nos principais ramos da produção brasileira: dos grandes estabelecimentos rurais, engenhos ou fazendas.

José de Alencar argumenta que a pressão da Inglaterra quanto à abolição da escravidão se deve não tanto a motivos filantropos, mas ao medo desta em perder para outro país o tráfico negreiro, ou seja, por interesses puramente econômicos. O escritor não era contra o término da escravidão, mas temia que seu fim abrupto causasse instabilidade econômica e insegurança no país. Defendia o fim gradual da escravidão, que aconteceria dentro de uns 20 anos, com a chegada dos imigrantes preenchendo os espaços vazios do país.

José de Alencar receia que a emancipação dos escravos poderia "desencadear a guerra social [...] mais rancorosa e medonha". Defende que alguns escravos já faziam parte da família e que era assim que deveria ocorrer o processo gradual de transição da escravidão à liberdade:

> A única transição possível entre a escravidão e a liberdade é aquela que se opera nos costumes e na índole da sociedade; vai lentamente transformando-o em mera servidão, até que chega uma espécie de orfandade. O domínio do senhor se reduz então a uma tutela benéfica. Esta transição, fora preciso cegueira para não observá-la em nosso país....

A forma mais eficaz da abolição da escravidão era a libertação do escravo com base na "benevolência do senhor", em vez de "uma lei por ventura votada no parlamento", já que a transição ocorreria com a aceitação da sociedade e sua adaptação. Desta forma, não haveria revoltas "como sucede com os mínimos favores de uma lei; ao contrário, [as concessões] tornam-se para [o escravo] benefícios preciosos que o prendem ainda mais à casa pela gratidão", e o escravo livre permaneceria como criado do senhor. Percebe-se, aqui, a preocupação de José de Alencar com a perda em mão de obra e com a segurança e possíveis revoltas dos negros, como já tinham ocorrido com grande violência na Revolução Haitiana. Afinal, "o liberto por lei é inimigo nato do antigo dono; foge a casa onde nasceu".

José de Alencar não vê a escravidão como um bem de luxo sem necessidade ou um processo exausto que já deu seus frutos; de fato, são para o bem de ambas as partes, senhor e escravo, que ele defende a sua continuação. É por isso que o Brasil não deve se curvar aos pedidos dos países europeus, pois todos têm seus defeitos: o Brasil tem a escravidão e a Europa o pauperismo. O término da escravidão poria em jogo o fim do Império: "a escravidão cairá sem arrastar à miséria e à anarquia uma nação jovem". Para ele, "resolve-se a escravidão pela absorção de uma raça por outra". Esta é a forma de a escravidão acabar "sem arranco nem convulsão, como o ancião consumido pela longevidade que se despede da existência adormecendo".

A postura adotada por José de Alencar nas missivas é contra a intervenção direta do governo na escravidão e a favor da iniciativa privada na libertação dos escravos. Ele acredita que a libertação dos escravos era um prêmio, concedido pelo senhor aos escravos obedientes e trabalhadores. Por isso, a abolição traria a desorganização do trabalho, abalaria a autoridade do senhor e prejudicaria a economia, já que o trabalho forçado cessaria de existir nos setores produtivos como a agricultura. Ademais, os escravos não estariam preparados para serem livres, era necessário passarem por uma preparação de integração na sociedade, de forma a não serem relegados à pobreza e à marginalização.

David Simões (2010) observa que, para José de Alencar, o processo de branqueamento seria um elemento de civilização da sociedade. O que José de Alencar preza, no entanto, não é a cor da pele, mas sim uma "sociedade moldada pela civilização", e, para tal, seria necessário que o negro fosse submetido de forma total à escravidão. Somente desta forma a escravidão poderia promover a miscigenação das raças, trazendo o negro para dentro da sociedade civilizada, garantir sua liberdade e sua participação dentro da vida social já estabelecida.

José de Alencar trava um acalorado debate nas páginas do *O Globo*, em 1875, com o pernambucano Joaquim Nabuco, liberal e abolicionista convicto. Contemporâneo de José de Alencar, acredita que a escravidão criou em todo o Brasil um ambiente em que os ideais de progresso e humanitários são destinados ao fracasso (Nabuco, 2010) e atribui à escravidão um papel fundamental na pobreza e miséria em que se encontrava o Brasil do século XIX: "A verdade é que as vastas regiões exploradas pela escravidão colonial têm um aspecto único de tristeza e abandono: não há nelas o consórcio do homem com a terra, as feições da habitação permanente, os sinais do crescimento natural".

Nabuco era um jovem recém-chegado da Europa, onde teve contato com os principais centros culturais do mundo na época. Alencar, por sua vez, já debilitado pela tuberculose, era um homem já velho, que via suas concepções políticas serem postas de lado por um mundo que crescia e evoluía muito rapidamente.

José de Alencar tem a mesma postura de José Bonifácio, uma postura elitista. É surpreendente que não o cite em seus escritos, o que talvez tenha ocorrido porque a primeira antologia dos escritos de José Bonifácio só tenha sido publicada muito mais tarde, em 1939. Ambos veem o benefício para a própria elite com a eliminação da escravidão e dão um peso menor às razões morais; ambos são a favor da miscigenação como forma de integração do negro à sociedade preferencialmente pelo matrimônio, e não pelo concubinato. Mais ainda, Bonifácio enfatiza a obrigação do senhor a alforriar a escrava e os filhos comuns, até mesmo provendo educação aos últimos até os 15 anos como forma de educá-los como assinala em seus escritos coletados por Dolhnikoff (1998).

Há, no entanto, duas diferenças em relação à escravidão. Bonifácio é mais realista que José de Alencar, quando nota que a "escravatura deve obstar a nossa indústria", pela "inércia" que provoca nos senhores, que dessa maneira "não necessitam" aperfeiçoar sua indústria ou melhorar sua lavoura. Ao contrário, Alencar frisa a importância do trabalho escravo para a economia. Bonifácio sugere a abolição da escravidão de forma lenta, pela extinção do tráfico negreiro de quatro a cinco anos e registro dos escravos, facilitando a alforria pelo próprio escravo ou "alguém por ele". E o que é importante: o imperador, sempre ativo nas atividades culturais, cala-se sobre a pró-escravidão de José de Alencar. Pedro II nunca foi proativo da abolição, como foi visto.

O Custo da Família Imperial

O elevadíssimo custo da família imperial brasileira é um acinte para um país pobre. A família imperial pouco faz para governar o país, e o seu custo é imenso: no exercício orçamentário de 1874/75, o custo é de 1.279 contos de réis, equivalente a 0,097% do PIB de 1874. O custo na Grã-Bretanha com a família imperial, o *Sovereign Grant*, é de 37,9 milhões de libras em 2014/15, que é apenas 0,002% do PIB, e isto em um país que é muito mais rico que o Brasil, que tem uma monarquia ativa e que, portanto, poderia demandar recursos elevados do Tesouro. A família imperial brasileira custa proporcionalmente 40 vezes mais que a do Reino Unido.

Notas de D. Pedro II era racista?

[45] *Sidney Chalhoub, Cidade Febril: Cortiços e Epidemias na Corte Imperial (São Paulo: Companhia das Letras, 1996 [1990]), 179.*

[46] *Mariana Alice Schatzer Ribeiro Pereira, "Os Africanos Livres na Real Fábrica de Ferro São João do Ipanema: Funções, Origens Étnicas e Rotina de Trabalho (1840-1850)," Sankofa: Revista de História da África e de Estudos da Diáspora Africana (2013).*

[47] *George Raeders, O Conde Gobineau no Brasil: O Inimigo Cordial do Brasil, trad. e prefácio Rosa Freire de Aguiar (São Paulo: Editora Paz e Terra, 1988 [1934]. Original: Le Comte de Gobineau au Brésil), 10.*

[48] *Agradeço à minha assistente de pesquisa, Corina Lovison Nassif Avellar, a leitura cuidadosa do Essai de Gobineau de 1853 tentando descobrir as passagens racistas adiante mostradas Fez um trabalho formidável, particularmente porque Gobineau escreve de maneira empolada e confusa. . O texto utilizado foi : Joseph Arthur Gobineau, Comte de Gobineau, Essai sur l´Inegalité des Races Humaines.1853.Paris: Librairie de Firmin-Didot et Cie, 1853. Imprimeurs-éditeurs.*

[49] *Gobineau, Essai, 250.*

[50] Os originais e em tradução são disponíveis em cuidadosa edição organizada por Raeders (1938).

[51] Não sou o primeiro estudo que iguala Gobineau ao nazismo, muito embora tenha chegado às minhas conclusões independentemente de outros. Creio que a primazia cabe a C. M. Hutton (2005), que nota que Gobineau e Lapouge reagiam contra "o igualitarismo e a irrelevância da raça no 'modelo de cidadania' (aspas no original) do Estado francês". E Hutton conclui que, na tradição de Gobineau e Lapouge, o nazismo consideraria a si mesmo como uma "força de liberação do opressivo universalismo do Ocidente" (Hutton 2005, 7). Hutton chega a dizer que há um "claro paralelo entre Gobineau e H. Günther", este último com estudos "intimamente ligados ao nazismo" (Hutton 2005, 63).

[52] Annete Becker, "Guerre Totale et Troubles Mentaux," Annalles: Histoire, Sciences Sociales no. 1 (2000): 147.

[53] Raeders, O Conde Gobineau no Brasil, 40.

[54] Raeders, O Conde Gobineau no Brasil, 40.

[55] Nota da tradutora e organizadora de Raeders (1934, 11).

[56] George Raeders, D. Pedro II e o Conde de Gobineau: Correspondência Inédita (São Paulo: Editora Nacional, 1938), 30.

[57] Raeders, O Conde Gobineau no Brasil, 186.

[58] Raeders, O Conde Gobineau no Brasil, 240.

[59] Raeders, O Conde Gobineau no Brasil, 241.

[60] Raeders, O Conde Gobineau no Brasil, 244.

[61] Raeders, O Conde Gobineau no Brasil, 245.

[62] Raeders, O Conde Gobineau no Brasil, 243.

[63] Franz Boas, A Mente do Ser Humano Primitivo (trad. José Carlos Pereira da edição de 1938, The Mind of Primitive Man, rev. Gentil A. Titton. Petrópolis: Editora Vozes, 2010 [1911]), 2.

[64] Boas, A Mente do Ser Humano Primitivo, 20.

[65] O significado da palavra baraço, de acordo com o Dicionário Michaelis, é: 1. Corda ou laço para enforcar. 2. Fio, cordel. 3. Atadura de feixe, molhos etc. 4. Corda de infligir torturas. 5. O que pratica vexações e prepotências. 6. Garganta. Michaelis define "Senhor de baraço e cutelo" como "aquele que exerce o direito de justiça".

[66] "Espécie de um cenário selvagem, onde expulsos os portugueses, reinariam capitães altivos, senhores de baraço e cutelo rodeados de sertanejos e peões, livres sim, mas fiéis até a morte" [Alfredo Bosi, História Concisa da Literatura Brasileira (43ª ed. São Paulo: Editora Cultrix, 2006 [1970]), 146].

[67] "Malandro, alcoviteiro, egoísta, interesseiro, mentiroso que manipula seu senhor (Eduardo) e as outras personagens brancas" [Celso Noboru Uemori, "Escravidão, Nacionalidade e 'mestiços políticos'," Lutas Sociais 11/12 (2004): 3].

[68] Bosi, História Concisa da Literatura Brasileira, 161.

[69] "Não sois uma pessoa; não tendes uma individualidade; não há sob o manto imperial que vos cobre o eu livre e independente" [José de Alencar, Cartas a Favor da Escravidão (Introd.. e org. Tâmis Parron. São Paulo: Hedra, 2008 [1867]), 45].

[70] "Não pode pautar sua política pela filantropia estrangeira" [Alencar, citado por Ricardo Martins Rizzo, "Entre Deliberação e Hierarquia: Uma Leitura da Teoria Política de José de Alencar (1829-1877)" (Dissertação de mestrado, Universidade de São Paulo, 2007b), 101].

[71] A discussão que se segue é baseada principalmente no excelente trabalho analítico de: Tâmis Parron, "Introdução," in Cartas a Favor da Escravidão (São Paulo: Hedra, 2008), 1-35.

[72] "O escravo deve ser, então o homem selvagem que se instrui e moraliza pelo trabalho" (Alencar, Cartas a Favor da Escravidão, 67).

[73] "A raça africana tem apenas três séculos e meio de cativeiro. Qual foi a raça europeia que fez nesse prazo curto a sua educação?" (Alencar, Cartas a Favor da Escravidão, 93).

[74] O direito ao pecúlio só foi claramente garantido ao escravo a partir da Lei 40, de 28 de setembro de 1871, mais conhecida como Lei do Ventre Livre, portanto, após Alencar. O matrimônio era legal entre escravos, mas a separação do casal e filhos não era obstaculizada pelo matrimônio.

[75] "A escravidão no Brasil não esteriliza a raça nem a dizima" (Alencar, Cartas a Favor da Escravidão, 99).

[76] "O risco de um grande abalo na sociedade, e modera-se a perturbação econômica" (Alencar, Cartas a Favor da Escravidão, 111).

[77] "[A] transfusão de todas as famílias humanas no solo virgem deste continente ficaria incompleta se faltasse o sangue africano" (Alencar, Cartas a Favor da Escravidão, 74).

[78] *"Se a escravidão não fosse inventada, a marcha da humanidade seria impossível"* (Alencar, Cartas a Favor da Escravidão, 66).

[79] *"A escravidão caduca, mas ainda não morreu; ainda se prendem a ela graves interesses de um povo"* (Alencar, Cartas a Favor da Escravidão, 63).

[80] *Um galé era um criminoso cuja pena era o trabalho forçado.*

[81] *"Sem a escravidão africana e o tráfico que a realizou, a América seria ainda hoje um vasto deserto"* (Alencar, Cartas a Favor da Escravidão, 69-70).

[82] *"A essa raça ibérica, que era também semi-africana, estava reservada a glória de lançar primeira a mão ao novo mundo e pô-lo ao alcance do antigo"* (Alencar, Cartas a Favor da Escravidão, 68).

[83] *"Sem a escravidão africana e o tráfico que a realizou, a América seria ainda hoje um vasto deserto. A maior revolução do universo depois do dilúvio fora apenas uma descoberta geográfica, sem imediata importância. Decerto não existiriam as duas grandes potências do novo mundo, os Estados Unidos e o Brasil. A brilhante civilização americana, sucessora da velha civilização europeia, estaria por nascer"* (Alencar, Cartas a Favor da Escravidão, 69).

[84] *"À família estranha pelo cativeiro"* (Alencar, Cartas a Favor da Escravidão, 65).

[85] *"Um fato social, como são ainda o despotismo e a aristocracia"* (Alencar, Cartas a Favor da Escravidão, 62).

[86] *"Mais bárbaras instituições"* (Alencar, Cartas a Favor da Escravidão, 64).

[87] *"[...] uma fase do progresso; um instrumento da civilização, o mancípio (prisioneiro de guerra que se torna escravo), a gleba. [...] De feito, na história do progresso representa a escravidão o primeiro impulso do homem para a vida coletiva, o elo primitivo da comunhão entre os povos. O cativeiro foi o embrião da sociedade; embrião da família no direito civil; embrião do estado no direito público"* (Alencar, Cartas a Favor da Escravidão, 65).

[88] *"Homem propriedade, o homem lígio, adstrito ao solo ou à pessoa do senhor"* (Alencar, Cartas a Favor da Escravidão, 68).

[89] *"O filantropo europeu, entre a fumaça do bom tabaco de Havana e da taça do excelente café do Brasil, se enleva em suas utopias humanitárias e arroja contra estes países uma aluvião de injúrias pelo ato de manterem o trabalho servil. Mas por que não repele o moralista com asco estes frutos do braço africano?* (Alencar, Cartas a Favor da Escravidão, 89).

[90] *Segundo Hebe Silva, o Brasil comprometeu-se com a Inglaterra em 1826 a extinguir o tráfico negreiro, porém só cumpriu, definitivamente, com esse compromisso em 1850 quando decretou a segunda lei proibindo o tráfico.*

[91] *Parron (2008, 32) explica que esse tempo de vinte anos é simplesmente ilustrativo, pois a transição gradual, como defendido por Alencar, levaria muito mais tempo.*

[92] *"Desencadear a guerra social [...] mais rancorosa e medonha"* (Alencar, Cartas a Favor da Escravidão, 86).

[93] *"Benevolência do senhor"* e *"uma lei por ventura votada no parlamento"* (Alencar, Cartas a Favor da Escravidão, 114).

[94] *"Como sucede com os mínimos favores de uma lei; ao contrário, [as concessões] tornam-se para [o escravo] benefícios preciosos que o prendem ainda mais à casa pela gratidão"* (Alencar, Cartas a Favor da Escravidão, 114).

[95] *"O liberto por lei é inimigo nato do antigo dono; foge à casa onde nasceu"* (Alencar, Cartas a Favor da Escravidão, 114).

[96] *"A escravidão cairá sem arrastar à miséria e à anarquia uma nação jovem"* (Alencar, Cartas a Favor da Escravidão, 105).

[97] *"[...] resolve-se a escravidão pela absorção de uma raça por outra"* (Alencar, Cartas a Favor da Escravidão, 78).

[98] *"[...] sem arranco nem convulsão, como o ancião consumido pela longevidade que se despede da existência adormecendo"* (Alencar, Cartas a Favor da Escravidão, 78).

[99] *"Sociedade moldada pela civilização"* [David Soares Simões, "Escravidão e Integração do Negro no Império (1860-1870): Os Argumentos de José de Alencar," Revista Caos no. 16 (2010): 6.

[100] *"A verdade é que as vastas regiões exploradas pela escravidão colonial têm um aspecto único de tristeza e abandono: não há nelas o consórcio do homem com a terra, as feições da habitação permanente, os sinais do crescimento natural"* [Joaquim Nabuco, Essencial Joaquim Nabuco (Introd. e org. Evaldo Cabral de Mello. São Paulo: Penguin Classics, 2010), 59].

[101] Miriam Dolhnikoff, "Introdução," in Silva, José Bonifácio de Andrada, Projetos para o Brasil (org. Miriam Dolhnikoff. São Paulo: Companhia das Letras, 1998 [1826]).

Referências bibliográficas

Aberdeen Act. 1845. William Loney RN - Background. http://www.pdavis.nl/Legis_28.htm.

Alencar, José de. 1867 [2008]. *Cartas a favor da escravidão*. Introdução e Organização por Tâmis Parron. São Paulo: Hedra.

_____. 1857. *O demônio familiar*. http://www.dominiopublico.gov.br/download/texto/bi000164.pdf.

Becker, Annete. 2000. Guerre totale et troubles mentaux. *Annalles – Histoire, Sciences Sociales*. Nº1, p. 135-151.

Boas, Franz. 1911[2010]. *A mente do ser humano primitivo*. Tradução de José Carlos Pereira da edição de 1938, *The mind of primitive man*, rev. Gentil A. Titton. Petrópolis: Editoravozes.

Bosi, Alfredo. 1970 [2006]. *História concisa da literatura brasileira*. 43ª ed. – São Paulo: Editora Cultrix.

Burckhardt, Jacob. 1929 [1959]. *Judgments on History and Historian*. Introdução de Hugh Trevor-Roper. Londres e Nova Iorque: Routledge. Tradução por H.Z do original: *Historische Fragment*.

Chalhoub, Sidney. 1990[1996]. *Cidade febril: cortiços e epidemias na Corte Imperial*. São Paulo: Companhia das Letras.

Chalhoub, Sidney. 2017. Em Entrevista de Manuel Alves Filho de 07.06.2017 no *Jornal da Unicamp*.

Dolhnikoff, Miriam. Organização em José Bonifácio de Andrada e Silva. *Projetos para o Brasil*. 1ª. São Paulo: Companhia das Letras.

Eltis, David. 1987. *Economic Growth and the Ending of the Transatlantic Slave Trade*. Nova Iorque: Oxford.

_____. 2010. "O significado da investigação sobre os africanos escapados de navios negreiros no século XIX". *História: Questões e Debates*, 52 (1), p.13-139.

Fausto, Boris. 1994 [2001]. *História do Brasil*. 9ª ed. São Paulo. Editora da Universidade de São Paulo. Fundação para o Desenvolvimento da Educação.

Gobineau, Joseph Arthur, Comte de Gobineau. 2005 [1853]. *Essai sur l 'inegalité des races humaines*. Paris: Librarie de Paris, Firmin-Didot et Cie. Imprimeurs-éditeurs. Günther, Hans F. K. 1922. *Rassenkunde des deutschen volkes*. Munique: J. F. Lehmann. Conformed citado por Hutton.

History of the State Departament. https://history.state.gov/milestones/1830-1860/texas-annexation.

Hull, Isabel V. 2005. *Absolute destruction: military culture and the practice of war in imperial Germany*. Ithaca: Cornell University Press.

Hutton, Christopher M. 2005. *Race and the Third Reich: linguistics, racial anthropology and genetics in the dialetic of Volk*. Londres: Polity Press.

José Bonifácio de Andrada e Silva. 1998. *Projetos para o Brasil*. Organização por Miriam Dolhnikoff. 1ª ed. São Paulo: Companhia das Letras.

Judt, Tony. 2011. *Past imperfect. French Intellectuals, 1944-1956*. Nova Iorque e Londres: New York University Press.

Karasch, Mary C. 2000. *A vida dos escravos no Rio de Janeiro (1808-1850)*. Trad. Pedro Maia Soares. São Paulo: Schwarcz. Original: Slave Life in Rio de Janeiro (1805-1850).

Keiserling, Hermann Graf von. 1933[2009]. *Meditações sul-americanas*. Tradução de Marcelo Paiva de Souza, do Original em alemão *Südamerikanische Meditationen*. Brasília: Editora Universidade de Brasília.

Kramer, Alan. 2007. *Culture and mass killing in the First World War*. Oxford: Oxford University Press.

Lapouge, Georges Vacher de. 2005 [1899]. *L'Aryen- son rôle social*. Paris: A. Fontemoing. Conforme citado por Hutton.

Mamigonian, Beatriz G. 2017. *Africanos Livres: a abolição do tráfico de escravos no Brasil*. 1ª ed. São Paulo: Companhia das Letras.

Márai, Sándor. 1942[1998]. *As brasas*. Tradução de Rosa Freire d'Aguiar da versão em italiano *Le braci* do original em húngaro *A Gyertyák Csonkig Égnek*. São Paulo: Editora Schwarcz.

Martins, Eduardo Vieira. 2010. "Nabuco e Alencar". *O eixo e a roda (Universidade Federal de Minas Gerais)*. v.19. n°2. http://www.letras.ufmg.br/poslit/08_publicacoes_pgs/publicacao002314(ER19n2).html.

Marx, Karl. 1867 [1974]. *O capital.* Rio de Janeiro. Civilização Brasileira. Livro Primeiro.

Nabuco, Joaquim. 2010. *Essencial Joaquim Nabuco.* Introdução e Organização por Evaldo Cabral de Mello. São Paulo: Penguin Classics.

Parron, Tâmis. 2008. Introdução em *Cartas a favor da Escravidão,* p.1-35. São Paulo: Hedra.

Pereira, Schatzer Ribeiro. 2013. *Os africanos livres na Real Fábrica de Ferro São João do Ipanema: funções, origens étnicas e rotina de trabalho (1840-1850).* Sankofa. Revista de História da África e de Estudos da Diáspora Africana.

Proença Filho, Domício. 2004. A trajetória do negro na literatura brasileira. Instituto de Estudos Avançados da Universidade de São Paulo, 18 (50). http://dx.doi.org/10.1590/S0103-40142004000100017.

Raeders, George. 1934[1988]. *O Conde Gobineau no Brasil – o inimigo cordial do Brasil.* Tradução e prefácio de Rosa Freire de Aguiar do original *Le Comte de Gobineau au Brésil.* São Paulo: Editora Paz e Terra.

_____. 1938. *D. Pedro II e o conde de Gobineau, correspondência inédita.* São Paulo: Editora Nacional.

Rizzo, Ricardo Martins. 2007 a. *Entre deliberação e hierarquia: uma leitura da teoria política de José de Alencar (1829-1877).* Dissertação de Mestrado: FFLCH, Universidade de São Paulo, São Paulo. http://www.teses.usp.br/teses/disponiveis/8/8131/tde-12022008-115233.

_____. 2007b. A arrogância da teoria contra a lei: direito, escravidão e liberdade em José de Alencar. *Prisma Jurídico,* São Paulo, vol. 6, p. 243-262.

Simões, David Soares. 2010. Escravidão e integração do negro no Império (1860-1870): os argumentos de José de Alencar. *Revista CAOS (Universidade Federal da Paraíba),* nº16. www.cchla.ufpb.br/caos/n16/artigo-3-david.doc.

Uemori, Celso Noboru. 2004. "Escravidão, nacionalidade e "mestiços políticos"". *Lutas Sociais (PUC-SP).* v.11/12. Disponível em http://www4.pucsp.br/neils/downloads/v11_12_celso.pdf>. Acesso em 11.7.2012.

Winkler, H.A. 2000[2007]. *The long road to West,* Vol 2, *1933-1990.* Trad. orig. alemão de A. D. Sager. Oxford: Oxford University Press

VI

ESCRAVOS E NEGROS LIVRES NO IMPÉRIO

Quando falamos do Brasil moderno em que a população negra é predominante não nos devemos nos esquecer que os primeiros negros chegam no início do século XVI. Somos negros desde a colônia

O poeta Marques de Carvalho (1866-1910) escreveu em 1866 a melhor síntese demográfica do País, em *"O sonho do monarca: poemeto abolicionista"*:

Ah! Nunca! Nunca! É certo! O povo brasileiro

É maldito por toda a civilização

Porque no Brasil reina o infame cativeiro

Esse verme que rói a pútrida nação!

Quase todos nós somos filhos dos senhores

De nossas boas mães, das míseras mulheres.

Que de dia sofriam do castigo as dores

E à noite lhes davam sensuais prazeres...

A população de pretos livres e de pardos livres no Brasil aumentou rapidamente durante os quatro séculos de escravidão. Isso se deve a diversos fatores, como o grande número de alforrias, a alta taxa de fecundidade das mulheres negras livres, e a maior sobrevivência de crianças negras livres comparado à das escravizadas. Desse modo, pode-se observar um crescimento sistemático da população negra livre e de sua participação na sociedade do Brazil Império. Essa observação dos historiadores Klein e Luna (2010) confirma a ideia de que os cidadãos negros livres, antes da abolição da escravidão no Império do Brazil, já estavam razoavelmente integrados à sociedade brasileira. Mas não se deve esquecer-se que deste o início da colonização até o final do século XIX, ou seja, até o começo da república o número de mulheres brancas é muito menor que a de homens brancos, o que será comentado mais adiante.

Pela ausência de dados, não é possível ajustar temporalmente os dados regionais com o aumento dos pardos livres, mas a distribuição de cor varia muito por província pelo censo. Os dados brutos do Censo de 1872 indicam que Minas Gerais tem 50% de brancos, 36% de pardos e 12% de pretos, sendo, talvez, a província que mais se aproxima das médias nacionais, que são 45%, 39% e 11%, respectivamente. O número total de escravos, por sua vez, em Minas Gerais, à época do censo, corresponde a 18% da população total, número igual à média de escravos em relação à população total do Brasil. Por essa razão, serão examinadas as profissões dos negros livres em Minas Gerais, uma província típica em 1831, e outra não típica, que seria São Paulo em 1829-30. São Paulo só muda de cores mais adiante, quando começa a produzir intensamente café e necessita de escravos.

O Rio Grande do Sul e a cidade do Rio de Janeiro apresentam uma tendência diferenciada em relação à média da população nacional, predominando uma maior parcela da população branca. A população branca no Rio corresponde a 62% da população livre. A população livre parda, por sua vez, corresponde a 25% da população livre; e a população livre preta corresponde a 12% do total, seguindo a tendência de 11% de média nacional para a população preta. O Rio Grande do Sul, por sua vez, entre as províncias com maior número de escravos, tem a maior proporção da população branca livre em relação à população total da província, cerca de 70%. A população parda corresponde a 13% e, assim como no Rio, a população preta livre corresponde a 8%, valor próximo à média nacional de 11%.

Algumas províncias do atual Nordeste e a província de Goiás têm uma participação de população preta muito acima da média nacional de 58%. De fato, a província de Alagoas tem 73% de sua população preta, seguida de Piauí e Goiás, com 71%, e Sergipe, com 70%. A Bahia é a província com o maior número absoluto de pretos entre as dez províncias com o maior número de escravos, seja entre a população preta livre, que corresponde a 22% do total, seja entre a população total, englobando livres e escravos, com 27% do total.

A Moral, o Direito e a História Geram Tratamento Distinto para a Escravidão nas Colônias Ibéricas e Britânicas na América e nos Países que lhes sucedem

Os valores morais ocidentais estão muito próximos dos valores cristãos, particularmente até o século XIX, porém há um diferencial significativo entre o pensamento católico e o protestante. Esse diferencial implica, até os dias de hoje, tratamento distinto dos brancos em relação a pretos e pardos após a abolição da escravidão nos países protestantes e católicos.

De início, deve notar-se que a moralidade da escravidão não foi resolvida na Bíblia. Foi a ambiguidade de São Paulo que evitou que a discussão sobre a moralidade da escravidão dividisse irremediavelmente o cristianismo incipiente e ainda minoritário no século I, inserido em uma civilização romana, politeísta e escravista. São Paulo, creio, foi propositalmente ambíguo: jamais chegou a proibir a escravidão, mas foi incisivo em afirmar que o escravo, do ponto de vista cristão, é igual ao homem livre.

Como o assunto não fora resolvido de maneira inequívoca por São Paulo, a moralidade da escravidão era ainda questão ambígua em meados do século XIX no Sul dos Estados Unidos, muito embora já não o fosse aos estados do Norte e nos países ibero-americanos. Certamente, de boa-fé, nenhuma igreja poderia construir um caso a favor da escravidão com base nas escrituras. No entanto, é estarrecedor que boa parte das igrejas protestantes do Sul dos Estados Unidos fizesse interpretações favoráveis à escravidão. Havia uma subordinação das igrejas ao poder temporal dos estados sulistas, beirando a subserviência. A *South Carolina Baptist Association* tornou pública uma defesa da escravidão baseada em supostos argumentos bíblicos, em 1822, e a revolta dos escravos no estado da Virginia, em 1831, liderada pelo pastor negro Nat Turner, trouxe implicações aos estados do Norte com o fortalecimento dos movimentos abolicionistas, e nos do Sul, em resultado oposto, o fortalecimento dos grupos pró-escravidão.

As igrejas protestantes sulistas enfatizavam com os textos bíblicos a inferioridade negra, a aceitação da lei patriarcal da escravidão de Moisés, além da necessidade de obediência dos escravos aos senhores, conforme supostamente preconizado por São Paulo. Note que, pouco antes do início da Guerra Civil (1861-1865), a *Southern Presbyterian Church*, então muito importante no Sul, afirmou com tranquilidade que "a missão específica da Igreja do Sul é manter a instituição da escravidão e torná-la uma benção para os senhores e escravos". A mesma igreja argumentava ser falso o que chamava de "dogma" de que a escravidão era em si um pecado e concluindo que isso "não está nas Escrituras e é uma das mais perniciosas heresias dos tempos modernos".

Atualmente, os estados do Sul que faziam parte da Confederação são os mais religiosos nos Estados Unidos, inclusive Utah, com sua forte base mórmon. A Igreja *Southern Baptist* atualmente é conservadora socialmente, muito embora tenha um número razoável de pastores negros. Os antigos estados da Confederação são contra o aborto, o casamento gay e têm as mais altas taxas de prisão do país. Até 1966, a Igreja Mórmon, atualmente Igreja de Jesus Cristo dos Santos dos Sétimos Dias, não aceitava pastores e tampouco fiéis negros. Justificavam seu procedimento e o sofrimento centenário dos negros dizendo que estes eram descendentes de Caim (figura bíblica que assassina o próprio irmão) e, portanto, eram portadores de maldição divina. O exemplo brasileiro de miscigenação ampla foi talvez decisivo para os mórmons abandonarem seu racismo pró branco, tornando-se universal, inclusive no Oriente.

Afinal, o que dizia São Paulo na Bíblia? Dizia simplesmente que, à vista de Deus, "não há judeu nem grego; não há escravo (em inglês, *bond*), nem homem livre (*free*); não há macho nem fêmea; por que todos vós sois um só em Cristo Jesus". No Alcorão, que lhe é posterior, existem dizeres semelhantes aos de São Paulo. De acordo com a visão de São Paulo, livres e escravos são seres humanos sujeitos aos mesmos direitos e deveres religiosos. Com má-fé, entretanto, a passagem acima pode ser interpretada, utilizando-se da bíblia protestante escrita em inglês no século XIX, entendendo *bond* como *servant* (servo) do feudalismo, e não como escravo. Deste modo, em uma flagrante distorção às palavras de Paulo, o servo seria um ser humano igual aos outros, mas o escravo não o seria necessariamente. É evidente a má-fé pelo erro histórico, já que no século I, quando São Paulo vive, em pleno Império Romano, não existem servos, mas escravos. O *servant* pode ser interpretado, com má-fé ainda maior, como *indentured servant*, ou seja, um "servo contratual", conforme visto anteriormente, comum no Império Britânico nos últimos anos do século XIX, com direitos reduzidos e sujeitos a uma disciplina leonina, mas legalmente bem distinto do escravo (*slave*), a quem veio substituir nos últimos anos do Império Britânico. Assim, na visão dos sulistas americanos, São Paulo não defenderia os escravos, mas sim os trabalhadores domésticos e assemelhados.

O erro conceitual de confundir servos com escravos não foi jamais cometido nos países ibéricos e em seus sucessores na América. Não há servos no mundo ibérico, mas escravos. Apesar de que se possa arguir que

Castela conheceu o feudalismo, ainda que marginalmente, e que ali o servo teria existido, o mesmo jamais ocorreu em Portugal e no Império do Brazil, que conheceram somente a escravidão. A servidão europeia é uma prática feudal inexistente em países não feudais e absolutistas que sempre tiveram Estados fortes e centralizados, como Portugal e o próprio Império do Brazil. É evidente que o *indentured servant* é apenas uma prática colonial britânica que existiu somente nos estertores daquele império como forma de burlar as leis antiescravistas britânicas existentes claramente na Grã-Bretanha e ambiguamente nas colônias.

Ainda mais, na Carta aos Efésios (6:5 e 8), São Paulo afirma de forma mais clara a igualdade de escravos (chamados de servos) e senhores: "vós, servos, obedecei a vossos senhores segundo a carne, com temor e tremor, na sinceridade de vosso coração, como a Cristo; sabendo que cada um receberá do Senhor todo o bem que fizer, *seja servo, seja livre* [o itálico do autor]. E vós senhores, fazei o mesmo para com eles, deixando as ameaças, sabendo também que o Senhor deles e vosso está no céu, e que para com ele não há acepção de pessoas". Assim, o servo da bíblia quer dizer escravo, já que o "servo" não é livre. Em português, *acepção* é cristalina, e quer dizer significação, segundo o dicionário *Aurélio Século XX*, confirmando a igualdade moral entre servos e senhores. *Servo* é simplesmente escravo no contexto do Império Romano. Para arrematar decisivamente a questão, a Primeira Carta de São Paulo aos Coríntios, na linguagem moderna católica do século XXI, é clara: "de fato, todos nós, judeus ou gregos, escravos ou livres, fomos batizados num único Espírito, para formarmos um só corpo e todos nós bebermos de um único espírito". Os "servos", na linguagem católica do século XXI, são simplesmente e corretamente escravos.

Discutir escravidão e servidão pode parecer uma filigrana no ambiente barbárico do século I, mas a importância de São Paulo é central para o cristianismo: "Paulo não inventou o cristianismo e nem o perverteu, mas salvou-o da extinção". A razão é simples: Paulo foi o primeiro a entender a nova teologia de Cristo, com a ruptura com a lei judaica ao igualar judeus aos gregos e os escravos aos senhores. Até hoje a Igreja Católica considera Paulo, ao lado de Pedro, como um de seus fundadores, mas, se Paulo tivesse sido mais claro sobre a escravidão no século I, possivelmente a escravidão não subsistiria como tal nos EUA e no Império do Brazil no século XIX, não obstante ser provável também que as igrejas católicas e protestantes tivessem um número bem menor de membros do que têm nos dias de hoje.

Uma das explicações para a diferença entre a escravidão brasileira e americana consiste na existência de valores políticos distintos nas duas culturas. A conclusão de Frank Tannenbaum (1959) é clara sobre o tema e deve ser lida com a devida atenção:

> Fazemos papel de idiotas para nós mesmos – e os latino-americanos que falam como se este não fosse o caso também estão fazendo papel de idiotas – se nós, ou eles acreditam que o que chamamos de democracia é uma questão de Direito formal ou de regras constitucionais. A democracia tem como base um sentimento de igualdade ou talvez de igualitarismo, "onde um homem é um homem por tudo isto", onde ninguém cavalga um cavalo mais alto e onde ninguém muito menos espera que isso aconteça. Neste momento a diferença entre a sociedade americana e a latino-americana é muito grande. As diferenças entre as condições básicas de igualdade social e de oportunidades nos EUA e na América latina são grandes e profundas – *e não vão mudar, de fato, por um longo tempo* [o itálico do autor].

Nas colônias ibéricas o escravo é gente, e nas colônias britânicas é um bem (*chattel*). Tannenbaum foi muito influenciado por Gilberto Freyre em *Brazil, an interpretation* (1945), que é o primeiro autor que cita em seu livro, mencionando também outro de Freyre, em português *O mundo que o português criou* (1940), o que é espantoso, já que raramente estudiosos estrangeiros leem em português. *Slave and Citizen* não foi traduzido para o português, indicando que o forte debate americano sobre as bases morais da escravidão é pouco importante para o Brasil, o que me parece inteiramente errado: a História é universal e só é entendida se for comparativa, senão é uma história paroquial sem contexto e, portanto, irrelevante.

As principais ideias de Tannenbaum estão bem sintetizadas por Alejandro de la Fuente, em seu brilhante artigo "Slave Law and Claims-Making in Cuba: the Tannenbaum debate Revisited" (2004), em que analisa as duas principais conclusões do debate entre a Moral e o Direito da escravidão da década de 1940, que são: (1) Os escravos na América ibérica tinham uma personalidade moral e jurídica distinta dos escravos na América britânica; (2) As diferenças entre essas visões determinaram as relações raciais pós-abolição nos EUA e nos países ibero-americanos.

La Fuente diz concordar expressamente com a visão sociológica e política de Tannenbaum, mas conclui que este exagerou na importância dada ao direito como fator de mudança social. La Fuente argumenta, por outra linha, afirmando que foram os próprios escravos que deram um sentido social concreto a direitos abstratos, pressionando o Judiciário e as autoridades coloniais portuguesas e espanholas, já que eram vistos e agiam como agentes autônomos com poderes legais, se bem que limitados Dessa forma, La Fuente discorda em prática do pensamento original de Tannenbaum, já que acredita que este "deu à legislação uma ação social que ela não possuía". Se os escravos ibero-americanos tinham acesso aos tribunais, o mesmo não aconteceu com os escravos no Sul dos EUA, que muito raramente (ou nunca) tinham acesso ao Judiciário.

A meu ver, no entanto, La Fuente opõe-se à essência do pensamento de Tannenbaum, de que os princípios morais e éticos das colônias ibéricas eram diferentes dos princípios britânicos. Creio que a diferença fundamental na Moral e no Direito no tocante à escravidão perpetuar-se-ia no marco legal americano pós-abolição por mais de um século com a segregação racial no serviço público, incluindo escolas e universidades, hotéis, salas de teatro e de cinema, transporte coletivo, banheiros e até mesmo bebedouros, em uma escala nunca vista nos países ibero-americanos. Mesmo após a abolição da escravidão no Norte em 1863, que só foi efetiva quando do término da Guerra Civil em 1865, os antigos estados escravocratas dos EUA, após dez anos da chamada "reconstrução", conseguiram manter um sistema de segregação que era quase tão duro como a escravidão praticada anteriormente. Na verdade, os Estados Unidos somente terminaram a segregação nas escolas e universidades em 1954 e os direitos civis plenos da população negra somente foram obtidos na década de 1960 pela ação de Martin Luther King, com forte apoio dos presidentes Lyndon Johnson e Richard Nixon.

No entanto, o debate sobre essa diferença entre a legislação americana e a ibero-americana não terminou. Como se explica então que os negros americanos foram tratados institucionalmente (até mesmo dentro das igrejas protestantes) diferentemente dos negros ibero-americanos? "Na América inglesa, as leis e os costumes racializaram a escravidão e reduziram o escravo ao *status* de *chattel*, sem direito de ter família ou comprar a própria liberdade".

Mas o que é *chattel*? Para o clássico dicionário jurídico americano Burton (1980), o conceito de *chattel* é claríssimo, significando bem, mercadoria, commodity, propriedade. O site *Law.com* (2015), especializado em termos jurídicos, é ainda mais duro quando define o termo mencionando-o pelo seu oposto: qual seja, um item de propriedade pessoal que se move, distinto de propriedade imobiliária (terra e benfeitorias), que não se movem. O *Aurélio Século XXI*, em português, arrisca-se a definir o *chattel* como um objeto com existência física, que se move, ou seja, um semovente. Trata-se de uma definição horrível que elimina a qualidade humana do escravo, tornando-o uma coisa, algo ainda pior que um animal. O escravo é um bem em termos econômicos, como se fosse uma ferramenta qualquer. Esta interpretação é algo que jamais existiu no direito português, no espanhol e nos países hispanófonos da América. Tampouco existiu no direito do Império do Brazil à época da escravidão.

Winn (2010) (2010) arremata que a visão de Tannenbaum acerca da escravidão nos EUA, de ser bem distinta cultural e juridicamente da escravidão ibero-americana, foi atacada por jovens intelectuais brasileiros de influência marxista (muitos dos quais se tornaram renomados intelectuais), que a consideravam fundamentalmente errada, por terem uma visão materialista da história em detrimento de uma interpretação culturalista. Eles duvidavam que o Brasil fosse uma *democracia racial* cuja escravidão fora mais benevolente do que nos EUA. Não encontrei em Tannenbaum o termo *democracia racial* mencionado por Winn (2010), nem acredito que o primeiro, sofisticado como era, mencionaria um termo tão radical e tão pomposo. Se há democracia racial, há também democracia de gênero, democracia de riqueza, ou simplesmente democracia no Brazil imperial? É claro que não, o Império tem tantas restrições à liberdade que não é nada disso. No meu ver, o uso do termo *democracia racial* é, em português claro, uma gozação, um escárnio para desmoralizar o debate sobre racismo no Brasil.

Gilberto Freyre é um escritor cuidadoso, e o exame de seu livro mais importante, *Casa grande & senzala* (1933), indica que jamais utilizou o termo *democracia racial*. Mas, em uma entrevista de 15.03.1980 à jornalista Leda Rivas, Freyre, conforme mencionado pela Wikipédia, dizia que "O Brasil... é o país onde há uma *aproximação à democracia racial* [o itálico é meu], quer seja no presente, quer seja no passado". Ou seja, há uma aproximação, mas não há democracia racial. Gilberto Freyre mostra nessa mesma entrevista as contradições da democracia na Grécia antiga e nos EUA do século XIX, que conciliam suas democracias com escravidão, e na Suíça, onde até pouco atrás o voto feminino não era permitido, e esses territórios são claramente democratas. Por causa disso, talvez, Florestan Fernandes (1965), um intelectual de primeira, fala em "mito da democracia racial", e não em democracia racial, apenas. Esta não existe, mas o mito sim.

Um dos "jovens intelectuais de influência marxista" a que se refere Winn (2010) deve ter sido Octavio Ianni e principalmente o próprio Florestan Fernandes, que, em sua obra *O legado da raça branca* (1964), tem um capítulo preciso e devastador sobre o mito da "democracia racial" (em que ele quase sempre antecede "democracia racial" pela palavra "mito" e sempre escreve "democracia racial" ou "mito da democracia racial" com aspas).

O uso de aspas em "democracia racial" permite a Florestan Fernandes discutir um tema que não é a democracia racial supostamente vigente no país, mas sim uma imaginação, uma construção que não é testada empiricamente em momento algum com o mundo real. Desta maneira, a "democracia racial" nada tem a ver com a democracia racial que estaria vigente no Brasil, esta jamais existiu aqui, e muito menos o seu mito. O mito existe quando a realidade é tão avassaladora que se torna comum no dia a dia. O mito é o óbvio ululante de Nelson Rodrigues. Tony Judt (1998) notou algo semelhante quando criticou um livro de Vesna Goldsworthy sobre os países balcânicos, em que este usava sistemático a palavra "Balcãs" entre aspas e não Balcãs, dizendo desta forma, no entender de Judt, não ser responsável pela realidade dos países dos Balcãs, e sim por um "Balcãs" por ele construído. O mesmo comportamento é o de Florestan Fernandes com uma "democracia racial" de sua invenção, e a realidade de uma democracia racial que é inexistente e que ninguém ousaria dizer que existia.

Desta forma, a "mistura de construcionismo e ironia", para usar as palavras de Judt (1998), protege o autor de quaisquer acusações de uma leitura imprecisa sobre a realidade. Do mesmo modo, Joseph Schumpeter, discutindo os instrumentos fundamentais para análise econômica, usa em seu *History of Economic Analysis* (1954) o termo *"Theory"* sempre entre aspas, que é a teoria de sua construção e não a teoria ou teoria econômica dos demais economistas.

Florestan Fernandes é claro e diz-nos muito da realidade econômica e social do negro na sociedade brasileira em *A integração do negro na sociedade de classes: no limiar de uma nova era* (1965), em que examina casos concretos de preconceitos e discriminação racial. Para ele, neste livro clássico, não existe democracia racial, daí ter utilizado o sarcasmo e a ironia da "democracia racial" com aspas. Fernandes conclui, com uma precisão única e admirável que nos dá inveja, em *O legado da raça branca*, que "o referido mito converteu-se numa formidável barreira ao progresso e à autonomia do 'homem de cor' – ou seja, ao advento da democracia racial no Brasil". É de Florestan Fernandes a conclusão realista de que "o teste fundamental de uma filosofia radical democrática repousaria no modo de lidar com os problemas suscitados pela destituição do trabalho escravo pela desagregação das formas de trabalho livre vinculados ao regime servil e, principalmente, pela assistência sistemática a ser dispensada à 'população de cor'".

Essa "assistência sistemática" somente começa a ser feita com o início das cotas para estudantes negros na Universidade do Estado do Rio de Janeiro (UERJ), em 2002, e nas universidades federais, com a Universidade de Brasília (UnB), em 2004, em um processo iniciado pelo vice-reitor Timothy Mulholland, que seria paulatinamente estendido a quase todas as universidades federais (eu próprio sugeri uma adaptação do sistema americano de ação afirmativa ao Brasil em 2001 em um artigo "Por uma política Anti-Preconceito", publicado na *Revista de Conjuntura do Conselho Regional de Economia do DF* em 2001 (vol. 2, nº 7, out./dez.).

Florestan Fernandes tem para o negro, em 1965, a mesma visão de Simone de Beauvoir sobre a mulher em seu *O Segundo Sexo*, de 1949, que preceitua que a independência feminina somente será concretizada quando a mulher participar plenamente em igualdade de condições ao homem na mão de obra ativa.

O meu colega Flávio Versiani, comentando o texto do autor em 27.08.2016, nota que preto é sinônimo de negro e "pardo é outra coisa e que é ilógico subsumir essa categoria em 'negro'". E nota que pardo no Norte e no Nordeste seria mais comumente descendente de indígenas. São argumentos poderosos, mas a autodesignação *negro* parece ser a preferida pelos pretos e pardos e deve ser respeitada, conclui Versiani.

George Reid Andrews (1991) tentou introduzir *Afro-Brazilian* como também tentou introduzir *Afro-Argentinian*, mas sem maior impacto nas línguas das respectivas sociedades. Na Universidade de Brasília, há pelo menos uma menção ao termo *afrodescendente* em uma placa no edifício Masc Norte (2012), conhecido como "Amarelinho", homenageando Ieda Santos Delgado (1945-1974), ex-aluna da UnB, assassinada em 1974 pela ditadura militar. Porém o termo não virou de uso corrente: a UnB tem um "Centro de Convivência Negra" (2006) e um "Diretório Negro" (2017) informal dos estudantes. Neste trabalho, conforme visto, estou utilizando os termos *preto*, *pardo* e o seu conjunto como *negro*.

É de Florestan Fernandes a observação de que "os próprios negros e mulatos preferiram nas primeiras manifestações de autonomia – através de movimentos reivindicatórios – a autodesignação contida na palavra negro". Adoto esta mesma visão neste trabalho, muito embora conforme visto no capítulo anterior os negros brasileiros preferem ser conhecidos como morenos.

Voltando a Tannenbaum, sua posição até hoje é sujeita a polêmica. Katia M. de Queirós Mattoso (1982), no prefácio à sua segunda edição de *Être esclave au Brésil XVIeme-XXeme siecles*, diz que "o sistema escravagista dos países católicos é mais doce que o dos países protestantes", afirmando que a diferença de tratamento é a de religião. "Doce" deve ter sido tirado de Gilberto Freyre, que usa "doçura" como o tratamento entre escravos domésticos e senhores nas grandes propriedades em *Casa-grande & Senzala*.

"Doce" também é o que Joaquim Nabuco diria figurativamente quando, em sua recordação de infância, a escravidão é "um jogo suave, orgulho exterior do senhor, mas também orgulho íntimo do escravo... existindo somente em propriedades muito antigas, administradas durante gerações seguidas com o mesmo espírito de humanidade".

O autor escreveu essas palavras originalmente em francês, a língua que lhe era mais cara, e tem, em suas palavras, "caráter mais íntimo"; a tradução *supra* é do próprio Nabuco. A visão de Katia Mattoso, de Nabuco e Freyre parece que é válida somente para a grande propriedade hereditária do ciclo açúcar, e não mais para as propriedades existentes no ciclo do café do século XIX, em que há bons e maus tratamentos de escravos, como mostra Ina Von Binzer em seu *Os meus romanos, alegrias e tristezas de uma educadora alemã no Brasil* (1887[1980]), em que menciona um fazendeiro de café na região de Vassouras, RJ, que trata muito mal seus escravos, como afirma a baronesa da fazenda, onde ensina francês a prof^a. Von Binzer, que tem como regra "maltratar seus negros", e que em caso de fuga "vão receber uma boa surra... e serão tratados com maior severidade".

É explícito que o escravismo é desumano: "com toda a crueldade, abuso, dificuldade e atos desumanos, o ambiente no Brasil e na América hispânica permitia a alforria". Tannenbaum é muito claro ainda quando diz que a diferença não é só de religião:

> No Brasil e na América hispânica, a legislação, a Igreja e os costumes colocavam poucas restrições no caminho da mobilidade vertical de raças e de classes e até certo

ponto a favoreciam. No escravismo britânico, francês e estadunidense a legislação tentou ajustar o padrão e estratificar as classes sociais e os grupos raciais. Mas a legislação falhou. A revolta haitiana, a guerra civil nos EUA e a abolição nas Índias Ocidentais Britânica são partes de um mesmo processo.

Em outro livro, *Ten Keys to Latin America* (1959), Tannenbaum reitera a crueldade da escravidão na América ibérica:

> Não digo que a escravidão não foi cruel, nem que no Brasil, Cuba, Venezuela ou no Peru, atos abomináveis e desumanos não eram cometidos contra escravos. Mas a crueldade era contra a lei, e punições fora do costume poderiam ser trazidas à atenção dos tribunais através de um reconhecido procurador legal dos escravos. A morte de um escravo era tratada como assassinato.

Para Tannenbaum, a escravidão na Ibero-América não foi doce. Pelo contrário, foi crudelíssima.

Em 1919, na Conferência de Paz em Paris, após a Primeira Guerra Mundial, o Japão sugeriu uma emenda ao preâmbulo da Convenção Constitutiva da Liga das Nações (LN), que dizia: "As partes contratantes... concordam que os cidadãos de um país quando em outro país da Liga tenham tratamento igual e justo dos nacionais sem distinção em lei ou em prática, por conta de raça ou nacionalidade".

Isso em 1919, quando o Japão é um país vencedor da Primeira Guerra, um aliado da Grã-Bretanha desde 1902, vencedor de uma guerra contra a China em 1895, quando adquiriu Taiwan e uma posição dominante na Coreia (que anexou em 1910) e mais ainda o vencedor de guerra contra a Rússia em 1905, derrotando as suas duas esquadras, a do Pacífico e a esquadra vinda do Mar Negro, e vencendo a Rússia também na Sibéria, sendo assim a primeira vez que um país "amarelo" derrotou um país "branco". A cláusula *supra* foi atenuada pela delegação japonesa ao fim da Conferência de Paz para um genérico "princípio de igualdade entre as nações e tratamento justo de seus nacionais". A proposta foi aprovada por maioria dos países, com o voto contrário da Grã-Bretanha, mas o presidente da Conferência, o presidente Wilson, dos EUA, simplesmente mentirosamente disse que, como havia "fortes objeções", a emenda não seria aceita. Os japoneses e os demais países optaram por não desafiar a posição de Wilson e a emenda não passou para o preâmbulo do Convênio Constitutivo. Ficou claro que a igualdade racial era tabu nos EUA, mesmo após a sangrenta guerra civil de 1860-65 e até certo ponto no Império Britânico (principalmente em Canadá, Austrália e África do Sul).

Conforme Bass (2023) menciona o eminente historiador John Dower mostra que a II guerra mundial contra o Japão foi magnificada pelo ódio racial americano; ainda em 1923 Franklin Roosevelt defendia que os japoneses e seus descendentes nos EUA não deveriam ter os direitos dos brancos de cidadania e de propriedade. Quem sabe se uma atitude anti racial de Wilson em relação aos japoneses teria evitado Pearl Harbor e a participação do Japão na II Guerra Mundial? Wilson era um tremendo racista e quando presidente determinou que o funcionários públicos do serviço público americano até então neutro em cores voltasse à regra antiga de separação por cor. Somente Truman anos mais tarde ordenou a integração dos negros nas forças armadas americanas e como resultado temos hoje muitos oficiais generais negros nos EUA.

La Fuente (2000) enfatiza que, na colônia de Cuba, a abolição da escravidão se deu concomitantemente com a sangrenta guerra de independência, tentando assim contradizer, em pelo menos um caso, a abolição pacífica da escravidão sugerida por Tannenbaum para a América ibérica. Mas, na verdade, acredito que a abolição em Cuba se mistura com sua guerra de independência da Espanha. Quer dizer, a abolição não é necessariamente belicosa, mas a independência da colônia de Cuba sim.

Pode-se arguir, em oposição a La Fuente, que a colônia cubana era muito mais rica que as outras colônias hispano-americanas: era também a última colônia importante da Espanha na América (Porto Rico é menor e mais pobre e já era uma possessão americana após a guerra EUA-Espanha), que se tornava um império em decadência depois da independência de suas colônias no resto da América. Cuba era de fato riquíssima, e aí, mais do que nunca, o colonialismo espanhol tentou lutar contra a sua independência. O jovem imperialista Winston Churchill, que visitou a colônia acompanhando a tropa espanhola que lutara contra a guerrilha, descreveu magistralmente e com desdém a guerrilha de independência cubana na imprensa britânica. Foram os americanos que forçaram uma guerra com a Espanha em 1898, o que acabou dando independência a Cuba, após anos de ocupação e de protetorado americano.

A história é diferente na península ibérica e nas ilhas britânicas. Independentemente de razões morais, há razões históricas para as diferenças entre iberos e britânicos. Tannenbaum, em seu *Ten Keys to Latin America*, dá uma explicação bem clara sobre a razão histórica de os ibéricos europeus não terem preconceito racial contra o negro: "Como resultado de muitos séculos de guerras com os mouros, se não por outras razões, a sociedade espanhola aceitou a escravidão como normal, embora tivesse desaparecido há muito tempo na Europa Ocidental. Na época que o negro foi trazido para a Espanha, havia escravos mouros, escravos judeus e até mesmo alguns espanhóis nativos eram escravos".

Acrescento que os povos ibéricos estiveram dominados pelos mouros por nove séculos, no caso dos espanhóis, e seis séculos, no dos portugueses (vide Box 2). A dominação é longa e quase sempre pacífica: espanhóis e portugueses eram os colonizados, os subjugados sob um domínio mouro (os mouros eram brancos, pardos e pretos, do ponto de vista europeu). Mais ainda, dada a ausência de preconceito racial entre os muçulmanos, por muitas ocasiões o negro muçulmano deve ter se encontrado em posição de mando, de autoridade em relação aos povos brancos da Península Ibérica. Assim, na cabeça dos iberos brancos, o negro pode lhes ser superior, o mesmo não acontecendo com os britânicos, que jamais foram dominados por negros.

O Islã é de uma clareza a toda prova no Capítulo 49, verso 13, do Alcorão: "Ó humanos, em verdade, nós vos criamos de macho e fêmea e vos dividimos em povos e tribos, para reconhecerdes uns aos outros. Sabei que o mais honrado, dentre vós, ante Deus, é o mais temente. Sabei que Deus é Sapientíssimo e está bem inteirado" (conforme tradução do Instituto Brasileiro de Estudos Islâmicos).

The Quran Foundation (2015) é muito firme quando informa, sob o título "Comando para seguir um líder negro se ele for um líder" [*Command to follow a black leader if he is capable*], "Se alguém é uma pessoa de distinção não é por causa de sua raça ou genealogia". Em seguida cita: "Ó meu povo! Temei a Deus, e mesmo que um negro com as orelhas divididas se torne seu príncipe, ouça-o e obedeça-o desde que ele governe segundo o livro *Divino*. [*Oh you people! Fear Allah, and even if a Black with a split ear is made your ameer, listen to him and obey him provided he governs according to Allah's Book*]".

Observe-se a condescendência do texto com o negro e com a deficiência física. Finalmente, note-se que a tentativa de coexistência entre muçulmanos e cristãos com os últimos em situação de comando não deu certo após a conquista de Granada.

Box 2. A expulsão dos mouros da Península Ibérica em 1492-1609

A invasão moura na Península Ibérica começa em 711, quando o general muçulmano Tariq Ibin Ziyadcruza cruza o estreito de Gibraltar com 7 mil soldados bérberes. Os conquistados cristãos deram o nome aos conquistadores de *mouros*, do latim *mauri* ou *maurisai*, como os romanos chamavam os povos habitantes da atual República da Mauritânia e de outros países do Norte da África. Portugal ficou independente mais cedo que Castela, tendo conquistado o último reino muçulmano em terras portuguesas, o de Algarve, em 1248. Costuma-se colocar a independência de Portugal no reinado de Dom Afonso II (1211-23), que foi, no dizer de José Mattoso, o fundador do país como organismo político e com uma autoridade a que mesmo os "poderes senhoriais tinham de se sujeitar, independentemente de compromissos recíprocos de vassalidade" conforme mostra Carr (2009).

O último reino mouro na Europa, Granada, foi conquistado em 1492 por Fernando de Aragão e Isabel de Castela, que, casados em 1469, promoveram a união dos reinos hispânicos em 1479, conforme García de Cortázar e González Vesga (1994), quando, a partir daí, se costuma falar em "Espanha", e não mais em Castela. A história dos mouros na Espanha, porém, não termina com a queda de Granada, já que ainda havia muitos mouros por toda a Espanha. Em Aragão, como no resto de toda a Ibéria, boa parte dos mouros foi convertida à força, e Carlos I, o primeiro imperador do Sacro Império Romano, que se torna o rei da Espanha, e que chega em 1519, da Áustria, para clamar sua herança genealógica, forçou a conversão dos muçulmanos de Aragão em 1520-26, tendo obtido até mesmo dispensa do Papa Clemente VII para converter os muçulmanos à força em 1525.

Em 1526, o novo imperador, Carlos I, parecia que conseguiria a tarefa quase que impossível de erradicar o islamismo e simultaneamente reter a mão de obra moura, tida como mais eficiente e trabalhadora que a cristã, mas não conseguiu. Não devemos nos esquecer de que os séculos XVI e XVII foram complicadíssimos do ponto de vista de perseguição religiosa. Por exemplo: os católicos eram perseguidos na Inglaterra anglicana, os protestantes huguenotes, perseguidos na França, e as diversas denominações protestantes perseguidas nas centenas nações germânicas existentes no Sacro Império Germânico. Mas a supressão dos mouros na Espanha era pior, já que visava eliminar uma minoria étnica, de costumes e tradições diferentes da maioria cristã. A perseguição lembra muito os *pogroms* anti judeus de 1392-1412, que culminaram com a expulsão dos judeus em 1492 da Espanha e em 1496 de Portugal.

Box 2 (cont.)

> Os mouros, quase todos não árabes, acabaram expulsos pelo imperador Felipe III em 1609 e tiveram um prazo de três dias para abandonar o território espanhol em direção à África do Norte (os mouros católicos que tinham já recebido a comunhão foram autorizados a permanecer, e mulheres muçulmanas casadas com cristãos, também; seis em cem casais de mouros poderiam permanecer para manter a produção agrícola e ensinar suas técnicas mais avançadas aos cristãos). A expulsão levou, na verdade, cinco anos para terminar, e 300 mil muçulmanos foram expulsos para a África, equivalentes a 5% da população espanhola, segundo Carr (2009), ou de 2% a 4%, segundo García de Cortázar e González Vesga (1994).

A Escravidão no Império do Brazil era mais dura que nos Estados Sulistas dos EUA

Conforme Versiani (2007), o número de escravos por proprietário é baixo, em Minas, nas diferentes fases do ciclo minerador, no censo de 1804, na Bahia em 1816-17, na província de S. Paulo (fins dos séculos XVIII e primeiras décadas do século XIX) e em Pernambuco no século XIX. Bem antes do século XVIII, como seria o número de escravos por proprietário no ciclo do açúcar, nos séculos XVI e XVII? No dizer da *História econômica do Brasil, 1500/1820*, de Roberto C. Simonsen, "Nunca teve o país uma tão grande produção e exportação 'per capita'". São exatamente os séculos XVI e XVII, no Nordeste brasileiro, que são os responsáveis pelas afirmações de Gilberto Freyre de uma escravatura "branda".

Versiani considera que há "uma relação inversa entre o tamanho dos plantéis e o custo do monitoramento". Mas o que é relevante para a teoria econômica não é o custo médio, que está embutido nesta discussão, mas o custo e a receita marginais do escravo.

Parece-me que o empresário utilizaria monitoramento até o ponto em que a receita marginal do produto do escravo seja igual ao seu custo marginal, ou seja, comparará os custos marginais de alojamento e alimentação, e da coerção, com a receita marginal do escravo. O feitor na grande propriedade é um profissional bem treinado e competente e age de modo a maximizar a receita com um mínimo de brutalidade, já que esta inutiliza o escravo e reduz sua eficiência. A coerção "mais frequente" na grande propriedade, conforme mencionado em Versiani (2007), não parece ser uma hipótese realista, porquanto o feitor competente dosará a coerção conveniente, de modo a evitar danos físicos e morais ao escravo que poderiam reduzir sua produtividade.

Assim, a afirmação de Freyre é resolvida, e chego às mesmas conclusões de Versiani, que fala em escravidão "branda" para os grandes proprietários "afidalgados".

Freyre diz que alguns senhores de engenho consideravam os escravos como máquinas; e outros, como pessoas. É importante também a citação de Freyre em que diz que "o senhor pobre, quando ambicioso ou sôfrego da ascensão social ou econômica procurava extrair o máximo dos poucos escravos a seu serviço". Ou seja, Freyre sugere que, para os pequenos plantéis (que seria o caso dos senhores pobres), o senhor usa de forte coerção. No meu entender, nos grandes plantéis, usar-se-ia a forma racional, segundo a lógica da maximização dos lucros pela dosagem adequada das punições e dos incentivos do feitor, de maneira "branda".

A questão é, portanto, os números de escravos por proprietário. Simonsen (1937), citando Frei Vicente de Carvalho (1627), diz que no Nordeste há 190 engenhos de grande porte (e 40 na província do Rio de Janeiro) e que o resto é miúdo, chamado, talvez depreciativamente, de engenhocas por Antonil (1711). Os engenhos de grande porte, ditos reais, teriam 150 a 200 peças, conforme Antonil — que passou de oito a dez dias em um desses engenhos, para melhor estudá-lo, conforme citação em Simonsen (1937). A escravidão "branda" de Freyre aplica-se somente aos escravos das 190 famílias milionárias no Nordeste brasileiro e aos 40 milionários fluminenses, em comparação aos de pequenos plantéis, rurais ou urbanos. A brandura aplica-se, nas palavras de Nabuco, somente para a grande propriedade hereditária do açúcar no Nordeste. O tratamento "brando" é uma exceção no auge da escravidão no século XIX, com os barões do café, arrogantes e maximizadores de lucro, nas províncias do Rio de Janeiro, São Paulo, Minas Gerais e Espírito Santo.

Há várias interpretações que permitem concluir que a coerção foi brutal para os pequenos plantéis rurais e urbanos que são os mais abundantes Primeiro, pela teoria econômica de maximização de lucros. Para os pequenos plantéis, a forma mais abundante para a totalidade dos escravos rurais, não há feitores bem treinados, de modo que a coerção tem que ser brutal: pode-se hipotetizar que é feita pelo próprio proprietário que é mais treinado em administrar sua fazenda ou sua residência para aumentar sua renda do que em aplicar cientificamente a coerção: ali os excessos seriam claros, ou que simplesmente manda o escravo para os horrores de uma casa de correção.

Segundo, pela má experiência internacional do Império com imigrantes. Em 1859, a Prússia, então o mais importante Estado germânico fora da Áustria-Hungria, cancelou a legislação anterior, de 1853, que permitia o transporte de emigrantes por empresas de navegação alemãs concessionárias de licença de transporte de emigrantes para o Brasil. Ficou claro que a razão do cancelamento foi a "má condição de trabalho, inaceitável para os emigrantes alemães, em grandes fazendas e em construção de estradas". "Estas condições", continua o preâmbulo, "foram objeto de reclamação de pelo menos dois viajantes, o suíço Von Tschudi e de Ave-Lallemant o que implicou na nova legislação de 1859". Não se trata de uma proibição de emigração de prussianos para o Brasil, mas o preâmbulo da lei prussiana de 3.11.1859 é claro: a "lei foi baixada devido ao número crescente de relatórios e de queixas sobre a triste situação dos emigrantes germânicos no Brasil". O preâmbulo da lei nota, ainda, que "já fora proibido contratos das empresas de navegação com emigrantes que são incapazes de pagar *a priori* seu transporte e que pagariam somente após trabalhar no Brasil". Em práticas, a emigração alemã foi assim proibida para o Império.

Também segundo documentos diplomáticos obtidos pelo *Estadão*... [verificou-se] a emissão de um decreto proibindo os suíços de emigrarem para o Brasil". Por sua Viotti da Costa (1966) nota que o Conde Meaux, em 31.8.1875, em nome do governo francês, "proibia terminantemente a emigração para o Brasil". Na Itália, o jornal *Il Secolo* de 23 e 24.09.1875, afirma Viotti da Costa, fala em "comércio de carne humana" no Brasil para dissuadir os italianos a emigrarem; posição similar encontra-se na *Gazeta de Trento*, do Tirol, em que há uma proclamação do clero visando impedir a emigração de tiroleses para o Brasil (*idem*).

Logo, os fazendeiros e empreiteiros brasileiros deveriam tratar muito mal os emigrantes europeus. Tratavam-nos possivelmente como tratavam os escravos: com maus-tratos. Não há registros de proibição semelhantes nos dois países mais importantes para os emigrantes alemães e suíços, que são os EUA e Argentina.

Box 3. Escravos suíços no Império do Brazil em 1857

O futuro colono suíço e professor Thomas Davatz, do Cantão dos Grisões, recebeu em 09.03.1857 instruções claras da Comissão Diretora Municipal do Cantão para organizar um "relatório" tanto quanto possível exato e escrupuloso sobre as questões dos emigrantes suíços ao Brasil com a firma Vergueiro & Cia., do Senador Vergueiro, e ele cuidadosamente o fez. Além disso, enviou queixa ao cônsul suíço no Rio de Janeiro mostrando os erros e má-fé das empresas de colonização e das autoridades brasileiras. O relatório também foi enviado ao Conselho Federal da Suíça e para as autoridades da Prússia, da Baviera, de Hanover e de outros oito estados germânicos, donde eram provenientes os colonos de língua alemã. O relatório foi muito firme, mostrando que o "colono europeu só vale mais que o negro africano porque proporciona lucros maiores e custos menores, para os empresários e os proprietários das colônias".

"Em seu orgulho balofo, eles encaram os colonos europeus com o desprezo que tratam os negros escravos e acham inconcebível o fato de nós os colonos nos termos agitado e clamado por uma sindicância". Davatz conseguiu regressar ao seu país, onde escreveu o livro *Memórias de um colono no Brasil*, em alemão (impresso em Chur, 1858). O livro foi descoberto por João Fernando de Almeida Prado, que o trouxe para o Brasil, onde foi traduzido a pedido da Comissão Editorial da Universidade de São Paulo (USP) em 1942 (uma reedição conjunta da livraria Martins Editora e da Editora da USP foi feita em 1972). Davatz é cuidadoso com a menção da equivalência falsa das unidades de peso, de preços de mercadorias e taxas de câmbio utilizada , para enganar o colono. Tem um capítulo fascinante, "O levante pacífico do colono contra seus opressores", de modo a permitir que o colono conseguisse escapar de sua posição como "escravo branco" no sistema de parceria instituído pelo senador Vergueiro.

No citado livro, diz-se que, uma vez que não havia fiscalização alguma sobre os gastos e receitas de Vergueiro & Cia., esta tinha total liberdade em colocar as cifras de compras e vendas na caderneta de cada colono, que era o registro do relacionamento da empresa e do colono. Ainda mais, o colono é solidariamente responsável por todos os outros colonos e " o montante da passagem, sustento e auxílios recebidos, vencerão também os juros legais de 6%" (Art. 5° do contrato); para retirar-se, o colono deveria avisar a empresa com um ano de antecedência ou pagar uma multa de 50 milréis (equivalente em poder de compra atual a 3.500 dólares, quantia altíssima mesmo para os padrões do século XXI) por pessoa, no caso de abandonar a colônia sem pagar dívida ou antecipar a declaração de sua intenção (Art. 8°). O contrato podia ser transferido para qualquer outro fazendeiro (Art. 10°), "todas as dúvidas que ocorrerem entre os contratantes deveriam ser resolvidas perante a autoridade competente do país, sem demais formalidades nem recurso de apelação" (Art. 9°). Pior ainda, no caso da morte de um colono, a dívida seria herdada pelos demais membros da família, mesmo que fossem crianças.

Box 3 (cont.)

> Não houve uma revolta física, mas uma revolta pacífica em que Davatz, que inicialmente foi um colono e depois professor na escola da fazenda, teve o desplante (na visão de Vergueiro & Cia.) de se queixar às autoridades da província de São Paulo e a numerosas autoridades estrangeiras. Davatz foi evidentemente ameaçado de morte enquanto estava na fazenda e só conseguiu escapar porque sua residência foi fortemente vigiada pelos colonos: a solução de Vergueiro foi liquidar o contrato de colono de Davatz e dar uma autorização que permitisse sua saída do Brasil. O próprio consulado pagou a passagem de volta de Davatz e de seus familiares, e não a empresa do senador Vergueiro.

Terceiro, pelo excesso de rigor e violência do marco jurídico imperial em relação aos escravos. Holloway (1993), um historiador americano de grande precisão, que escreveu sobre a polícia no Rio de Janeiro no século XIX, comparou as penas para escravos dos EUA e a do Brasil e conclui que a do Brasil é mais pesada, com penalidades maiores para crimes semelhantes. Nos EUA boa parte das penas dos escravos era paga em moeda ou por um pequeno número de açoites. Mas, no Brasil, diz Holloway: "As penas eram brutalmente severas, por menores que fossem as infrações... Se a escravidão no Brasil patrimonial e católico era mais branda do que nos Estados Unidos, tal diferença dificilmente se estenderia aos castigos impostos, aos escravos urbanos por pequenos crimes".

Quarto, há claro descaso com o caráter humano do escravo. Há uma imagem artística, que fala mais do que quaisquer palavras, uma gravura clássica que mostra duas crianças em um meio rural, parecendo ter 4 a 5 anos, brincando em uma aparente inocência de cavalinho e cavaleiro. O cavaleiro é uma criança branca, com um rosto de satisfação e tem um pequeno chicote em que golpeia, e o cavalinho, representado por uma criança negra, assustada ou mesmo aterrorizada com a situação. O abuso é claro, o mau trato é claro, a deformação do branco já existe aos 4-5 anos, e o medo do escravo também. Se houvesse tratamento brando do escravo, esperar-se-ia que houvesse outra gravura, com as posições revertidas com o negro como cavaleiro e o branco com cavalinho: é claro que tal gravura não existe.

O bom senso indica que os escravos urbanos são mais maltratados que os rurais, pela completa ausência do feitor profissional no local de trabalho: suas funções são substituídas pela polícia ou pelo próprio amo. O tratamento dos escravos na capital do país, e a cidade mais rica do Império no século XIX, conforme será visto adiante, foi claramente brutal. As numerosas casas de correção, os pelourinhos urbanos em todas as grandes cidades brasileiras indicam que a coerção é fortíssima, sugerindo que, à falta do tratamento profissional e competente do feitor da grande propriedade rural brasileira, usa-se e abusa-se da coerção.

É claro que, nos séculos XVI e XVII, os 190 milionários rurais nordestinos e os 40 "ricaços" senhores de engenho da província do Rio de Janeiro possivelmente tratassem seus escravos "brandamente", se bem que a professora prussiana que ensinou em Vassoura, RJ, tenha ouvido o contrário, conforme visto, mas o número é irrelevante, dada a massa de escravos urbanos. O que se têm nas cidades, no entanto, são viúvas e comerciantes que ganham a vida com a propriedade de um ou dois escravos aterrorizados e que usam e abusam da coerção oficial para mantê-los na linha.

Há cinco razões que me induzem a concluir pelo brutal tratamento dos escravos urbanos. Primeiro, há uma produção historiográfica que indica uma alta taxa de mortalidade dos escravos urbanos. Na introdução da edição brasileira (1987), Karasch chama de "mito a tese de Freyre de "senhores benevolentes cujo tratamento suave tornou o fardo dos escravos brasileiros no Brasil menos pesado que os cativos da América do Norte", e acrescenta que as teorias se baseavam nas "invenções de antigos defensores e apologistas da escravidão brasileira". E Karasch conclui "Eu acrescentaria que elas [as teorias do tratamento suave] derivavam também da opinião de muitos viajantes que passaram rapidamente pelo Rio e falaram de escravos bem vestidos de cariocas abastados" (*idem*). São esses poucos abastados urbanos que abrigam os visitantes estrangeiros ilustres e que tratam bem seus escravos; são pessoas como o Barão de Mauá, raros no Império do Brazil. Se os escravos urbanos fossem bem tratados, sua taxa de mortalidade deveria ser semelhante à das pessoas livres. Como o preço do escravo adulto é muito baixo comparativamente a sua produção, é mais vantajoso para os donos de escravos tratá-los mal e até mesmo matá-los de maus-tratos do que esperar que eles cheguem à idade adulta. Ela cita diversos autores que têm dados de mortalidade de escravos no Rio de Janeiro e conclui que "quando nos voltamos para as estatísticas do final da década de 1840 há uma taxa de mortalidade consistentemente mais alta para os escravos, exceto em 1850 e 1851, quando a febre amarela atacou os imigrantes europeus com grande severidade".

Karasch acresce que a taxa de mortalidade dos escravos devia ser ainda mais alta que a das estatísticas oficiais, uma vez que "muitos deles eram sepultados fora dos cemitérios e que em 1840 a taxa é baixa devido à omissão das mortes dos escravos na Santa Casa". À época, como atualmente, a Santa Casa administrava todos os cemitérios do Rio de Janeiro e, portanto, seus dados incluem todas as mortes devidamente registradas. Os dados por ela obtidos de mortalidade infantil na Santa Casa de Misericórdia do Rio de Janeiro são taxativos mostrando a mortalidade infantil de escravos que "supostamente tinham uma vida suave". "No Rio, morria-se muito mais do que se nascia", diz Karasch, e conclui: "poucos eram os escravos que podiam esperar uma vida longa aos cuidados de senhores 'benevolentes'".

O péssimo tratamento aos escravos encontra-se presente na produção cultural da época. Machado de Assis, em *Memórias póstumas de Brás Cubas*, escreve que Quincas Borba, o narrador da história, nota com tristeza e desencante que um ex-escravo alforriado por Brás, dono do escravo Prudêncio, pune seu escravo com um chicote em praça pública. Depois de breve espanto, Brás pede para que pare com aquilo, no que é atendido. O ex-escravo, agora dono de escravo, tratava outro ser humano como animal, já que era a forma como quase todos os escravos eram tratados anteriormente. Segundo Malheiros (1866), o liberto devia considerar-se legalmente como parte da família do manumissor e não lhe poderia ser ingrato, sob pena de perder sua liberdade. Daí Prudêncio ter obedecido prontamente a Brás Cubas.

Observadores internacionais registraram a violência nas casas de correções nos meios urbanos. No *Brazil and the Brazilians* de Kidder (1857), um livro quase que oficial, e pouco conhecido no Brasil, que contou com o apoio da diplomacia brasileira e da americana, ambas representantes de países então escravocratas, lê-se:

> Uma parte da Casa de Correção é utilizada para açoitar os escravos que são ali enviados por desobediência ou por pequenas faltas. Eles são recebidos a toda hora do dia ou da noite e são ali retidos pelo tempo que os seus senhores quiserem. Seria notável se cenas de *extrema crueldade não* [o itálico é do autor] *ocorressem* algumas vezes nesses lugares.

As viúvas e os pequenos comerciantes usam e abusam dos meios oficiais para manter os escravos na linha. Acrescento que Kidder não foi um visitante casual no Brasil. No seu depoimento inicial, diz que percorreu mais de 3 mil milhas no Brasil para atualizar os numerosos mapas do livro que escrevia.

No geral, a escravidão nos EUA foi mais leve que a brasileira. Celso Furtado, em *Formação econômica do Brasil* (1959), chega a falar de "fazendas de procriação de escravos" nos EUA, embora diga que não há evidência sobre o assunto, mas sugere que a escravatura americana foi mais branda que a brasileira, já que fazendas desse tipo supõem estabilidade da família, e certa ordem social que não existia no Brasil. Furtado tem razão e há alguma evidência recente que estas fazendas existiram decorrentes do alto preço dos escravos nos EUA já que o país aboliu o tráfego negreiro bem mais que no Império do Brazil e a demanda de escravos para as fazendas de algodão e fumo era forte. Esta evidência é agora disponível por artigos de fazendeiros de criação de pessoas negras e por depoimentos de orais de escravos e seus filhos gravados por pesquisadores na primeira metade do século XX. São realmente tenebrosas as observações de ex-escravos: uma delas reportada por S. Ashley (2012) dizia que um senhor de escravos colocava em um galpão fechado durante todo o fim de semana adolescentes negros de 13 a 15 anos, simplesmente para procriarem e que em um caso daí nasceram 60 crianças. Mais tenebroso e repugnante é um artigo escrito em 1830 escrito por Thomas Backshear, de Orange, Virgínica, descoberto recentemente nos arquivos da família, que traduzido ao português seria *A seleção e a gestação de escravos negros* que objetiva mostrar as "*considerações necessárias para a criação de um estoque de alta qualidade de gestação de negros* " (p. 2) e menciona que fazendas da espécie existem em Maryland, Virgínia, Kentuchy, Carolina do Norte e Carolina do Sul.

No Império não se segue a evolução do regime escravista para um sistema mais brando, como ocorreu em Roma. No clássico *The History of the Decline and Fall of the Roman Empire*, Gibbon (1776) assinala os pontos principais da escravatura romana, após o período de conquista romana, quando "a fonte de suprimentos estrangeiros passou a fluir com menos abundância". O texto fala explicitamente em método "mais brando, porém mais tedioso de propagação", sendo encorajado o casamento de escravos; os direitos de vida e morte sobre os escravos foram retirados das mãos privadas e reservadas aos magistrados. Aboliram-se prisões subterrâneas e, por queixa justa, o escravo injuriado podia obter liberdade ou pedir um amo menos cruel. Gibbon fala que "os escravos jovens de gênio promissor eram instruídos nas artes e nas ciências e muitos dos médicos romanos eram escravos"; e segue: "um liberto... deixou ao morrer 3.600 juntas de bois, 250.000 de gado miúdo e 4.116 escravos". Os romanos sempre manifestaram surpresas quanto ao espanto grego no que diz respeito ao bom tratamento de seus escravos, muitos dos quais médicos e arquitetos, ao contrário da brutalidade grega. Nada de semelhante a Roma ocorre no Império do Brazil, em que as fontes de suprimentos de escravos fluíram sempre com intensidade, para usar a linguagem de Gibbon, quer pela conquista territorial contínua pela compras de escravos africanos de reis africanos se fez sem dificuldades Recorde-se que a Conferência de Berlim que aprova a partilha da África pelos europeus, em que nenhum país africano foi convidado, é de 19xx , ou seja, até esta data a escravidão era vista sem maiores dificuldades dado a confusão proposital de legislações europeias contraditórias. Também não há escravos médicos ou arquitetos e tampouco milionários, e onde há terríveis calabouços subterrâneos no Rio de Janeiro para os escravos, além de pelourinhos nas grandes cidades do Império.

Verifica-se, portanto, que há uma gradação de coerção no escravismo brasileiro. Os grandes proprietários rurais e os poucos ricos urbanos, numericamente irrelevantes, tratam "docemente" os escravos, *à la* Freyre; os escravos dos pequenos plantéis dos meios rurais e os escravos urbanos são muito maltratados e são a maior parte da população.

Pode ser que os poucos escravos dos pouco ricos fossem bem tratados na colônia e no Império, mas eles eram poucos. A teoria econômica e a evidência histórica indicam que, para os plantéis pequenos e para os escravos urbanos, a forte coerção é a norma, uma vez que o amo simplesmente não tem condições de pagar um feitor para aumentar a receita eficientemente. Neste caso, dado que o escravo racionalmente produzirá zero na ausência de salário, a solução racional do amo é a coerção ao extremo, por ele mesmo ou com ajuda oficial.

A brutalidade ou brandura dos pequenos plantéis rurais e dos escravos urbanos é um ponto controverso na historiografia brasileira. Versiani (2007) argumenta que, à semelhança dos grandes plantéis rurais no Nordeste e dos escravos urbanos, o tratamento é também brando, uma vez que "não faz sentido usar coerção para obter a maximização de rendimentos [para esses escravos]. Para angariar de alguma maneira a boa vontade do trabalhador escravizado é [necessário] um incentivo positivo, algo como uma recompensa pelo trabalho prestado" (Comentários ao texto do autor de 27.08.2016).

Indo para a ciência política, José Murilo de Carvalho (2001), em *Cidadania no Brasil*, baseado em testamentos colhidos por Kátia Veloso, estima que 78% dos negros livres da Bahia possuíam escravos, o que denota uma alta difusão da propriedade escrava. E depois conclui: "Esses dados são perturbadores. Significam que os valores da escravidão eram aceitos por quase toda a sociedade. 'Tudo indica que os valores da liberdade individual, base dos direitos civis, tão caros à modernidade europeia e aos fundadores da América do Norte, não tinham grande peso no Brasil'".

Desta forma, o autor corrobora as visões de Debret e de Machado de Assis sobre a escravatura. Finalmente, José Murilo Carvalho enfatiza que o principal argumento a favor da abolição não foi a liberdade individual como direito inalienável, mas sim a "razão nacional... usada por José Bonifácio, que dizia ser a escravidão obstáculo à formação de uma verdadeira nação, pois mantinha parcela da população subjugada a outra parcela, como inimigas entre si".

A conclusão do moderno historiador germânico Osterhammel (2009) é de que a historiografia mundial ainda discute se a escravidão foi menos brutal na Íbero-América que no Caribe e no Sul dos EUA. Sua própria conclusão é que, sendo a mortalidade dos escravos mais elevada no Império, foi aqui mais brutal.

A alta difusão da escravidão urbana e em pequenas propriedades rurais sugere que os maus-tratos foram fortíssimos no Império. Não é à toa que a definição jurídica de *coerção* no Brasil, segundo o *Aurélio*, fala em força que emana do Estado soberano e *é capaz de impor o respeito à ordem legal* (o grifo é meu). Não há como chamar de brando o escravismo brasileiro. Indubitavelmente foi duro, foi duríssimo. Foi brutal!

Pode-se comparar a evolução dos cidadãos negros no Brasil por um dos poucos estudos sobre as atividades dos negros livres em 1831 realizado especificamente em Sabará e Campanha, dois municípios de Minas Gerais, mas bem distintos etnicamente. Seguindo Paiva e Klein (1997), o censo de 1872 diz que no Brasil existiam 4,2 milhões pessoas negras livres em contraponto à presença de 1,5 milhão de cativos, e leva-nos a investigar de que forma os negros livres foram integrados à população brasileira. Concluiu-se que os forros podem ser encontrados em todas as ocupações realizadas pelos brancos, exceto no nível da elite; a estrutura social e demográfica dos negros era bastante similar à dos brancos. Enquanto Campanha está entre os municípios mineiros com maior porcentagem de brancos (76%), Sabará tem a maior porcentagem de não brancos (77%).

Observa-se que, das cinco maiores ocupações de homens brancos livres, as únicas ocupações nas quais estes têm maioria, em domicílios com ou sem escravos, são de lavrador e negociante, em que os brancos ocupam 61% do total de postos nas duas profissões, com os outros 39% restantes ocupados por pardos, pretos e africanos. Todas as demais profissões são ocupadas majoritariamente por homens livres negros. A profissão de carpinteiro é dominada por pardos, pretos e africanos, que correspondem a 81% do total de carpinteiros. A profissão de jornaleiro, por sua vez, é ocupada em 79% por pardos, pretos e africanos, e entre os alfaiates repete-se a proporção dos carpinteiros, ou seja, 81% do total. Com a análise destes dados, observa-se que homens negros livres ocupam 52% do total de ocupações nestas cidades, o que reforça a tese de que os pretos e pardos estavam totalmente integrados à sociedade mineira, em 1831, 57 anos antes da abolição da escravidão.

Tanto em Campanha quanto em Sabará, a maior parte das alforrias era concedida aos pardos, que em Campanha correspondiam a 84% dos negros livres, sendo 80% dos chefes de domicílios entre os libertos e 10% dos proprietários de cativos; em Sabará, esse percentual era de 83%, e 95% dos libertos eram chefes de domicílios e 41% deles eram proprietários de escravos.

Apesar de pequenas, encontramos em ambas as comunidades chefes de domicílios crioulos (negros nascidos no Brasil) e africanos, indicando que, a despeito do preconceito racial do branco que influenciava na concessão de alforrias, a partir do momento em que o indivíduo se encontrava na condição de liberto, este conseguia alguma mobilidade social. Muitos libertos realizam os mesmos trabalhos e participam da dinâmica social de forma bastante semelhante aos brancos. Cabe ressaltar que os libertos inicialmente tinham fortes desvantagens perante os brancos, tais como a falta de educação e a baixa poupança (já que muitos tinham usados seus parcos patrimônio para comprar suas alforrias) ao entrarem em sua vida de libertos.

Usando a posse de escravo como *proxy* da riqueza de um indivíduo, podemos concluir que os homens, tanto brancos quanto pardos, eram os grupos mais ricos dentro dessas comunidades, que chefiavam 75% dos domicílios com escravos. Os brancos, contudo, eram mais ricos que os pardos em termos de escravos de sua propriedade per capita.

As estruturas e dinâmicas sociais bastante similares em Campanha e Sabará são um indício de que a presença de uma população mais ou menos numerosa de brancos não constituiu fator determinante na exclusão ou integração dos libertos. Os pardos, de um modo geral, realizavam os mesmos trabalhos e concentravam-se nos mesmos setores de atividades que os brancos, existindo maior diferenciação nesses quesitos quanto ao gênero. Fica claro que existia um forte preconceito cultural na concessão de alforrias que, em ambos os municípios, beneficiaram os pardos em detrimento dos pretos.

No que se refere ainda ao município de Campanha, a população escrava representava 29% da população total, percentual inferior à média da província mineira, cuja porcentagem de escravos era superior a 30%; dois terços da população de Campanha declaravam-se brancos, fração superior à população branca de Minas. Os pardos representavam 46% da população não branca livre de Campanha, enquanto os forros africanos ficaram em 7%.

Os escravos eram bem distribuídos por todo o município de Campanha, e sua presença afetava diretamente o tamanho dos domicílios e a proporção entre os sexos em seus distritos de paz. A média de pessoas por domicílio era igual a 6,4 pessoas. Nos domicílios em que não existiam escravos, o número médio de pessoas era igual a quatro; aqueles em que existiam escravos abrigavam metade da população total do município, embora representassem um terço de suas residências.

A razão entre os gêneros era de 114 homens para cada 100 mulheres, traço comum de comunidades escravistas, nas quais predominava a mão de obra masculina destinada à agricultura. A população escrava masculina era mais numerosa, mas a maior parte das alforrias do município era concedida às mulheres.

Pode-se constatar, pelas listas nominativas, que 45% da população escrava feminina era composta por mulheres em idade reprodutiva (entre 15 e 49 anos), fato que está em consonância com a presença de um elevado número de crianças escravas nascidas no município, ou seja, havia o aumento natural da população escrava do município que era capaz de manter ao menos o nível dessa população. Um fato curioso a notar era que na Campanha de 1831 as escravas tinham mais filhos que na província de São Paulo de 1829. Essas evidências sugerem uma taxa de crescimento potencialmente positiva.

Apesar da expressiva diferença em relação à população livre, o número significativo de famílias escravas corrobora a hipótese de um crescimento da população escrava por meio de nascimentos, e não somente pela entrada no país de novos escravos.

Existia uma grande concentração da propriedade dos escravos nas mãos dos grandes proprietários, 10% dos maiores proprietários concentravam mais de 42% de toda a população escrava de Campanha. A maior parte dos escravos masculinos concentrava-se em atividades de agricultura voltadas para a exportação (56,3%), enquanto que metade das escravas atuava na atividade de artesanato, especialmente na indústria têxtil.

Os escravos do sexo masculino eram nove anos mais jovens que os do sexo feminino e três quartos destes dedicavam-se à agricultura, enquanto apenas metade das mulheres participava desse setor produtivo. Em relação à cor, 14% da população branca era proprietária de escravos, enquanto 4% dos forros o eram. Entre os não brancos, os pardos constituíam o maior grupo de proprietário de escravos, representando 10% destes últimos e possuindo 6% dos escravos.

As evidências indicam a existência de uma potencial taxa de reprodução positiva entre os escravos, confirmando a hipótese de que o crescimento da população escrava não era apenas mantido pelo dinamismo de sua economia de subsistência que permitiria a importação de escravos. Apesar da condição desfavorável do liberto em termos do nível educacional e renda em comparação ao branco, existia alguma mobilidade social, que permitia ao forro se tornar até mesmo proprietário de escravos.

Evidências empíricas encontradas em bancos de dados de listas nominativas de censos comprovam que, no Brasil, apenas um terço da mão de obra era escrava. Os domicílios, por sua vez, eram chefiados por não brancos, sendo os libertos encontrados até mesmo entre donos de escravos. Essas informações levam-nos a concluir que existia no país uma estrutura social diversificada, diferindo daquela mais amplamente divulgada que relacionava o grupo escravo à estrutura produtiva do *plantation*, cuja flexibilidade social era menor, reduzindo as possibilidades de ascensão do elemento negro.

Com relação aos domicílios sem escravos, em média 70% do total era chefiado por pretos livres nos dois casos, sendo 45% em Campanha e 88% em Sabará. Quanto aos domicílios com escravos, 43% eram chefiados por não brancos em Sabará, enquanto que em Campanha temos 13% dos domicílios nessa situação. Quanto aos chefes de domicílios divididos por gênero, os domicílios chefiados por mulheres solteiras ou viúvas tendiam a ser menos instáveis e mais pobres do que aqueles chefiados por um casal. Os dados mostram que em Campanha existem mais domicílios chefiados por homens casados que em Sabará, sendo esse um indício de que a primeira comunidade era mais rica. Os domicílios sem escravos e chefiados por mulheres tendiam a concentrar atividades econômicas não agrícolas, enquanto aqueles chefiados por homens e com escravos concentravam atividades agrícolas.

Os pardos, elemento mais numeroso entre o não brancos, exerciam as mesmas atividades que os brancos do sexo feminino ou masculino, tendo percentuais de participação iguais nas mesmas indústrias e atividades preferidas por chefes de família brancos, exceto nas posições mais elevadas, como no funcionalismo público, exclusivamente ocupado por brancos. Conclui-se que a estratificação social e do trabalho era muito mais influenciada pelo gênero do que por questões raciais.

O estudo permite duas conclusões. Nos domicílios chefiados por homens livres com escravos, verifica-se que ambos estão mais concentrados na profissão de lavrador do que pardos e pretos, indicando desta maneira que os pardos e pretos são mais urbanos do que os brancos. De fato, as cinco maiores profissões após a de lavrador indicam uma concentração de 13% para os brancos, bem inferior aos 23% para pardos (nas profissões de negociante, jornaleiro e carpinteiro).

É impressionante que o número de pardos em todas as ocupações equivale a 66% dos brancos, o que indica como os pardos estavam integrados ao mercado de trabalho das duas cidades. Mais interessante ainda quando se examinam as ocupações dos chefes de domicílios sem escravos: nestes os pardos são 45% a mais do que os brancos, do mesmo modo que se observa que há concentração dos brancos como lavradores em 73% dos casos e uma participação bem inferior para os pardos.

A população masculina em Sabará e Campanha em 1831 era de 38.125 habitantes, dos quais 12.638, ou seja, 33%, eram escravos. Esse índice é bem superior à média nacional em 1872, de 15%. Até certo ponto, houve, portanto, uma alforria significativa entre 1831 e 1872. Embora devamos ser cautelosos em extrapolar dados de duas cidades para o total nacional, Minas Gerais em 1872 era bem menos escravista do que a média da população brasileira, já que apenas 13% da população mineira era escrava.

Nota-se a integração de negros livres (pardos, pretos e africanos) na sociedade mineira. Eles existiam em todas as profissões e eram mais trabalhadores do que os brancos. Em uma população branca de homens livres de 11.382, encontramos somente 4.186 homens brancos com ocupação, ou seja, apenas 37% dos homens brancos trabalhavam. Já os pardos tinham uma população de 9.986; destes, 3.959 trabalhavam, ou seja, 40% dos pardos tinham uma ocupação definida.

Herbert Klein e Francisco Vidal Luna (2000) lembram que na história do Brasil há um estereótipo dominante: o de que o Brasil era uma sociedade de grandes latifúndios, dividido entre senhores e escravos. Os estudos mais recentes, afirmam eles, desmentem essa tese e mostram que a sociedade brasileira era muito mais complexa do que se imaginava, com um mercado ativo e com um comércio regional organizado.

A economia da província de São Paulo (que incluía o atual Paraná e Santa Catarina), a princípio pouco significativa, desenvolveu-se com a agricultura de subsistência e com a captura de indígenas, única fonte de trabalho escravo existente à disposição. O desenvolvimento da economia das Minas Gerais e a fixação do Rio de Janeiro como capital do Brasil foram de fundamental importância para o surgimento e consolidação de um mercado interno forte para os produtos paulistas, proporcionando um lento, porém gradual, crescimento econômico e populacional da província.

A produção de café e açúcar no sul e sudeste das Minas Gerais e São Paulo ganhou fôlego após o declínio da mineração nas Minas Gerais, e destacam a acentuada migração interna e o deslocamento da mão de obra livre e escrava para outras ocupações. O Rio de Janeiro tornou-se um grande mercado consumidor de alimentos após a chegada da família real, em 1808. O crescimento da província de São Paulo, antes moderado e gradual, teve grande impulso no século XIX, assim como a chegada de escravos africanos à região, destinados a atender a demanda por mão de obra da crescente indústria do açúcar e do café.

O estudo de Klein e Luna (2000) traz-nos alguns dados interessantes a respeito do mercado de trabalho da província de São Paulo em 1829-30. Foram utilizadas cerca de 15 cidades paulistas, ordenadas pela representatividade durante esse período, pelo número de habitantes de cada região e pela atividade econômica. As 15 cidades selecionadas correspondem a pelo menos 60% do total da população e trazem um estrato simplificado das principais regiões onde estão concentradas as atividades econômicas da província: na contagem, entram os municípios do Vale do Paraíba, polo importante na produção de café e açúcar, a agricultura do Oeste Paulista, a zona litorânea e a região da capital da província, centro de desenvolvimento da região Sul.

Assim como Minas Gerais, é possível observar que há uma integração entre brancos, pardos e pretos no mercado de trabalho em São Paulo, embora em menor escala. Os pardos e pretos estavam presentes em quase todas as ocupações exercidas por brancos. A população de homens brancos livres com ocupação era de 9.469, ou 93% do total de 10.169. Já os pardos e pretos tinham um equivalente a 93% de homens livres com ocupação, de um total de 5.595. A população preta livre com ocupação correspondia a cerca de 30% do total de ocupações.

A população branca livre com ocupação em domicílios sem escravos tem como principal ocupação a profissão de agricultor em 68% dos casos, mas, quando se analisam os domicílios com escravos, esse percentual cai para 62%. A profissão de comerciante decresce de 20%, para domicílios com escravos, a 9%, para domicílios sem escravos. Em todas as ocupações a população branca tem maioria absoluta, em domicílios com ou sem escravos. Por sua vez, a população parda em domicílios sem escravos tem também a profissão de agricultor como a principal ocupação, concentrando 56% dos casos. Porém este percentual cai para 46% quando se analisam domicílios com escravos. É interessante observar como a população parda e preta paulista, em números absolutos, é muito inferior à população branca em 1829-30.

O percentual de pardos e pretos na ocupação de agricultor é de 25% em relação à população branca. Quando se compara a ocupação de comerciante, esse percentual cai para 9%. Um dado importante a se notar é que na profissão de comerciante, quando se analisam os domicílios com escravos, não há nenhum preto que exerça a profissão. Na ocupação de jornaleiro, isto é, diarista, é onde se encontra a menor diferença entre pardos e pretos em relação aos brancos. Pardos e pretos que trabalham como jornaleiros correspondem a 69% em relação à população branca livre. Novamente, quando se analisam domicílios sem escravos, não há nenhum preto que tenha a ocupação de jornaleiro. O jornaleiro, na sociedade escravagista, é suprido por um escravo de aluguel.

Relações inter-raciais em sociedades escravocratas do Século XIX: o caso das famílias escravas na colônia de Cuba e no Império do Brazil

A historiografia sobre a escravidão na colônia de Cuba é mais rica que a brasileira. Os espanhóis em Cuba fizeram um censo cuidadoso muitos anos do Império e de modo geral tinham melhores registros que os do Império.

Perera Díaz e Meriño Fuentes (2005, 2006a, 2006b) visam recriar a família escrava em Cuba, com base em registros paroquiais, a fim de comprovar a existência de relações "hierárquicas consanguíneas" entre negros, contrariando assim a corrente teórica econômico-estruturalista segundo a qual, na *plantation*, as condições da esfera de produção condicionavam todas as atividades do escravo; argumenta-se, ao contrário do que se poderia supor, que os escravos desconhecessem responsabilidades sociais, econômicas e familiares. A constituição das famílias negras não é uma raridade na sociedade escravocrata cubana. Estudo semelhante para o Brasil foi feito por Clotilde Paiva e Douglas C. Libby (1995), mas o registros cubanos são bem mais extensos que os nossos.

Foi escolhida para o levantamento dos arquivos a cidade de Ascenso de San Felipe y Santiago del Bejucal. Fundada em 1714, despontou no século XVIII como uma importante produtora de fumo, tornando-se centro de poder e influência governamental sobre a população local, independentemente de Havana. No século XIX a região já havia sofrido o declínio da produção exportadora, tornando-se uma área de economia de subsistência que abastecia a capital, cidade vizinha a Bejucal.

Desta forma, foram explorados os arquivos das paróquias dessa cidade para reconstruir as relações familiares de 500 famílias escravas e livres com base no registro de batismo dos indivíduos lá nascidos. Esse documento, que era uma responsabilidade do senhor perante as autoridades civis e religiosas, para todos os indivíduos da região, permite, também, determinar o número de indivíduos provenientes de relações ilegítimas.

A grande presença de filhos ilegítimos entre mulheres negras, especialmente entre escravas, em Cuba, no século XIX, deve-se à proibição de casamentos inter-raciais, que até onde percebi jamais ocorreu no Brasil, mesmo na colônia. Isso fez prosperar o número de concubinatos entre mulheres negras, sobretudo livres, e homens brancos. Essa situação era agravada e imposta tanto pela desvalorização da mulher negra, na gradação de honra, dentro da sociedade, quanto pela desvalorização do homem negro, que era preterido ao branco, até mesmo pelas mulheres negras, como pretendente, não só pela sua condição civil, mas por sua cor. Desta forma, muitas vezes, a ilegitimidade dos filhos não decorria da falta de um pai, mas da falta de legitimidade da relação estabelecida entre os cônjuges que estavam à margem da legalidade canônica de Cuba. Em contraste à posição de Cuba, os casamentos inter-raciais nas colônias portuguesas eram permitidos explicitamente entre índias e brancos desde o Marquês de Pombal, e, na legislação do Império, tampouco encontrei restrição para o casamento entre brancos e negros, ao contrário do que se verificava na colônia de Cuba.

Em Cuba, quando o filho era legítimo, este recebia o nome dos pais, vindo primeiro o nome do pai e depois o da mãe, segundo a tradição espanhola. Mas, se era ilegítimo, recebia somente o nome da mãe, podendo também receber o nome da família do proprietário da mãe, caso esta não tivesse o nome da família do dono também. É preciso salientar que muitos escravos recebiam os sobrenomes das famílias de seus senhores, estabelecendo com estas um nível de parentesco advindo da posse, facilitando a reconstrução da genealogia das famílias escravas.

Dessa amostra, foram escolhidas as famílias mais representativas, ou seja, aquelas com supremacia no tempo, cujos registros paroquiais sobreviveram mais de três gerações, e segundo sua procedência, se vinham de sítios, de engenhos ou da cidade. Esses registros permitiriam o contato com os descendentes dessas famílias escravas, contribuindo para a reconstrução da memória delas. Para que as trajetórias dessas famílias fossem reconstruídas da forma mais verídica possível, foi realizado um trabalho complementar de cruzamento das fontes em cartórios, nos quais foi possível encontrar cartas de alforria, de compra e de venda, testamentos e outras escrituras que explicavam mudanças na condição civil dos escravos ou o desaparecimento de alguns nomes (por venda ou óbito) nos registros paroquiais.

Em outro trabalho, Perera Díaz e Meriño Fuentes mostram que, entre 1871 e 1875, momento da aprovação da Lei Moret ou do Ventre Livre em Cuba, que declara livres filhos de mulheres escravas nascidos a partir dessa data, grande parte das cessões de patronato sobre as crianças livres era transmitida dos senhores das mães escravas para negros libertos. Evidencia-se, assim, a funcionalidade das redes de parentesco consanguíneo e por afinidade que foram estabelecidas dentro das senzalas por meio, especialmente, dos casamentos consensuais celebrados entre os negros. A cessão de patronato, contudo, dependia dos acordos estabelecidos entre os pais das crianças e seus donos.

Mais especificamente, a Lei do Ventre Livre cubana, de 4 de julho de 1870, havia disposto pela liberdade de todos os filhos de mãe escrava, com a condição de que ficassem como patrocinados em poder dos amos até a idade de 22 anos. Depois de completados 18 anos, teriam seu trabalho remunerado com a metade de um salário pago a um homem livre. Essa lei levantou muitas discussões sobre sua efetividade, uma vez que suscitou a falsificação das certidões de batismo ou por vezes disputas entre os amos e os pais escravos das crianças em virtude da transmissão do patronato, porquanto podiam utilizar-se do trabalho destas até os 18 anos. No entanto, a despeito dessas controversas, a lei levou a intercâmbios institucionais que perturbaram a ordem social da escravidão, uma vez que um grande número de escravos se tornou livre, embora a maior parte deles não tivesse idade para o trabalho.

O patronato podia ser transmitido aos pais legítimos ou naturais na condição livre, desde que pagassem os gastos realizados em benefício do filho favorecido ao antigo patrono. Também essa obrigação poderia ser renunciada, desde que houvesse causa justificada. A sua transmissão poderia se dar em decorrência da venda da mãe, pois era ilícito separar mãe e filho com idade inferior a 7 anos. Sendo assim, o novo dono deveria receber o patronato dessa criança livre, responsabilizando-se por seu sustento, mantendo-a, vestindo-a, calçando-a, educando-a, ensinando-a a trabalhar e boas matérias de moralidade, conforme a lei. Esse excesso de responsabilidades sobre a criança livre tutelada pode ter favorecido a cessão de patronato para os familiares e amigos ex-escravos das famílias cativas; poderia ser uma forma de desonerar o proprietário dos pais escravos na realização dessas obrigações.

Em resumo, esse processo mostra-nos que, entre os livres e os escravos, existiam estreitas relações familiares e de amizade, reforçadas pelo apadrinhamento dos filhos dos cativos pelos livres. Além disso, as autoras observam que não havia uma separação tão grande entre os escravos do campo e da cidade.

No que tange à constituição dos lares, observa-se que existiam famílias além das compostas por familiares simples (segundo a classificação das autoras, formadas por casais ou com um chefe de família solteiro ou um viúvo e seus filhos). Observa-se, também, a presença de famílias múltiplas (formadas por um pai, ou mãe, seus filhos, cônjuges dos filhos e netos, vivendo dentro de uma mesma casa) ou extensas (formadas por parentes definidos por laços de consanguinidade, semelhantes às famílias múltiplas, convivendo com parentes, por afinidade, sem laços de consanguinidade, num mesmo lar). Em suma, existia grande flexibilidade quanto à formação das famílias, fazendo com que se reacomodassem facilmente ao nascimento de filhos ou à morte de seus membros, dividindo-se em novos grupos familiares ou unindo-se a outros.

Na questão dos testamentos, observa-se que muitos ex-escravos legavam seus bens aos seus próprios escravos, enquanto outros recebiam a liberdade ou quantia, em dinheiro, de seus senhores brancos, o que permitiu às autoras concluir que, embora muitos libertos e seus descendentes tenham vivido a maior parte da vida na miséria (e morrido nela), alguns negros libertos desfrutaram de certa ascensão econômica, possibilitada pelas heranças.

A visão religiosa do casamento entre os escravos no engenho não era concebida como uma "desculpa" à procriação dentro das unidades produtivas. Fazia parte da mentalidade dos grupos dominantes que viam no casamento uma forma socialmente aceita de perpetuação do homem e seus meios de vida. Os amos casavam os seus escravos mesmo contra a vontade destes, tal como a realização dos casamentos que arranjavam entre seus filhos, com o intuito de perpetuar seu patrimônio. De fato, para os donos de engenho, a principal finalidade na constituição de famílias escravas era a reprodução de mão de obra isenta do pecado cristão, já que, pelos preceitos canônicos, a finalidade das relações sexuais, que só deve ocorrer após o casamento, é a procriação. Sendo assim, o matrimônio entre escravos tornou-se solução pertinente à salvação da alma dos negros, uma das "finalidades" da escravidão. Isso sugere a semelhança das fazendas de procriação nos EUA.

A valorização da mão de obra masculina no modo de produção escravista, em detrimento da feminina, e a consequente grande imigração de homens escravos, trouxe a desproporção entre o número de homens e mulheres, o que, por sua vez, foi uma das causas, principais, das baixas taxas de matrimônio. No entanto, entre 1860 e 1870, mesmo com a paridade entre os sexos nos engenhos, o número de casamentos realizados na Igreja não foi significativo, ao contrário do que se verificou entre 1830 e 1840.

Do ponto de vista dos escravos, o casamento era uma oportunidade de reconstruir sua condição humana, uma vez que a legislação da época protegia a família cativa, impedindo que pais fossem separados de filhos menores de 7 anos. Isso possibilitava a construção efetiva de famílias entre os escravos e fortalecia as relações sociais nos engenhos. Isso evidencia que, apesar de o casamento ser, também, uma estratégia à reprodução da mão de obra, este não se sustentaria, caso essas uniões fossem exclusivamente impostas e, consequentemente, não aceitas pelos escravos.

Lembra-se que, no período, a colônia espanhola de Cuba já havia assinado um acordo com a Inglaterra pelo fim do tráfico atlântico de escravos, tornando a reprodução de escravos o meio mais viável para a reposição da mão de obra. Questiona-se, então, se a baixa quantidade de casamentos nos engenhos nas décadas de 1860 e 1870 se deve à falta de preocupação dos donos dos engenhos e dos sacerdotes com o pecado que se incorria com a prática sexual fora do matrimônio.

Na verdade, o que acontecia era o estabelecimento de uniões consensuais estáveis dentro do próprio plantel, sem a necessidade de intervenção do dono. Além disso, a baixa intervenção da Igreja Católica em zonas rurais e a aceitação da iniciação sexual pelos negros antes do casamento, pelos diversos grupos étnicos africanos, contribuíram à formação de muitas famílias escravas antes mesmo da celebração do matrimônio. O matrimônio ocorria em cerimônias coletivas em um intervalo de quatro a dez anos dentro da própria propriedade.

A estabilidade dos casamentos entre escravos nos engenhos deve-se aos aspectos endógamos dessas relações, ou seja, pelo fato de essas uniões serem realizadas entre negros de um mesmo plantel e, portanto, pertencentes a um mesmo dono. O casal era composto por um homem e uma mulher cujos pais, de um modo geral, pertenciam a um mesmo grupo étnico-linguístico ou, ao menos, a grupos afins. Essa característica contraria as opiniões comuns de que o negro era promíscuo e de que todos os grupos africanos adotavam práticas poligâmicas. Essa prática, na realidade, era restrita aos grupos sociais e econômicos mais privilegiados, nas sociedades em que ocorriam, pois exigia-se que o homem tivesse recursos para manter todas as suas mulheres e filhos. O matrimônio era visto entre os negros como essencial para a manutenção da sobrevivência, crescimento e estabilidade de uma tribo.

Outra característica interessante das uniões entre os negros era que muitas delas ocorriam entre mulheres novas e homens muito mais velhos, com experiência no plantel ou vivendo há muitos anos no país (caso fosse africano). Os homens mais jovens e, sobretudo, os recém-chegados da África eram preteridos, por não garantirem segurança às mulheres. Ainda, na sociedade escravocrata do século XIX, um indivíduo era reconhecido como adulto e, portanto, apto ao trabalho a partir dos 7 anos, o que tornava ainda mais comum a existência de mulheres muito jovens (entre 10 e 18 anos de idade) dentro de relacionamentos estáveis e com filhos. Estas eram incentivadas pelos próprios pais a se casarem ou eram forçadas a se casar devido a uma precoce violação sexual. Esses comportamentos podem ser interpretados como sendo de autopreservação das mulheres escravas, que estavam mais seguras contra a violência sexual dentro do casamento, garantindo que as gestações ocorressem em um ambiente mais saudável e seguro, dentro de uma família.

No Império do Brazil, a despeito da crença de que no Brasil, durante a vigência do tráfico de escravos, a força de trabalho era alimentada pela importação de escravos da África, a manutenção da população escrava ocorria também, mediante um crescimento vegetativo da população escrava, especialmente em áreas dinâmicas da economia com produção direcionada ao mercado interno. Perante a análise das listas nominativas das regiões de Oeste Mineiro e Paracatu em Minas Gerais, de 1830 e 1831, e a comparação desta com os resultados do censo de 1872, evidencia-se a existência da reprodução natural da população escrava.

Segundo hipóteses anteriores, propostas por Martins Filho e Martins (1983), a economia dinâmica de Minas Gerais, voltada para o suprimento da demanda interna, basicamente por alimentos, sustentou o crescimento da população escrava no século XIX por meio da importação de mão de obra escrava. Essa hipótese refuta a tese de estagnação, resultado da decadência da economia do ouro e diamantes, e sugere que o sistema escravista poderia ter sido sustentado por uma economia voltada para o mercado interno.

Prevalece uma economia mista no Império do Brazil, em grande parte voltada para o suprimento do mercado interno, mas também com ilhas de produção destinadas a exportação (como o caso do sudoeste mineiro na produção de café e do oeste na extração de diamantes), sendo estas últimas capazes de gerar divisas suficientes para sustentar a importação da mão de obra escrava.

Quanto à análise dos dados obtidos, observou-se que, entre 1830 e 1872, o percentual de cativos mineiros cresceu de 15% para 25%. Essas estatísticas dizem pouco a respeito do aumento da população escrava por meio da reprodução natural, pois, mesmo com a ilegalidade do tráfico, desde 1850, esta continuou a ser uma atividade corrente até a década de 1870. O fato que corrobora a tese da existência de um crescimento vegetativo é que nas regiões estudadas a razão entre os sexos era menor do que aquela das áreas cuja economia era predominantemente de exportação, em que era priorizada a importação de mão de obra masculina escrava.

Outro indicador diz respeito à significativa presença de crianças de até 14 anos na população, representando entre 31% e 32% dos escravos em

Paracatu e no Oeste Mineiro. Entre as crianças escravas, apenas 3% daquelas entre 0 e 9 anos eram africanas, enquanto que, para as demais, com idade entre 10 e 14 anos, chegava a 26%, confirmando a existência de um grau de natalidade nessas regiões de Minas Gerais capaz de ao menos manter o nível populacional.

Ainda, no Oeste Mineiro e em Paracatu, foi identificado um elevado percentual de escravas em idade reprodutiva, 59% da população escrava feminina. A razão de fecundidade (relação entre o número de crianças entre 0 e 9 anos e mulheres entre 15 e 49 anos) nessas áreas era de 894, bastante superior àquela de áreas cuja economia estava mais voltada ao mercado internacional, como São Paulo, cuja taxa era de 560.

Os dados ainda apontam que a reprodução de escravos ocorria mais intensamente em propriedades com maior número de escravos e com maiores possibilidades de acasalamento. Enquanto nas pequenas posses o número de escravos africanos era de 66%, nas grandes propriedades, aquelas com mais de 30 escravos, era de 53%. Favorecendo esse suposto, foi observado um percentual maior de crianças entre 0 e 14 anos nas grandes propriedades em relação às pequenas.

Em 1870, o tamanho da propriedade deixou de ser um fator condicionante ao crescimento populacional, já que, nesse período, existia uma maior equidade da distribuição de sexos na população escrava e, em decorrência da redução do tráfico, a natalidade de novos escravos passou a sustentar quase que completamente a quantidade de população escrava em todas as propriedades.

As evidências apresentadas para as regiões do Oeste Mineiro e Paracatu mostram que o crescimento da população escrava não foi condicionado somente pela crescente importação de escravos africanos, mas que o aumento da natalidade também foi responsável por isso. O crescimento da população, apesar de não poder ser confirmado como positivo, no período, ao menos se manteve estável nas regiões estudadas.

Notas de Escravos e negros livres no Império do Brazil

[102] Em 1872, os escravos representam apenas 16% da população total, apenas quatro vezes da população de indígenas. Ser livre significa ser pardo (74% dos livres), com a participação dos pretos livres (11%) quase que igual à dos brancos (15%). Os brancos sabem assim, em 1872, que devem tratar bem os negros livres, dado seu número menor e a quase ausência de restrições legais ao trabalho.

[103] Paul Johnson, A History of Christianity (London: Penguin, 1990 [1976]).

[104] Johnson, A History of Christianity.

[105] "Is the peculiar mission of the Southern Church to conserve the institution of Slavery, and to make it a blessing to master and slave".

[106] "Não está nas Escrituras e é uma das mais perniciosas heresias dos tempos modernos". Tradução do original Unscriptural and fanatical, one of most pernicious heresies of modern times. Citação de: Johnson, A History of Christianity, 437.

[107] O artigo "The South: the present past", da revista The Economist, edição de 13 de junho de 2015. Por mais incrível que pareça, somente em 1995 a Southern Baptist Convention, "um século e meio depois de sua fundação por escravagistas", desculpou-se para os afro-americanos: "nós verdadeiramente nos arrependemos do racismo do qual nós fomos culpados" [we genuinely repent of racism of which we have been guilty].

[108] Carta de São Paulo aos Gálatas, 3:21.

[109] "Servants, be obedient to them that your masters according to the flesh with fear and trembling, in singleness of your heart, as unto Christ... And you masters do the same things to them, forbearing threatening, knowing that you Master also is heaven; neither is there respect of persons with him". Em inglês o texto é mais confuso, como se pode observar em Ephesians, vi 9, da Bíblia protestante. Interpretações diversas da última sentença são possíveis, e os escravistas devem ter utilizado uma que lhes fossem mais conveniente aos seus propósitos.

[110] "Paul did not invent Christianity or pervert it: he rescued it from extinction". Citação de: Johnson, A History of Christianity, 35.

[111] "We are fooling ourselves – and Latin Americans who speak as if this were not the case are also fooling themselves – if we or they think that what we call democracy is a thing of formal law and constitutional enactment. It has as a background a felling of equality, or perhaps egalitarianism, 'where a man is a man for all that', where no man rides a high horse and is not expected to ride one. At this point American and Latin American society stand wide apart. The difference between the basic conditions of social equality and opportunity in the United States and Latin America is broad and deep –and not really changeable for a long time to come". Citação de: Frank Tannenbaum, Ten Keys to Latin America (New York: Alfred A. Knopf, Inc., Random House, Inc., 1962 [1959]), 52.

[112] "Tannenbaum, however, gave laws a social agency that they did not have". Citação de: Alejandro de La Fuente, "Slave Law and Claims-Making in Cuba: The Tannenbaum Debate Revisited," Law and History Review 22, no. 2 (2004): 341.

[113] "Na América inglesa, as leis e os costumes racializaram a escravidão e reduziram o escravo ao status de chattel, sem direito de ter família ou comprar a própria liberdade". Citação de: Peter Winn (2010), "Frank Tannenbaum reconsidered: introduction," International Labor and Working-Class History 77 (Spring 2010): 11.

[114] "Os próprios negros e mulatos preferiram nas primeiras manifestações de autonomia – através de movimentos reivindicatórios – a auto designação contida na palavra negro". Citação de: Florestan Fernandes, A Integração do Negro na Sociedade de Classe (vol. I, XIV) (São Paulo: Dominus Editora, 1965).

[115] "[...] le système esclavagiste des pays catholiques serait plus doux que celui des pays protestants". Citação de: Kátia M. de Queirós Mattoso, Être Esclave au Brésil, 2e ed. (Paris: L'Harmattan, 1994 [1982]), II.

[116] "With all its cruelty, abuse, hardship, and inhumanity, the atmosphere in Brazil and in the Spanish-American countries made for manumission". Citado em: Frank Tannenbaum, Slave and Citizen: The Negro in the Americas (New York: Alfred A. Knopf, 1947), 61.

[117] "In Brazil and Spanish America the law, the church, and custom put few impediments in the way of vertical mobility of race and class, and in some measure favored it. In the British, French, and United States slave systems the law attempted to fix the pattern and stratify the social classes and the racial groups. But the law failed. The Haitian rebellion, the Civil War in the United States, and the abolition of slavery in the British West Indies are all part of the same process". Citado em: Tannenbaum, Slave and Citizen, 127.

[118] "It is not suggested that slavery was not cruel, nor that in Brazil, Cuba, Venezuela, or Peru abominable and inhuman acts were not committed against Negro slaves. But cruelty was against the law, and unusual punishment could be brought to the attention of the court by a recognized legal protector of the slave. The killing of a slave was treated as murder". Citado em: Tannenbaum, Slave and Citizen, 49.

[119] Winn (2010) nota que a interpretação de Tannenbaum continua sólida e que recentemente, o historiador Sir John Elliot (2006), em seu estudo comparativo entre a América inglesa e a América ibérica, "Tem uma representação com nuances da tese central de Tannenbaum". Citação de: Winn (2010), "Frank Tannenbaum Reconsidered", 113.

[120] "Nunca teve o país uma tão grande produção e exportação "per capita"". Citação de: Roberto C. Simonsen, História Econômica do Brasil: 1500-1820, 4a ed. (Brasília: Conselho Editorial do Senado Federal, 2005 [1937]), 121.

[121] "Uma relação inversa entre o tamanho dos plantéis e o custo do monitoramento". Citação de: Flávio Rabelo Versiani, "Escravidão 'Suave' no Brasil: Gilberto Freyre Tinha Razão?, " Revista de Economia Política 27, no. 2 (2007): 172.

[122] "Afidalgado" vem de Antonil (1711), conforme citado em Roberto Simonsen, que diz: "bem se póde estimar no Brazil o ser senhor de engenho quanto proporcionalmente se estimão os títulos entre os fidalgos do Reino". Citação de: Simonsen, História Econômica do Brasil, 105.

[123] Versiani, "Escravidão 'suave' no Brasil", 163-183.

[124] "O senhor pobre, quando ambicioso ou sôfrego da ascensão social ou econômica procurava extrair o máximo dos poucos escravos a seu serviço". Citação de: Gilberto Freyre, Casa-Grande & Senzala (2a ed. São Paulo: Schmidt, 1936 [1933]), 174.

[125] Agradeço ao professor Christian Lehmann, meu colega na UnB, que traduziu do original em alemão.

[126] Vice-cônsul suíço no Rio de Janeiro em 1817, que diz que as verbas do parlamento brasileiro para a colonização "seriam empregadas na obtenção de escravos brancos em lugar dos escravos negros". Von Tschudi observa, horrorizado, a falta de proteção legal aos imigrantes protestantes suíços mencionando que o bispo do Rio de Janeiro declarava seus casamentos ilegais; as mulheres de colonos, concubinas; e os filhos, ilegítimos, conforme Viotti da Costa (1966, 135).

[127] "Segundo documentos diplomáticos obtidos pelo Estado ... [verificou-se] a emissão de um decreto proibindo os suíços de emigrarem para o Brasil". Citação de: Jamil Chade, "Nos Cafezais Paulistas, 'os escravos brancos'," O Estado de São Paulo (9 ago. 2015).

[128] "Proibia terminantemente a emigração para o Brasil". Citação de: Emília Viotti da Costa, Da Senzala à Colônia (São Paulo: Fundação Editora da Unesp, 1997 [1966]): 170.

[129] Holloway é de uma precisão incrível. Comentando sobre o termo francês justice, diz que a tradução correta para o inglês é court, e não justice, já que justice (inglês) tem conotações referentes a "fairness and equity" (justo e igualitário), que podem não existir no conceito de justice (francês). Ele afirma que o equivalente às instituições do Judiciário e em seus processos é la justice (francês) ou a Justiça em português. Concordo integralmente.

[130] Mary C. Karasch, A Vida dos Escravos no Rio de Janeiro (1808-1850), tradução de Pedro Maia Soares, original de Slave Life in Rio de Janeiro (1805-1850) (São Paulo: Schwarcz, 2000).

[131] "One department of the Casa de Correção [sic] is appropriate to the flogging of the slaves, who are sent thither to be chastised for disobedience or for common misdemeanors. They are received at any hour of day or night, and retained free of expense as long as theirs masters choose to leave them. It would be remarkable if scenes of extreme cruelty did not sometimes occur here". Citação de Kidder.

[132] Tais observações se encontram no capítulo II, "Of the Union and internal prosperity of the Roman Empire in the age of the Antonines".

[133] Clotilde Andrade Paiva e Douglas Cole Libby, "Caminhos Alternativos: Escravidão e Reprodução em Minas Gerais no Século XIX," Estudos Econômicos 25, no. 2 (maio/ago. 1995): 203-233.

[134] H. Gutiérrez, "Demografia Escrava numa Economia Não Exportadora," Estudos Econômicos 17, no. 2 (1987): 297-314.

Referências bibliográficas

Andrews, George. 1991. *Blacks and whites in São Paulo Brazil 1888-1988*. Madison: The University of Wisconsin Press.

Ashley, Stephen (preparador para publicação). 2012. *The breeding of American Slaves – recollections of American ex-slaves and their memories of breeding and babies*. Reprinted from the Original by Mountain Waters Pty Ltd. Disponível no *Kindle, Amazon*.

Bass, Gary J. 2023 *Judgment at Tokio – WWII on trial and making of modern Asia*. New York. NY University Press.

Beauvoir, Simone de. 1949. *Le deuxième sexe*. Paris: Gallimard.

Blackshear, Thomas. 1830[2021]. *The Selecting and Breeding of Negro Slaves*.14 pg. Brown Living Trust.

Burton, William C. 1980[1998]. *Burton's legal thesaurus*. 3ª ed. Nova York: McGraw-Hill.

Carr, Mathew. 2009. *Blood and faith–the purging of Muslim Spain*. Nova York: The New Press.

Cabral, Carla Giovana. 2010. *Pioneiras na engenharia*. In: Congresso Ibero-americano de Ciência, Tecnologia e Gênero 8, 2010, Curitiba. *Anais eletrônicos...* Curitiba: Universidade Tecnológica Federal do Paraná – UTFPR. <www.ppgte. ct.utfpr.edu.br/eventos/cictg/conteudo_cd/E2_Pioneiras_ na_Engenharia.pdf.

Carvalho, José Murilo de. 2001[2005]. *Cidadania no Brasil: o longo caminho*. Rio de Janeiro: Civilização Brasileira.

Chade, Jamil. 2015. Nos cafezais paulistas, "os escravos brancos". *O Estado de São Paulo*. Edição de 9 ago. 2015. http://economia.estadao.com.br/noticias/geral, nova-noticia, 1740669.

Costa, Emília Viotti da. 1966[1997]. *Da senzala à colônia*. São Paulo: Fundação Editora da UNESP.

Díaz, Aisnara Perera; María de los Ángeles Meriño Fuentes. 2005. La cesión de patronato: uma estratégia familiar em la emancipación de esclavos em Cuba. 1870-1880. *Revista de História* 152, 1 (jan. – mar.): 29: 55.

_____. 2006a. Matrimonio y família en el ingenio, una utopia posible. Cuba (1825-1886). *Caribean Studies* 34, 1 (enero – junio): 201-237.

_____. 2006b. Esclavitud, família y paroquia em Cuba. Outra mirada desde la microhistoria. *Revista Mexicana de Sociología* 28, 1 (jan. – mar.): 137-179

Dava, Thomas. 1858[1972]. *Memórias de um colono no Brasil*. São Paulo: Livraria Martins e USP.

Dower, John.2004.*War Without Mercy*. New York: New York University.

DGE – Diretoria Geral Estatística. 1872. *Censo de 1872*. Vol um. Rio de Janeiro: Coleção Brasiliana. https://archive.org/details/recenseamento1872bras.

Economist, The. 2015. The South: the present past. Edição de 4 de abril de 2015. http://www.economist.com/news/united-states/21647625-150-years-after-end-civil-war-states-were-once-confederate-remain.

Fernandes, Florestan. 1965. *A integração do negro na sociedade de classe Vol I: O Legado da Raça Branca*. São Paulo: Dominus Editora.

_____. 1965. *A integração do negro na sociedade de classes Vol II: No limiar de uma nova era*. São Paulo: Dominus Editora.

Freyre, Gilberto. 1933[1936]. *Casa-grande & Senzala*. 2ª edição. São Paulo: Schmidt.

_____. 1940. *O mundo que o português criou: aspectos das relações sociaes e de cultura do Brasil com Portugal e as colonias portuguesas*. Rio de Janeiro: J. Olympio.

_____. 1945[2001]. *Interpretação do Brasil: aspectos da formação social brasileira como processo de amalgamento de raças e culturas*. Tradução de Olívio Montenegro, original em inglês *Brazil: an interpretation*. São Paulo: Companhia das Letras.

Fundação Palmares. *Personalidades Negras – Juliano Moreira*. www.palmares.gov.br/?page_id=8236.

Furtado, Celso. 1959. *Formação econômica do Brasil*. Rio de Janeiro: Fundo de Cultura.

García de Cortázar, Fernando & José Manuel González Vesga. 1994 [2008]. *Breve historia de España*. Madrid: Alianza Editorial.

Gibbon, Edward. 1776 [1976]. *Declínio e queda do Império Romano*. São Paulo: Companhia das Letras.

Goldsworthy, Vesna. 1998. *The imperialism of the imagination*. Conforme citado em Judt (1998 [2015]).

Guimarães, Mário V. *As pioneiras da medicina no Brasil e Pernambuco*. Sociedade Brasileira de História da Medicina. www.sbhm.org.br/index.asp?p=noticias&codigo=132.

Gutierrez, H. G. 1987. Demografia escrava numa economia não exportadora. *Estudos econômicos*, v. 17, n. 2, p. 297-314.

Heer, Friedrich. 1967[1968]. *The Holy Roman Empire*. Tradução de Janet Sondheimer do original em alemão *Das hellige römische reich*. Londres: Phoenix, Onion Books.

Holloway, Thomas H. 1993. *Policing Rio de Janeiro: Repression and Resistance in a Nineteenth-Century City*. Stanford: Stanford University Press.

Instituto Brasileiro de Estudos Islâmicos. Tradução do Capítulo 49, verso 13 do Alcorão.

Instituto Cultural Alemão de São Paulo. 2014. *The decree of von der Heydt of 1859*. Tradução do prof. Christian Lehman, da UnB.

Johnson, Paul. 1976 [1990]. *A History of Christianity*. Londres: Penguin.

Judt, Tony. 1998[2015]. "Freedom and freedonia – A review of Inventing Ruritania: the imperialism of the imagination de Vesna Goldsworthy". *New Republic*, set. Publicado em: *When the facts change: essays 1995-2010*. Organização e prefácio de Jennifer Homans. Nova Iorque: Penguin Press.

Karasch, Mary C. 1987. *A vida dos escravos no Rio de Janeiro*, 1808-1850, S. Paulo: Companhia das Letras, 2000, trad. Pedro Maia Soares de *Slave Life in Rio de Janeiro*, 1808-1850. Princeton: Princeton University Press.

Kidder, Daniel P. 1857. *Brazil and the Brazilians, portrayed in historical and descriptive sketches by Rev. D. P. Kidder, D. D., and Rev. J. C. Fletcher*. Philadelphia: Childs & Peterson

Klein, Herbert S e Francisco Vidal Luna. 2000. Free colored in a slave society: São Paulo and Minas Gerais in the early Nineteenth Century. *Hispanic American History Review*. v.40. n.4. p.913-942. Durham; Duke University Press.

_____. 2010. *Escravismo no Brasil*. São Paulo: Editoria da Universidade de São Paulo.

La Fuente, Alejandro de. 2004. "Slave law and Claims-Making in Cuba: the Tannenbaum debate revisited". *Law and history review*: 22 2, p.340 - 369. http://dx.doi.org/10.2307/4141652.

_____. 2000. *A nation for all: race, inequality and politics in twentieth-century Cuba (envisioning Cuba)*. 1ª ed. Chapel Hill: University of North Carolina Press.

Law. 2015. http://www.law.com.

Machado de Assis. 1881[1960]. *Memórias póstumas de Brás Cubas*. São Paulo: Cultrix.

Macmillan, Margaret. 2001[2002]. *Paris 1919: six months that changed the world* foreword by Richard Hoolbroke. New York: Random House.

Malheiros, Dr. Augustinho Marques Perdigão. 1866[2008] *A escravidão no Brasil*: ensaio histórico-jurídico-social. Vol 1. Parte 1. eBooks Brasil. www.ebooksbrasil. org/eLibris/malheiros1.html.

Martins Filho, Amilcar V. e Martins, Roberto Borges. 1983. Slavery in a nonexport economy: nineteenth century Minas Gerais revisited. *Hispanic American Historical Review*, v. 63, n. 3, p. 537-568.

Martins, Roberto Borges. 1980. *Growing in silence: the slave economy of nineteenth century of Minas Gerais, Brazil*. Tese de Ph. D, Vanderbilt University.

Mattoso, José. 2000. *História de Portugal*, organizador José Tengarrinha, Capítulo 1, *A formação da Nacionalidade*. São Paulo e Portugal: EDUSC, UNESP e Instituto Camões.

Mattoso, Kátia M. de Queirós. 1982[1994]. *Être esclave au Brésil*. 2ª edição. Paris: L'Harmattan.

Nabuco, Joaquim. 2010. *Massangana* em "Essencial Joaquim Nabuco", org. e introdução. de Evaldo Cabral de Mello. São Paulo: Penguin e Cia. das Letras.

Novaes de Almeida, José Roberto. 2001. Por uma Política Anti-Preconceito. *Revista de Conjuntura do Conselho Regional de Economia do DF*, Vol. II, n°7, out.-dez.

Osterhammel, Jürgen. 2009[2014]. *The Transformation of the world – a global history of the nineteenth century*. Princeton University Press. Tr. Patrick Camiller. Original: Die Vernoandlang der melt. München; Verlag E.H. Bech .HG.

Paiva, Clotilde Andrade & Maria do Carmo Salazar Martins. 1982. Notas sobre o censo brasileiro de 1872. In: II Seminário sobre a Economia Mineira, 1982, Diamantina. Anais do II Seminário sobre a Economia Mineira 1: 149-163.

Paiva, Clotilde Andrade & Douglas Cole Libby. 1995. Caminhos alternativos: Escravidão e Reprodução em Minas Gerais no século XIX. *Estudos Econômicos* 25,2 (mai. – ago.): 203-233.

Paiva, Clotilde Andrade & Herbert S. Klein. 1997. Escravos livres nas Minas Gerais do século XIX: Campanha em 1831. *Estudos Econômicos* 22,1 (jan. – abr.): 129-151.

Portal da Cultura Negra. Andre Rebouças o grande engenheiro do Império. portaldaculturanegra.wordpress.com/page/5/.

Quran Foundation, The. *There is no Racism in Islam*. http://www.thequranfoundation.org/blog/there-is-no-racism-in-islam/.

Simonsen, Roberto C. 1937[1978]. *História econômica do Brasil1500/1820*. São Paulo: Companhia Editora Nacional.

Slenes, Robert W. 1987. Escravidão e família: padrões de casamento e estabilidade familiar numa comunidade escrava. (Campinas, século XIX). *Estudos Econômicos*, v. 17, n. 2, p. 217-27.

Santos, Márvio dos. 2003. O óbvio ululante e eu. www.paralelos.org/out03/00013.html. Acessado em 10.02.08.

Tannenbaum, Frank. 1947. *Slave and citizen: the negro in the americas*. New York: Alfred A. Knopf.

_____. 1959 [1962]. *Ten keys to Latin America*. Nova York: Alfred A. Knopf, Inc. e Random House, Inc.

Versiani, Flávio Rabelo. 2007. "Escravidão 'suave' no Brasil: Gilberto Freyre tinha razão?". *Revista de Economia Política* 27, 2: 163-183.

Winn (2010), Peter. 2010. "Frank Tannenbaum reconsidered: introduction". *International labor and working-class history*, 77, Spring, p. 109-114.

VII

UMA ANÁLISE COMPARATIVA DA ESCRAVIDÃO E DO RACISMO NO IMPÉRIO DO BRAZIL E NOS ESTADOS UNIDOS

A População nas Colônias Britânicas da América do Norte

Ao longo do século XVIII, os futuros territórios do Brasil e dos Estados Unidos eram as mais importantes colônias para as suas respectivas metrópoles, e a colônia inglesa já atraía um grande número de colonos, o mesmo não ocorrendo com a colônia portuguesa. As duas, até então, já tinham uma população numerosa, um crescente mercado interno e utilizavam a mão de obra escrava.

As primeiras estatísticas oficiais dos Estados Unidos surgiram muito cedo, em 1790, ano do primeiro censo realizado após a independência de 1776, enquanto no Império do Brazil, como já visto, o primeiro censo ocorre 82 anos depois, em 1872. A estatística populacional das 13 colônias britânicas na América é considerada de boa qualidade, e encontra-se na obra *American Population Before the Federal Census*, publicada em 1932 por Evarts B. Greene e Virginia D. Harrington.

A população total estimada em 1715 é de 434.600 habitantes, dos quais 375.750 eram brancos, ou 86% do total; e 58.850, ou 14% do total, eram negros. De fato, desde o princípio da colonização americana, a maioria da população era composta por brancos, e os negros correspondiam a uma parcela significante, mas pequena. Com base nos dados dos estados dos futuros Norte e do Sul dos Estados Unidos separadamente, é possível ver de forma minuciosa que a distribuição da população negra entre os estados definitivamente não segue um padrão.

O Norte dos Estados Unidos em 1715 era composto por brancos essencialmente, com uma pequena parcela da população negra. A população negra corresponde a menos que 7% (21.650 no total) da população, metade da proporção nacional de negros em 14%. As duas colônias do Norte em que o total de escravos atinge percentual acima de 10% para população negra em relação ao total da população são New York e Maryland. New York é a quinta colônia mais populosa do Norte (27 mil habitantes) e é a que apresenta a segunda maior proporção de negros em relação ao total, com 13%. Maryland, por sua vez, apresenta uma característica diversa em sua composição populacional: é a colônia com o maior número absoluto de negros (nove mil no total) e é a que apresenta maior população percentual de negros em relação ao total da população (19%). A relevância da população negra na colônia fica mais clara ainda quando se observa que 41% do total da população negra no Norte dos Estados Unidos está ali concentrada. A atividade econômica (fumo e algodão) e um mercado de trabalho com uso intensivo de mão de obra escrava tornam-no mais próximo das demais colônias do Sul dos Estados Unidos.

O estado de Maryland, por suas características, pode ser definido como um estado tanto do Norte quanto do Sul, porém a definição correta é que se trata de um estado fronteiriço (*border State*). É citado, em diferentes fontes, ora como um estado do Sul, ora como do Norte. Neste trabalho consideramos Maryland como um estado do Norte dos Estados Unidos, uma vez que, neutro no início da Guerra Civil Americana (1860-65), ficou do lado da União ao fim. Na atual divisão regional dos Estados Unidos, indica-se que o estado de Maryland faz parte da região Sul (USA 2007).

A distribuição populacional nas colônias do Sul é definitivamente mais equilibrada, com a população negra tendo maior representatividade, com 30% do total. A população das colônias do Sul para 1715 está concentrada na então Virginia (que englobaria depois os estados de Virginia e West Virginia), que, com 95 mil habitantes, registram 77% da população total da região Sul e concentra 62% do total da população negra da região. Observa-se que a Virginia tinha a segunda maior população das colônias, e mais negros do que a soma de todos os estados do Norte, ou 40% (ou 23 mil habitantes) da população total de negros residindo na colônia. Não é à toa que Virginia é a colônia que se torna a capital da Confederação. Uma observação interessante que pode ser retirada das tabelas populacionais diz respeito à South Carolina: é a única colônia cuja população negra ultrapassa a população branca em termos absolutos, com 10.500 negros, o que representa 63% da população total da colônia: é uma colônia em que o fosso entre negros e brancos é mais acentuado, e assim continuará até o século XXI.

Diferentemente da colônia brasileira, já em 1715 a população branca dos Estados Unidos é muito maior que a população negra, tendência que se mantém até os dias de hoje.

Os EUA Tinham Mais Escravos e Menos Negros Livres que o Brasil no Século XIX

Boa parte dos brasileiros e dos americanos acredita erradamente que os EUA tinham uma população negra (isto é, de pretos e pardos) maior que a do Brasil em meados do século XIX. Na verdade, somente a população escrava americana era maior que a brasileira. O mesmo não ocorre com a população negra, dado o número elevado de pardos livres e pretos livres no Brasil. Em 1860 havia 4,4 milhões de escravos nos EUA (último ano antes da Guerra Civil), número muito superior ao de escravos no Brasil, 1,5 milhão em um ano próximo, em 1872. O total da população americana de 31,4 milhões era bem superior ao da população brasileira de 9,9 milhões, nos anos citados. A população preta livre nos EUA era baixíssima em 1860, de apenas 0,4 milhão: em outras palavras, da população preta de 3,3 milhões, apenas 16% eram livres. Já no Brasil, a população negra livre era de 3,3 milhões, ou seja, da população negra total, de 5,8 milhões, a maior parte, de 57%, era composta por negros livres.

Dito de outra forma, em 1872 o Brasil, com uma população (31%) bem menor que a americana, tinha uma população negra maior em números absolutos, com 5,8 milhões, enquanto os negros americanos eram 3,7 milhões. Estatisticamente, um negro americano tinha 84% de chance de ser escravo, quase que o dobro da chance de um negro brasileiro, de 43%. São dois mundos distintos.

O *Slave Voyages*, da Universidade Emory, produziu um trabalho admirável, com a coleta de informações sobre o comércio transatlântico de escravos iniciado em 2009, registrando um a um os navios negreiros com os números de escravos embarcados e desembarcados, os portos, e até o nome do capitão do navio, além das datas de comércio. É um trabalho realmente louvável, que mudou radicalmente, o que se conhecia de escravidão no caso do Brasil, onde se aumentam os dados anteriormente disponíveis de 3,64 milhões de escravos desembarcados para 4,86 milhões, o mais elevado no continente, até mesmo superior ao total da América de fala espanhola, de 1,29 milhão. As novas estimativas aumentaram o total de escravos desembarcados no continente de 9,39 milhões para 10,7 milhões, e diminuíram a dos Estados Unidos (incluindo as antigas colônias britânicas na América do Norte), de 399 mil para 388 mil. Os escravos que vieram para o Brasil são de número superior ao dos imigrantes europeus, que somaram apenas quatro milhões no período áureo da imigração europeia para o Brasil, entre 1884-1939 (o número é bruto, já que se desconhece o número de europeus que retornaram aos seus países de origem, que, a julgar pela experiência dos EUA e os dados parciais dos migrantes que saem e retornam do porto de Santos, SP, deve ser bem alto). Em relação aos EUA, frise-se que quatro países da América, além do Brasil, tiveram desembarques de escravos bem acima dos EUA: Jamaica, com 1.019 mil; Cuba, com 778 mil; Haiti, com 773 mil (anteriormente conhecido como a colônia francesa de Saint-Domingue) e Barbados, com 493 mil. As minúsculas Ilhas Virgens dinamarquesas, compradas por US$ 20 milhões pelos EUA em 1917, receberam 108 mil escravos, e seus habitantes tornar-se-iam cidadãos americanos em 1927, aumentando assim fortemente o número de negros nos EUA, estimado em 3.559 mil em 1920.

O *Slave Voyages* fez suas estimativas com muito cuidado, e toda a sua metodologia é pública, com base no seu *banco de dados*, que tem somente informações confirmadas, e com números bem diferentes, normalmente inferiores: 8.705 mil no total, 3.168 mil para o Brasil, e 306 mil para os EUA. A diferença relativa entre o *banco de dados* e as *estimativas* é muito grande para o Brasil, de 53%, comparativamente aos EUA, de 26%, e do total, 23%. As diferenças são decorrentes da existência de informações parciais obtidas por estudiosos, que são incluídas nas *estimativas* e que não fazem parte do *banco de dados* exatamente por estarem incompletas.

Não podemos nos esquecer de que, segundo o *Slave Voyages*, o número de escravos desembarcados nos Estados Unidos foi de 388 mil, um número minúsculo comparado aos quatro milhões e 864 mil desembarcados no Brasil. Ainda mais, como os americanos sempre seguiram as leis com mais cuidado, ao contrário do Império, onde o tráfego negreiro proibido desde 1830 era tolerado, é bastante provável que as estatísticas de desembarques de escravos nos EUA estejam corretas, já os dados relativos ao Império do Brazil estão, provavelmente, subestimados. É bastante provável que o número de escravos desembarcados no Brasil seja superior a cinco milhões de pessoas: muito embora os cônsules britânicos no Brasil se deslocassem rapidamente para os locais de desembarque clandestino, muitas vezes chegavam atrasados e não conseguiam evitar a escravidão dos desembarcados. É conhecido um desses atrasos, em que um cônsul britânico, em meados do século XIX, chega tardiamente para impedir a dispersão dos desembarcados e torná-los livres (e que seriam chamados de "africanos livres" na legislação imperial), depois de um desembarque de escravos na então longínqua, imagine-se, praia de Copacabana no Rio de Janeiro.

James Baldwin (1924-87), o célebre escritor de Nova York, uma cidade em que não houve um processo de miscigenação, espanta-se quando vai ao Sul dos Estados Unidos em pleno século XX e se depara com negros de todas as cores, de todas as misturas, mas todos se considerando negros. Ele sugere, assim, que, para um negro americano do Norte, a miscigenação ocorreu no Sul, mas que o resultado foi a inclusão do pardo na sociedade negra. Dos 0,4 milhão de negros livres em 1860 nos EUA, quantos seriam pardos? As estatísticas americanas recusaram-se a considerar a categoria de pardo até há pouco tempo. Em 1860, há 0,08 milhão de *other races* nos EUA, ou seja, 78 mil de não brancos e não negros. É realmente inconcebível que este número esteja correto, não só pelos pardos existentes, mas também porque a Guerra dos Estados Unidos contra o México aumentou o território americano em mais de 2.200.000 km² (com aumento de 67% do território do país), com 510 mil habitantes mexicanos dos territórios anexados. Pode-se apenas hipotetizar que os mexicanos, de todas as cores e etnias, mas raramente brancos, que viraram cidadãos americanos compulsoriamente por lei do Congresso tenham sido considerados parte dos 2,2 milhões de população nascida no estrangeiro (*foreign born*), muito embora já então fossem cidadãos americanos.

O primeiro censo da Califórnia, feito pelo próprio estado em 1852, então recém-incorporado aos EUA, mostra 250 mil habitantes, dos quais 171.841 brancos, 54.803 residentes estrangeiros (cor não identificada), 31.266 mil indígenas civilizados (*indian domestication*), 1.678 pretos (*black*) e 528 pardos (*mulatto*). Desta maneira, o estado que realizou o seu próprio censo é precursor da categoria *mulatto* nos EUA. Boa parte dos 54.803 residentes estrangeiros deve ser de mexicanos de todas as cores e etnias, mas raramente brancos. Não devemos nos esquecer de que o pardo inclui o cruzamento entre indígenas e negros, o que deve ter ocorrido em grande número, dado que os escravos desembarcados eram majoritariamente masculinos.

O *Slave Voyages* não tem as médias ponderadas no seu banco de dados do gênero dos escravos desembarcados (só foi capaz de identificar 25 mil escravos como do gênero masculino). Possivelmente jamais saberemos a porcentagem de mulheres escravas desembarcadas, mas é claro que os negociantes e fazendeiros davam preferência aos homens como força motriz nas fazendas de café, de açúcar e na mineração de ouro e diamantes. Segundo pesquisa de Beatriz Mamigonian (2017), referente ao barco português *Emília*, capturado em julho de 1821 pelos britânicos, e entregues à Comissão Mista Anglo-Portuguesa do Rio de Janeiro, havia 256 homens e

96 mulheres, este último representando 27% do total de escravos. Mas não será um caso excepcionalmente alto? Simplesmente não sabemos.

Parece-me que a razão principal do número elevado de pardos livres no Brasil seja realmente o direito natural que repugna os pais terem filhos como cativos. Pode-se imaginar que os filhos de uma escrava com alguém de porte de um José Bonifácio permaneceriam em cativeiro? Certamente não, muito embora José Bonifácio fosse um homem muito semelhante a Jefferson, já que ambos favoreciam a emancipação dos escravos de forma lenta. Escrevendo em 1826, José Bonifácio (1763-1838), em uma Representação Geral à Assembleia Constituinte, frisava: "eu não desejo ver abolida de repente a escravidão, tal acontecimento traria grandes males". E a razão mencionada por José Bonifácio (1826) é absolutamente contraditória, já que, para emancipar os escravos sem prejuízo da sociedade, cumpre fazê-los primeiramente dignos da liberdade: "cumpre que sejamos forçados pela razão e pela lei a convertê-los gradualmente de vis escravos em homens, livres e ativos".

Malheiros, o grande jurista que abominava a escravidão, e que escreveu talvez o melhor e único estudo jurídico do assunto, é firme quando diz que o pai não pode ter o filho como cativo, segundo o direito natural, e que esta prática chega ao direito brasileiro não somente pelo direito português, mas também pelo direito romano, desde o imperador Diocleciano (285-305 d.C.). Com efeito, Malheiros diz claramente que, mesmo se a mãe for escrava, seu filho será "livre e ingênuo", se o pai for o próprio senhor do escravo. A argumentação de Malheiros o jurista que se torna famoso pelo seu conhecimento da legislação escravocrata é baseada, em seu entender, nas Ordenações Filipinas, vigorantes em todo o Império do Brazil, que no livro 4º, título 92, tem: "A Ord. L. 4º Tít. 92 pr. Assim se deve entender na palavras finais – *se por morte de seu pai ficar forro* – [itálico no original]; porque repugna ao Direito Natural que alguém possua como seu cativo seu próprio filho, nem as nossas leis isso permitem desde que negam o direito de vendê-los, e implicitamente o domínio, nem já o consentia o Direito Romano, desde Diocleciano proibindo o vender os filhos e negando propriedade sobre eles. (Malheiros 1866 § 25)

Na colônia e no Império, a questão coloca-se sobre a integridade dos amos brancos e suas mulheres escravas: deveriam dar legalmente a liberdade aos filhos, mas davam mesmo? Tudo sugere que sim, dado o elevado número de pardos tornados livres no nascimento, conforme se lê nos registros de batismo.

Thomas Jefferson era um canalha do ponto de vista racial. Em uma das suas cartas a um amigo em 1815, descreve uma aritmética complicada para determinar o que é um negro *quadroon* (quarta parte), o que é o caso de Sally Hemings, sua concubina, meia-irmã parda e escrava de sua esposa branca falecida. Pelas leis nazistas de Nuremberg, único exemplo racial recente, de fato Sally Hemings seria considerada negra. Em uma carta para Francis Gray, citada por Emily Clark (2013), Jefferson faz uma aritmética simples, porém longa, com os descendentes de negra e branco em várias gerações, e chega à definição de que, na terceira geração, ter-se-ia uma pessoa com 5/16 de sangue negro, o que o faria um *mulatto*. Na quarta geração, segundo Jefferson, chega-se a um resultado de 3/16 avos de sangue negro, o que não resultaria num *mulatto*; assim, para Jefferson, com 31% de sangue negro, alguém é *mulatto*; e com 18%, não o é. Jefferson não dá razões para o corte racial que adotou. Estupros devem ter ocorrido e muito na escravidão: em um dos poucos exemplos conhecidos, encontra-se uma pintura de Andrés de Islas no atual México, de 1774, muito dolorosa, que mostra uma preta escrava tentando defender-se do ataque de um branco debaixo de um olhar aterrorizado de sua filha parda. A ilustração é também sexista, como é o cálculo de Jefferson, já que fala sempre de *mulata*, e não *mulato*.

Ilustração VII.1. Pintura de Andrés Isla *De español y negra: nace mulata*, 1774 (Museo de América. Gobierno da España. Ministerio de Educación, Cultura y Deporte.

Foto: Joaquín Otero Ubeda. Nota: Os pintores espanhóis são mais bem desenvolvidos que os portugueses, mas a pintura acima seria a mesma para a colônia e o Império do Brazil.

Segundo Emily Clark (2013), o termo *quadroon* (inglês) vem do espanhol *cuarteron* e foi adotado na América colonial espanhola no fim do século XVI para definir pessoas que tinham entre seus quatro avós, três europeus e um africano, o que significava ¼ de sangue negro; o termo espanhol foi usado provavelmente em meados do século XVII no México e no Caribe espanhol, inclusive na Jamaica, que originou o termo em língua inglesa. Posteriormente o termo *cuarteron* foi utilizado em documentos de sacramentos católicos e em documentos legais. O termo foi adotado depois na colônia francesa de Louisiana como *quarteron*. Mais tarde os americanos do Sul chegaram a utilizar o termo *eighthroon* e *octoroon* como 1/8 de sangue negro. Deve-se enfatizar que a pesquisa exaustiva realizada pelo meu irmão, o jornalista Ricardo Novais Almeida, nos arquivos de batismo da Arquidiocese do Rio de Janeiro para todos os anos do Império do Brazil de 1822 a 1889, jamais encontrou nada semelhante em português aos termos *cuarteron* e *octoroon* do castelhano ou em suas variações em português, inglês ou francês.

Thomas Jefferson teve sete filhos com a escrava Sally Hemings, com a qual teve evidentemente um relacionamento duradouro, e não libertou nenhum desses filhos, algo inconcebível, se ele estivesse no Brasil. Sally era a filha de um dono de uma *plantation* e de uma escrava de sua propriedade, Betty; esta, por sua vez filha de uma escrava preta e de um branco, capitão de um navio negreiro.

O Censo Americano de 1790

O censo de 1790 contém diversas peculiaridades. Uma das mais interessantes é a curiosa definição de cor adotada para a análise da população. A definição que aparece nas tabelas censitárias é: 1) *homens brancos livres de 16 anos e acima, incluindo chefes de família*; 2) *homens brancos livres abaixo de 16 anos*; 3) *mulheres brancas livres, incluindo chefes de família*; 4) *todas as outras pessoas livres*; e 5) *escravos*. É interessante observar que o primeiro censo americano não faz referência a "negro" ou "mulato" em suas divisões de cor (vergonha de ser um país racista?). Essa curiosa definição pode ser explicada pela imensa maioria da população branca nos Estados Unidos, que, de acordo com o relatório censitário de 1790, corresponde a 81% do total, ou 3,1 milhões de habitantes. A população negra corresponde a 19% do total de habitantes, ou apenas 757 mil habitantes.

Nos estados do Norte, o padrão de uma população majoritariamente branca observado na estimativa de 1715 repete-se no censo de 1790, em que

97% da população é branca. Do total de apenas 67 mil negros no Norte, cerca de 40% eram livres. A distribuição de cor nos estados do Sul era mais equilibrada. A grande diferença a ser observada em relação aos estados do Norte está no total da população negra escravizada. A população negra do Sul dos Estados Unidos em 1790 era escravizada em impressionantes 95% do total, ou seja, dos 689 mil negros, 657 mil eram escravos. A tendência destes dados mantém-se ao observar cada estado individualmente.

A população escrava dos estados do Norte, e que inclui os estados do Nordeste dos Estados Unidos, era pouco expressiva em relação ao restante da população, em que cerca de 152 mil escravos representavam 6% do total dos habitantes da região. Não houve registros de que existisse mão de obra escrava nos estados de Massachusetts e Maine em 1790, muito embora Massachusetts registrasse a quarta maior população entre os estados americanos, com 380 mil habitantes, e a segunda maior entre os estados do Norte. A maioria dos estados do Norte tem números ainda menores do que a média da região, com exceção dos estados de Maryland e Delaware, que são estados fronteiriços entre o Norte e o Sul. Se desconsiderarmos estes dois estados, que possuem uma grande população de escravos em relação ao total, a proporção de escravos no Norte em relação ao total despenca para apenas 1,7%.

Os três estados mais populosos do Norte (Pennsylvania, Massachusetts e New York) têm apenas 2,2% do total da população composta por escravos. A tendência é seguida pelos demais estados, que apresentam um índice de 1,9% em relação ao total da população. O estado do Delaware, embora em valores absolutos tenha menos escravos que os estados de New York e New Jersey, tem 15% de escravos de sua população total, ou 8.887 escravos.

Kimmel (1974) observa que, nas duas primeiras décadas após a colonização de Maryland, a proporção de negros em relação à população branca aumentou de forma significativa, tornando assim o negro um elemento mais presente do que fora antes na sociedade, e que o passar do tempo trouxe uma novidade para a população: o surgimento do *mulatto*. A economia de Maryland nesse período era fortemente ligada à produção e à exportação de fumo, que demandava abundância de mão de obra barata. Após uma crise causada pelas Leis de Navegação de 1660, a situação econômica da colônia melhorou e permitiu que investidores com considerável capital para investir pudessem ampliar e controlar uma grande quantidade de mão de obra.

Alguns Aspectos Tenebrosos do Racismo e do Escravismo Americano

É tenebroso o racismo americano comparado ao brasileiro ou hispano-americano; não que este ou aquele possam eximir-se no tratamento dos escravos. O Visconde de Porto Seguro (Francisco Adolfo de Varnhagem), o principal historiador do Império, horrorizado e surpreso, já notara que uma gota de sangue negro era suficiente para transformar uma pessoa em negra na tradição americana.

Nos Estados Unidos, tende-se a tratar *race* (raça) como uma característica fixa, objetiva e biologicamente herdada (*inherited*), enquanto que no Brasil, segundo um estudo de Marvin Harris publicado no clássico *International Encyclopedia of social sciences* (1968) — tão válido hoje quanto em 1968 —, irmãos consanguíneos que têm características físicas distintas são considerados de distintas raças, ou seja, a ascendência genética não é a regra brasileira. Harris diz que raça não é uma característica fixa das pessoas no Brasil, e, se uma pessoa se tornar rica, por exemplo, em seus dizeres, pode mudar de raça. Acrescenta que raça não depende só de riqueza, mas também de educação e classe social.

Infelizmente, no ano da independência americano em 1776 o germânico Johann Blumenbach, conforme mencionado em Frederickson (2002) dividiu a população humana em cinco categorias: *americanos* (a população nativa do continente), *caucasianos*, *etíopes*, *malaios* e *mongóis*, que são uma "dedução razoável do que era então conhecido sobre o tipo físico de cada continente" . Nos EUA, por razões que se desconhece, as categorias de *americano* e *etíope* foram abandonadas, adotando-se o conceito europeu do século XV de *indígenas* e o de *negros*. *Caucasiano*, porém, foi o único que remanesceu, tratando-se dos brancos, que Blumenbach considerou ser a categoria humana mais bonita e que tem como origem a região das montanhas do Cáucaso (atualmente Azerbaijão, Armênia, Geórgia e partes da Turquia e da Rússia, além do Irã, na Ásia, fazem parte do Cáucaso, que define a fronteira entre a Europa e a Ásia). Ele foi um dos primeiros, ao lado do sueco Carl Lináceos (1735), que abriu "o racismo para o caráter secular ou científico, como parte do reino animal, abandonando o conceito bíblico de que os homens são filhos de Deus com características espirituais distintas dos animais", como nota Fredrickson (2002).

Uma das formas objetivas de ver como os americanos consideram o que é *raça* é ver como definida nos censos, que traduzem a visão e os preconceitos nacionais predominantes. Os primeiros censos são cautelosos, talvez pela forte influência europeia nos EUA em que o escravismo era então rejeitado. Em 1790, no primeiro censo e nos outros subsequentes até 1840, não há menção a raças ou cores, mas sim a população "livre" e "escrava". Os escravos não são necessariamente todos negros e não têm cor formalmente explicitada no censo. Na tradição do Sul, o escravo não é gente, mas um semovente (*chattel*), como um boi, um cachorro ou um material físico, como uma mesa.

Só em 1850 (e repetido em 1861), às vésperas da Guerra Civil, quando os escravocratas estavam mais fracos, é que é usado o termo *branco (white)*, *negro (black)* e *mulato (mulatto)*, talvez ainda porque o censo do estado da California, recentemente anexado do México, tenha esta categoria. O *mulatto* é abandonado em 1900, retomado em 1910 e mencionado pela última vez em 1920. Para 1870 e 1880, com a forte imigração chinesa é que foi adicionada às três classificações primitivas (*white, black* e *mulatto*) a nacionalidade como raça. No censo de 1870, os indígenas (*indians*) passaram a ser contados, e em 1890 foi adicionado *Japanese*.

Os direitos civis e políticos duramente conquistados imediatamente após a Guerra Civil de 1860-65 foram destruídos quase que imediatamente por decisão do Supremo Tribunal Federal americano de 1875, que mudou a competência legal dos direitos civis de legislação federal para a legislação estadual: a partir daí a discriminação racial retornou com força total nos derrotados estados do Sul e, mesmo abrandada, nos estados do Norte.

A partir de 1875 os sulistas realmente mostraram sua força em escala nacional, conseguindo modificar os conceitos do censo. Os agentes do U.S. Census Bureau foram instruídos pela primeira vez "a serem especialmente cuidadosos com a classe de *mulattos*, em que se deve incluir não somente as pessoas com $\frac{1}{4}$ e $\frac{1}{8}$ de sangue negro, mas também qualquer pessoa que tenha traço perceptível de sangue negro. Resultado científico importante depende de determinação correta desta classe". Dessa forma, a lei americana é mais racista que a nazista (Leis de Nuremberg de 1935), que explicitamente define judeu como sendo alguém com $\frac{3}{4}$ de sangue judaico, ou seja, se dois dos avós não são judeus, a pessoa não é judia. A definição dos censos é a visão americana em geral, admitindo, é claro, variações regionais, como no coração do Sul dos EUA, no estado de Virginia, em que a definição de negro, inicialmente de $\frac{1}{4}$ de sangue negro, passa a ser mais dura, para $\frac{1}{8}$. Mas o que é pior, como os animais, conforme dito antes, os *mulattos* têm diferentes categorias, segundo já visto, como *quadroon* (quarta parte) e *octoroon* (oitava parte) de sangue negro e *mulattos* em geral.

Segundo o escritor Thomas Powers (2017), os termos *octroom*, *quadroom* e *mulatto* foram criados nos estados do Sul durante a escravidão e referem-se somente aos antepassados afro-americanos, excluindo, portanto, chineses, indígenas etc. O *mulatto* tem um dos pais negro; o *quadroon*, um dos avós negro; e o *octroom*, um dos bisavós negro. Powers afirma que *octroom* nada tem a ver com a origem genética, mas sim pelo controle da sociedade local sulista, que afirmava quem era e quem não era *octoroon*, já que a aparência física não queria dizer nada.

Em 1890, a categoria "ascendência negra" tem 6 milhões e 337 mil negros, dos quais os *mulattos* são 957 mil, 105 mil *quadroons* e 70 mil *octoroons*, que totalizam 1 milhão e 132 mil. Ou seja, a população parda é 21% da população preta, usando a definição brasileira; essa participação diminui para 19% em 1920, conforme dito, o último ano em que o *mulatto* aparece. Os censos posteriores "matam" paulatinamente os 19% de *mulattos* de 1920, que não são mais contados. Os americanos jamais usaram a classificação parda (*brown* seria um bom nome), e depois de 1930 todo mundo é preto ou branco (além dos orientais e indígenas).

Conforme dito, no censo de 1900, a classificação de *mulatto* não aparece, mas reaparece em 1910 e continua em 1920. Em 1930 desaparece o *mulatto* e aparece pela primeira vez uma definição radical de negro, como "uma pessoa de sangue negro e branco, sendo irrelevante (*no matter*) a quantidade pequena ou não de sangue negro" (definição do censo de 1930 que é mantida até hoje e que faz parte do imaginário americano).

No sétimo e último censo americano em que o *mulatto* aparece, em 1920, sua participação é significativa, sendo equivalente a 19% da população preta do país. Os censos americanos a partir de 1930 tornam impossível achar o *mulatto*, englobando-o em afro-americano ou "*other races*", que inclui chineses, japoneses e indígenas. Assim, os censos americanos desde 1930 não admitem o *mulatto*, ao contrário do pardo no Brasil.

Esse ranço americano de ver todos simplesmente como pretos e brancos é generalizado, mesmo entre pessoas bem-educadas. Ainda recentemente, Gilberto Freyre (1978) escreve, irritado, que Robert Kennedy em uma conferência em que esteve presente, em uma faculdade de Recife, estranhou que, entre os 500 universitários presentes, não havia nenhum negro. Freyre, presente, chamou a atenção de Kennedy, dizendo que havia pelo menos três, e que cerca de 300, no mínimo, tinham algum sangue negro, "percentagem proporcionalmente entre jovens bem superior a de seu país", em uma observação mordaz, já que os negros americanos são bem menos que 3/5 da elite americana.

Refletindo a maior liberdade americana com raças e tendo em vista os direitos civis expressos na legislação da década de 1960, somente a partir do censo de 1970 a categoria passou a ser auto declaratória, e não mais colhida por agentes censitários com todas as suas preferências pessoais. Os censos brasileiros sempre foram mais democráticos e mais corretos do ponto de vista de cor e, desde o primeiro em 1872, auto declaratórios.

Box 4. O multirracialismo desaparece dos EUA em 1920

> Neste ano, dois fatos extraordinários verificam-se do ponto de vista demográfico e racial. Em primeiro lugar, o *mulatto*, que aparece nos censos de 1870, 1890, 1910 e 1920, aparece pela última vez nos censos e até, eu diria, do imaginário americano, que passa a ser bi racial [uma gota de sangue preto (*black*) define uma pessoa como negra]. O negro americano passa a ser sinônimo de *black*, atualmente chamado de *Afro-American*, quando até então existia o *black* e o *mulatto* como divisão de negro. Na década de 1910, a população *mulatta* diminui de 390 mil pessoas. Isto é inconcebível: tudo sugere que os *mulattos* passaram para *white*, por suas aparências físicas registradas pelos agentes censitários (e que possivelmente eram acompanhados pela população como um todo). Quantos *mulattos* viraram *whites* entre 1910 e 1920?

> Na década anterior, de 1900 a 1910, a população negra (*black* + *mulatto*) cresceu 11,3%, ou seja, pouco mais da metade do crescimento da população branca nascida nos EUA ("nativa"), de 20,8%. São números que podem ser justificados porque os brancos têm uma renda e condições de saúde superiores aos negros. Mas na década posterior, de 1910 a 1920, a população nativa branca cresceu, excluídos os imigrantes, a 18,6%, mais do que o triplo da população negra (5,9%). Há algo de errado aí. Não há como explicar tão baixo crescimento negro, exceto pela passagem da categoria de *mulattos* para brancos. Se é difícil para o *black* (preto) virar branco, o mesmo não acontece com o *mulatto*. Se esta categoria tivesse crescido a 54,3% da taxa de crescimento da população branca (que é o que acontece na década anterior), para 1910-1920 a taxa de crescimento da população *mulatto* seria de 10,1%, que, aplicada aos 2.050 mil *mulattos* em 1910, daria uma população de 2.257 mil *mulattos*, e não os 1.660 mil do censo de 1920. Ou seja, a população branca entre 1910 e 1920 foi acrescida de uma estimativa de 597 mil pessoas que eram *mulattos*. A segregação foi muito forte em 1910-20, quando o presidente Wilson, contumaz racista, e ressurgiu a segregação no serviço público federal dos Estados Unidos. Ser branco era muito mais vantajoso com Wilson do que antes dele, daí que um número razoável de *mulattos* achou mais conveniente transformar-se em branco.

Box 4 (cont.)

> Assim, a população "nativa" branca corrigida (sem os 597 mil *mulattos*) de 1920 seria de 81.108 − 597 = 80.511 mil (mantendo-se 68.386 mil para 1910), mas a população negra em 1920, corrigida, teria aumentado em 597 mil, de 10.463 mil para 11.060 mil (sendo mantida 9.827 mil em 1910). Assim, com estes novos números, as taxas de crescimento seriam mais palatáveis para a década de 1910-20: de 17,7% para a população nativa branca e de 12,5% para a população negra, taxas proporcionalmente bem semelhantes às da década anterior (a população negra cresce a 70% da taxa branca nativa).

A confusão censitária com hispanos (*hispânicos*) é maior ainda. A partir do censo de 1930, os que nasciam no México ou nos EUA, desde que tivessem pais mexicanos, não brancos, negros, indígenas, chineses ou japoneses, deveriam ser classificados como "mexicanos", o que é um absurdo, já que o termo inclui, portanto, cidadãos americanos e não americanos. Somente em 1980 a regra foi mudada, e os hispânicos, como os da possessão americana de Porto Rico e os do México, foram colocados em *other race*. O termo *hispanic* tem uma história complexa: é a população residente (cidadãos americanos ou estrangeiros) de ascendência mexicana, porto-riquenha, cubana e das Américas do Sul e Central, cunhada por *Mrs.* Grace Flores-Hughes, funcionária do Department of Health, Education and Welfare, no início da década de 1970, que criou deliberadamente um termo artificial preferencialmente a um termo que englobasse nacionalidades ou línguas. Ela explicitamente nota que o termo concorrente *latino* é muito confuso, já que poderia incluir brasileiros ou mesmo italianos (entrevista ao *The Economist* de 14.03.2015). O termo foi utilizado pelo presidente Ford em meados da década de 1970 e depois entrou para o censo, mas não para o imaginário americano, que continua falando em muitos lugares, principalmente na costa oeste, *latino* e *chicano* e, na costa leste, *hispanic*. A confusão linguística continua grande, e ainda recentemente, em 2016, um importante periódico, o *AARP Magazine*, falava que tinha notícias para a semana da cultura hispânica e latina, como se os termos significassem conceitos distintos.

A definição de *hispanic* é genérica em demasia, já que fala em "América do Sul e Central", de modo que engloba países de língua inglesa, francesa, holandesa e portuguesa, além do castelhano, de modo que só teria sentido se aliado à língua espanhola. Mas vamos ser francos: em castelhano moderno, *hispano* quer dizer território e também indivíduos da atual Espanha [como *Monarcas hispanos*, que incluem *Reyes Visigodos, Reino Nazarí de Granada,*

Corona de Portugal (hasta la definitiva separación de 1640), como em García de Cortázar e González Vesga (1994), além de uma pessoa de fala espanhola]. Depois de 1898, com a independência de Cuba da Espanha, a última colônia espanhola na América, o termo *hispano* fora dos EUA significa os habitantes dos 18 países da América de fala espanhola mais a *Commonwealth of Puerto Rico*, um território dos EUA.

O racismo americano pode ser ilustrado na ilegalidade de casamento entre negros e brancos em muitos estados. Após a Primeira Guerra Mundial, em que muitos negros serviram nas Forças Armadas e voltaram para os EUA com grande prestígio, o estado da Virginia baixou uma lei em 1924 proibindo o casamento entre negros e brancos, lei essa só considerada inconstitucional pelo Supremo Tribunal em 1964. É realmente desolador que a lei do principal estado do Sul tenha vigorado por 34 anos, em pleno século XX. Ainda em 1964, outros 16 estados americanos tinham leis proibindo o casamento inter-racial. Na época, a Virginia definia caucasiano, isto é, branco, como uma pessoa de 100% de ascendentes brancos. O Box 5, a seguir, mostra como era diferente no Brasil.

Box 5. A miscigenação do ponto de vista legal e de gênero no Império do Brazil

> Até onde pude ver, jamais houve proibição de casamento entre negros e brancos em Portugal, em suas colônias e no Império do Brazil e na República brasileira. A sapiência do Marquês de Pombal (que, para todos os efeitos práticos, governou Portugal em 1750-77) permitiu a constituição jurídica de famílias com índias e homens brancos, explicitamente. As limitações aos negros em ocuparem cargos públicos são reduzidas em Portugal: é conhecida a posição do rei João III, que ordenou a um governador da colônia brasileira que não queria nomear um negro como procurador que o fizesse. O começo da ocupação europeia do Brasil é essencialmente masculino, o que se verificou também com os escravos desembarcados. O *Slave Voyages* tem poucas informações sobre o gênero, e consegue determinar o gênero de 25.431 desembarcados como do sexo masculino. Em magnífico trabalho, Beatriz Mamigonian (2017) nota que, de 961 africanos livres enviados para trabalhar nas instituições públicas até 1840, apenas 75 eram mulheres, ou 7,8%. Os escravos raramente se ligavam com as poucas mulheres brancas, e há um número reduzido de mulheres negras, mas podiam ligar-se com as mulheres indígenas (resultando no chamado cafuzo). A miscigenação começa aí. É claro que, na segunda geração da população negra, haverá maior igualdade entre os gêneros, mas os desembarques de escravos continuaram até 1870. Mesmo quando a imigração europeia é mais forte, de 1908 a 1939, já na República, ela é essencialmente masculina (apenas 37% dos imigrantes que chegam a Santos eram mulheres), o que também induz a miscigenação com a população existente.

A lei de proibição de casamentos não era para inglês ver: ainda no século XX, era coibida coercitivamente pela polícia, que obrigou o casal Loving, da Virginia, a mudar-se do estado para outro onde eram permitidas famílias inter-raciais. Esse casal, desejando mais tarde voltar à Virginia, arguiu a inconstitucionalidade da lei, que terminou com uma decisão favorável ao casal do tribunal em 1964, o que deu origem ao filme *Loving*, de 2016.

John Hope Franklin, um dos grandes historiadores e ativistas americano, detalhou como os historiadores sulistas modernos reescreveram a história da Revolução (Independência) Americana justificando um *commitment* para a escravidão, e como ele se propôs a mudar esta falsa visão histórica. Em um importante resumo da vida de Franklin, a historiadora Drew Gilpin Faust (*New York Review of Books*, 17.12.2015) comenta um episódio da vida de Franklin: quando tinha seis anos, foi posto para fora de um trem porque sua mãe e ele estavam sentados em um vagão exclusivo de brancos, repetindo o que aconteceu com o recém-formado advogado indiano Mahatma Gandhi na África do Sul. Foi um choque para ambos. O comandante das forças do Sul, Robert E. Lee, ao se render, apenas disse que "a confederação sucumbiu a uma força muito superior (*overwhelming*)" e consequentemente criou o mito de "causa perdida, em que o Sul lutou corajosamente por ideais nobres", como mostra James Oanes (2019). Franklin nota que as estórias populares representadas pelo filme racista *O Nascimento de uma Nação* (*The Birth of a Nation*, de 1915, infelizmente, dizem os críticos cinematográficos, de grande vigor cinematográfico, que originalmente se chamava *The Clansman*, dado o livro original de D. W. Griffith) serviram para o ressurgimento da Klu Klux Klan, que parecia que ia extinguir-se de morte natural. A legislação americana reflete, é claro, o racismo americano, particularmente quando interpretado pela Corte Suprema até as mudanças da legislação dos direitos civis e das decisões judiciais nas décadas de 1950 e 1960. Modernamente, a maior parte dos historiadores, inclusive Franklin, afirma que a Guerra Civil ocorreu pela escravidão, mas os historiadores pró-sul, liderados por W. Archibald Dunning, da liberal Universidade de Columbia, insistem que ocorreu pela secessão dos estados do Sul, e preferem ignorar que essa secessão ocorreu porque os estados do Sul queriam manter o escravismo em face de um abolicionismo cada vez mais forte no Norte. A causa última é, obviamente, a escravidão.

A Corte Suprema ainda em 1857 afirmava que os negros livres em todo o país não eram cidadãos dos EUA, na decisão de Dred Scott — algo absolutamente inconcebível no Brasil, de muitos pretos livres e ainda mais pardos livres, que eram cidadãos com algumas restrições legais, que não incluíam ser ministro de Estado, como, por exemplo, o Barão de Cotegipe, ministro de Negócios Estrangeiros, à época de Gobineau. Posteriormente, Francisco de Sales Torres, também negro, foi ministro da Fazenda (de 31.05 a 18.08.1948), segundo o jornalista André Dutra Boucinhas na revista *Piauí* de junho de 2015. Também tivemos dois ministros negros no Supremo Tribunal Federal no século XX, Pedro Lessa (ministro entre 1907-21) e Hermenegildo de Barros (ministro entre 1917-31), além, é claro, de Joaquim Barbosa, que chegou à presidência do Supremo entre 2012 e 2014.

A guerra civil de 1860-65 implicou mudanças drásticas, como a abolição da escravatura por Emenda Constitucional em 1868 (os historiadores americanos sempre preferem falar em *emancipation*, e não *abolition* da escravatura, porque a primeira, segundo eles, é um longo processo e a segunda não o é — para os brasileiros, isto é incompreensível, já que a abolição aqui também foi um longo processo). Na verdade, a abolição americana deve ser datada de 1865, quando a União ganha a Guerra Civil e impõe sua lei de abolição da escravatura de 1863 ao Sul. Mas a extinção da escravatura não torna todos os negros cidadãos livres de imediato: não eram cidadãos, mas eram livres, uma contradição sem tamanho que dura mais três anos, até 1868, quando outra emenda constitucional, a 14ª, determinou que a cidadania fosse a mesma (*equal citizenship*) para todos os nascidos nos EUA, tornando, deste modo, todos os negros cidadãos, mesmos os nascidos no país anteriormente a 1868.

Infelizmente, a 13ª emenda constitucional de 1865 permitiu expressamente a "servidão compulsória" (*compulsive servitude*) para os americanos condenados em juízo (*convicted*). Como resultado, todos os estados do Sul (exceção de Arkansas e Tennessee) baixaram uma legislação complexa punindo a vagabundagem, definida tão vagamente que qualquer pessoa poderia ser presa e sujeita a trabalhos forçados, sendo aplicada no Sul quase que exclusivamente a negros. Por exemplo, em 1865, o Mississipi determina que os negros devessem fazer contratos com os fazendeiros brancos em 1º de janeiro de cada ano; e, se não o fizessem, seriam presos e acusados em juízo de "vagabundos". As condições de trabalho nessas fazendas do Sul eram de *neoescravidão*, conforme nota Blackman (2008), com castigos físicos incluídos, e o Judiciário estadual do Sul simplesmente ignorava quaisquer reclamações trabalhistas de negros, dando sempre razão aos patrões brancos.

As leis de Reconstrução de 1867 e 1868 deram forte ímpeto ao crescimento do poder político dos negros, mas duraram muito pouco; em 1875, a única lei federal que regulamentava as 14ª e 15ª Emendas Constitucionais — dando direitos jurídicos de voto aos negros — foi, para todos os efeitos práticos, revogada, uma vez que a Corte Suprema decidiu que os direitos civis e políticos deveriam ser estabelecidos por legislação estadual ou municipal, e não federal. Como resultado, "uma inundação de leis apareceu, eliminando os direitos dos antigos escravos e seus descendentes no Sul".

Apesar disso, no início da década de 1880, um número razoável de negros conseguiu votar e, consequentemente, tinha algum poder político, que dificultava o racismo oficial. Aqui no Brasil, ora se exigia renda mínima, ora alfabetização para o voto. Na prática, o negro, bem mais pobre do que o branco, com pouco ou nenhum acesso à escola no século XIX, foi excluído de votar e ser votado. É claro que isto foi péssimo para a defesa do negro no Congresso. O Brasil é indireto na discriminação real, ao contrário dos EUA. O racismo fez-se principalmente pelo controle orçamentário de escolas mantidas com recursos estaduais e municipais. Por exemplo, no Alabama em 1892, uma lei estadual determinou que a divisão de recursos do Estado para escolas municipais de alunos brancos e as escolas de alunos negros seria alocada pelos municípios (onde os brancos tinham o controle político do orçamento), e não mais pelo Estado (onde os negros tinham algum poder). O resultado em poucos anos foi incrível: o salário dos professores em escolas negras foi reduzido e o ano letivo em escolas negras foi cortado de nove para seis meses. Salários baixos para os professores do ensino fundamental, frequentado por pobres e negros no Brasil, constituíram também uma forma de discriminação que vai perpetuar a diferença educacional entre os negros, quase sempre pobres, e os brancos, muitos dos quais ricos.

A fraqueza do Sul após a derrota na Guerra Civil foi substituída, na verdade, pelo linchamento de negros, legalmente ou não, por cidadãos brancos, conforme discutido pelo livro de Harper Lee, *To Kill a Mockingbird*, de 1960, e que virou um filme famoso com o mesmo nome em 1962, *O Sol é para Todos*, estrelado por Gregory Peck. A Guerra Civil foi perdida pelo Norte pouco a pouco, com as decisões da Corte Suprema. O excesso de poder da Corte Suprema Americana, controlada por ministros racistas, venceu para o Sul a Guerra Civil. Como diz Stephen Sedley, *Lord Justice of Appeal* britânico, a Constituição americana é uma *constitutional shopping list*, o que faz, na prática, que a Corte Suprema reescreva a Constituição americana por numerosas vezes e como bem entender. É um absurdo que alguns americanos digam que sua Constituição é permanente. Em prática, muda periodicamente a cada decisão da Suprema Corte.

Um ano terrível é 1892, em que ocorreu o maior número de linchamentos de negros (250) em toda a história americana. O linchamento é antigo nos EUA, começa com uma lei de 1780, da Virginia, para ladrões de cavalos e falsificadores de moeda e é estendida a todos os estados, e até hoje em vigor. Foi aplicada depois a todos, mas particularmente aos negros, por estrupo, assassinatos e incêndios e mesmo sem razões específicas. Nos estados do Sul, o linchamento começa em 1882, logo após a guerra civil (52 negros são assassinados pelas turbas). O Equal Justice Institute em 2017 estima mais de 4 mil linchamentos ocorridos entre 1877-1950 nos estados do Sul. O linchamento servia para desmoralizar os negros e reafirmar a superioridade branca, que era tornada pública da maneira mais violenta possível, com cartões postais de enforcamentos dos linchados distribuídos com orgulho pelos Sulistas por todo o país.

Para complementar a discriminação nas escolas do Sul, em 1899, a Corte Suprema (na decisão de *Plessy versus Ferguson*) sancionou o que já era praticado no Sul de escolas para brancos e para pretos, com a doutrina "separados, mas iguais" para os equipamentos públicos (*facilities*): trens, bebedouros, hotéis, bares. Isso em uma decisão judicial em que Plessy, um homem de 30 anos com 1/3 de sangue negro, ficou impedido na Louisiana de viajar em um vagão de trem exclusivo para passageiros brancos.

A discriminação racial legal continua até a Segunda Guerra Mundial, e só em 1948 a decisão de 1875 do Supremo Tribunal foi emendada, determinando que a legislação federal devesse ser obedecida nos estados e abole a servidão compulsória. Somente em 1951 o Congresso aprovou definições claras criminalizando qualquer forma de escravidão e somente em 1954 a Corte Suprema (*Brown versus Board of Education*) retirou a segregação das escolas públicas.

Os assassinatos de negros nos EUA pelo público em 2015 mostraram que o racismo americano continua intenso, particularmente nos estados da antiga Confederação. Concordo plenamente com Roberta Fragoso Menezes Kaufmann (2007), que diz que "o ódio que se originou do fosso racial nos Estados Unidos implicou na formação de duas comunidades distintas", que não existem no Brasil.

Notas de Uma análise comparativa da escravidão e do racismo no Império do Brazil e nos Estados Unidos

[135] *As estimativas da Universidade de Emory foram extraídas da Trans-Atlantic Slave Trade Database, banco de dados de Tráfego Negreiro, em 30.08.2019. https://www.slavevoyages.org/voyage/database.*

[136] *O território do Novo México, em 1850, era composto por: Novo México, Arizona e uma parte do que hoje são os estados do Colorado e da Califórnia. Por sua vez, o território de Utah corresponde a uma parte do que hoje é o estado do Colorado, uma parte do atual estado do Wyoming e pelo atual estado de Nevada. http://lincoln.lib.niu.edu/gal/us_1850_slvstatus_053101_400.html.*

[137] *"Eu não desejo ver abolida de repente a escravidão, tal acontecimento traria grandes males". Citação retirada de José Bonifácio de Andrada e Silva,. 1826; Projetos para o Brasil 1826[1998, 63]. org. de Miriam Dolhnikoff. São Paulo: Companhia das Letras.*

[138] *A fotografia da carta está em: Emily Clark, The Strange History of the American Quadroom: Free Women of Color in the Revolutionary Atlantic World (Chapel Hill: The University of North Carolina Press, 2013), 4.*

[139] *Deve-se enfatizar que a pesquisa realizada pelo meu irmão, o jornalista Ricardo Novais Almeida, nos arquivos de batismo da Arquidiocese do Rio de Janeiro para os anos do Império do Brazil, jamais encontrou nada semelhante aos termos cuarteron e octoroon do castelhano ou em suas variações em português, inglês ou francês.*

[140] *Clark, The Strange History of the American Quadroom, 2.*

[141] *Elizabeth Martins, Thereza J. de Maio and Pamela C. Campanelli, Context Effects for Census Measures of Race and Hispanic Origin (Center for Survey Methods Research, U.S. Census Bureau, 1988).*

[142] *"Dedução razoável do que era então conhecido sobre o tipo físico de cada continente". Citação de Blumenbach, 1776, retirada de: George Fredrickson, Racism: A Short History (2002), 56.*

[143] *"O racismo para o caráter secular ou científico, como parte do reino animal, abandonando o conceito bíblico de que os homens são filhos de Deus com características espirituais distintas dos animais", cf. Fredrickson (2002,57).*

[144] *"A serem especialmente cuidadosos com a classe de mulattos, em que se deve incluir não somente as pessoas com ¼ e 1/8 de sangue negro, mas também qualquer pessoa que tenha traço perceptível de sangue negro. Resultado científico importante [pasmem-se!] depende de determinação correta desta classe". Citação de Harris, "Race".*

[145] *Uma das narrativas mais dramáticas é da família negra Wall de Washington D.C., que, mudando-se para uma vizinhança branca, matriculou a filha loura, de olhos azuis, Isabel, em uma escola branca, que posteriormente a rejeitou por ter "colored blood". O pai, Stephen, apelou para instâncias superiores administrativas e depois para dois níveis do Poder Judiciário, que manteve a decisão original. A última decisão no District of Columbia Court of Appeals (isto em 1910!) concluiu que a aparência física é uma prova irrealística de raça (delusive test of race), notando que o dicionário definia colored como "pessoas que tinham sangue negro ou uma mistura significativa de sangue negro". A discussão jurídica e na imprensa em 1871 deu a Sharfstein (2011), conforme a crítica de Brent Staples, oportunidade descobrir uma história "rica e fascinante" de discriminação racial [Brent, Staples, "Escape into Whiteness," The New York Review (2011): 26].*

[146] *Não se deve procurar racionalidade em guerras civis: em 1860 há 15 estados escravistas nos EUA, 4 dos quais não se juntaram à Confederação (Fonte: Carta de K. Hoover, professor da Duke University, à NYRBooks de 24.10.2013 e The Economist de 04.04.2015).*

[147] *"Uma inundação de leis apareceu, eliminando os direitos dos antigos escravos e seus descendentes no Sul". Citação de Douglas Blackman, Slavery by Another Name (New York: Anchor Books, 2008), 93.*

[148] *O linchamento inicia-se com uma lei de 1780 (Linch Law, de autoria de William Linch) inicialmente aplicada no estado de Virginia e, posteriormente, replicada nos demais estados e ainda em vigor até hoje. Foi aplicada para quaisquer crimes a partir de 1882; segundo Ida B. Wells, o linchamento ocorreu maciçamente no Sul: 2.533 linchamentos entre 1882 e 1899, segundo o jornal Chicago Tribune, e 3.470 entre 1885 e 1912, de acordo com estatísticas compiladas por ela mesma.*

[149] *"O ódio que se originou do fosso racial nos Estados Unidos implicou na formação de duas comunidades distintas". Citação de Roberta Fragoso Menezes Kaufmann, Ações Afirmativas à Brasileira: Necessidade ou Mito? A Implementação para Negros como Mecanismo Concretizador de Direitos Fundamentais – uma Análise Histórico-Jurídica Comparativa do Negro nos Estados Unidos da América e no Brasil (2007), 5.*

Referências bibliográficas

Andrada e Silva, José Bonifácio. 1826[1998]. *Projetos para o Brasil*. Org. Miriam Dolnikoff. São Paulo: Companhia das Letras.

Clark, Emily. 2013. *The strange history of the American quadroom: free women of color in the revolutionary Atlantic world*. Chapel Hill: The University of North Carolina Press.

Blackman, Douglas. 2008. *Slavery by another name*. Nova Iorque: Anchor Books.

Boucinhas, André. 2015. O segredo de Escobar. *Revista Piauí*. Edição de junho de 2015.

Carvalho, José Murilo de. 2007. O Brasil e seus nomes. *Revista de História* de 02.09.2007. Disponível em: <http://www.revistadehistoria.com.br/secao/capa/o-brasil-e-seus-nomes> Acesso em 10 jan. 2016.

Economist, the. 2015. "A suitable box to tick. The origin of the "hispanic" label". Edição de 14 de março de 2015. Disponível em: http://www.economist.com/news/special-report/21645998-origin-hispanic-label-suitable-box-tick.

_____. 2015. The South "The present past". Edição de 4 de abril de 2015. Disponível em: http://www.economist.com/news/united-states/21647625-150-years-after-end-civil-war-states-were-once-confederate-remain.

Freyre, Gilberto. 1978[1979]. *O escravo nos anúncios de jornais brasileiros do século XIX*, 2ª edição aumentada. São Paulo: Cia. Editora Nacional e Instituto Joaquim Nabuco de Pesquisas Sociais.

Greene, Evarts B; Virginia D. Harrington. 1981[1932]. *American Population Before the Federal Census of 1790*. New York: Columbia University Press. http://books.google.com.br/books?id=BQT4bkQjUc4C&printsec=frontcover&hl=pt=-BR#v-onepage&q&f=false.

US Census Bureau. *Historical Statistics of USA* 1789-1949. 1949. Washington D.C. US Census Bureau.

Kaufmann, Rorberta Fragoso Menezes. 2007. *Ações afirmativas à brasileira: necessidade ou mito? A implementação para negros como mecanismo concretizador de direitos fundamentais – Uma análise histórico-jurídica comparativa do negro nos Estados Unidos da América e no Brasil*. http://www.egov.ufsc.br/portal/sites/default/files/anexos/25425-25427-1-PB.pdf.

Kimmel, Ross M. 1974. Blacks before the law in colonial Maryland. *Dissertação não publicada de Mestrado: University of Maryland. College Park.* http://msa.maryland.gov/msa/speccol/sc5300/sc5348/html/title.html.

Maddison, Angus. 2003. *The World Economy*: Historical Statistics. Paris: OCDE.

Malheiros, Dr. Augustinho Marques Perdigão. 1866[2008] *A escravidão no Brasil*: ensaio histórico-jurídico-social. Vol 1. Parte 1. eBooks Brasil. www.ebooksbrasil.org/eLibris/malheiros1.html.

Mamigonian, Beatriz G. 2017. *Africanos Livres: a abolição do tráfico de escravos no Brasil.* 1ª ed. São Paulo: Companhia das Letras.

Harris, Marvin. 1968. "Race". In: *International Encyclopedia of the Social Sciences*, Vol 13, p. 263-268.

Martins, Elizabeth, Thereza J. de Maio e Pamela C. Campanelli. 1988. "Context effects for Census measures of Race and Hispanic Origin". *Center for Survey Methods Research*, U.S. Bureau of Census.

Ordenações Filipinas. 1985[1870]. Reprodução da edição feita por Cândido Mendes de Almeida. Rio de Janeiro, 1870. Coimbra: Universidade de Coimbra. Livro IV. www.ci.uc.pt/ihti/proj/filipinas/ordenacoes.htm.

Powers, Thomas. *William Faulkner: a life through novels* de André Bleikasten, traduzido do francês por Miriam Watchrn com colaboração de Roger Little.

Emory University. 2016. *Trans-Atlantic Slave Trade Database*, banco de dados Viagens. http://www.slavevoyages.org/assessment/estimates.

Sedley, Stephen. 2011. *London Review of Books*.

Sharfstein, Daniel J. 2011. *The invisible line: three American families and the secret journey from black to white.* New York: The penguin press.

Staples, Brent. 2011. "Escape into Whiteness".. *The New York Review of Books*

U.S Census Bureau. 1793. *Census of Population and Housing of 1790*. Philadelphia: Government of United States.

_____. 1949. *Historical Statistics of the United States, 1789-1945.* Washington: Superintendent of Documents, U.S Government Print Office. http://www2.census.gov/prod2/statcomp/documents/HistoricalStatisticsoftheUnitedStates1789-1945.pdf.

_____. 2007. *Census regions and divisions of the United States.* Washington: U.S Department of Commerce, Economics and Statistics Administration. Preparado by Geography Division. http://www.census.gov/geo/maps-data/maps/pdfs/reference/us_regdiv.pdf.

Wells-Barnett, Ida B. 1913. Our country lynching record. *Survey*, pg. 573-574. Em: Wells, Ida B. 2014. *The light of truth*: Writings of an anti-lynching crusader. New York: Penguim books, p. 448-452.

VIII

NOVENTA E SETE POR CENTO DO BRAZIL IMPERIAL É ANALFABETO

No Império a situação da educação em 1872 é desoladora. A população livre (acima de 5 anos) que sabe "ler e escrever", segundo a linguagem do censo, é de apenas 22% da população livre total. Isso por auto declaração. O dado por si é altíssimo, e deve ser falso, se comparado a Portugal, que tem apenas 20% de alfabetizados quase 30 anos depois, em 1900: dá para desconfiar de que seja falso. Em 1919, o primeiro ano em que há informação para Portugal e Brasil simultaneamente, a renda per capita de Portugal é de 1.173 dólares (PPC), superior em 31% à renda per capita do Império, de 895 dólares. Portugal era bem mais rico seria menos alfabetizado que o Império em 1872? Esta alfabetização elevada brasileira é falsa, sem dúvida.

Refletindo a situação precária das mulheres livres, a taxa de alfabetização feminina de 16% é quase a metade da taxa masculina, de 28%. Para um país de quase 10 milhões de habitantes, dos quais 8 milhões eram livres, havia apenas 5.480 escolas, com 173 mil alunos. O que causa espanto é que as escolas tinham tão baixo número de alunos, já que a média era de 31, que leva à conclusão de que somente poucos, possivelmente só os filhos dos mais ricos, frequentavam-nas.

As escolas são basicamente públicas, 4.498, com apenas 809 particulares sem subvenção oficial, e 181 escolas particulares subvencionadas pelas províncias. Segundo o censo, para cada aluna há 2,1 alunos, o que aumentará, em longo prazo, o diferencial de analfabetismo entre homens e mulheres. Dito de outra forma, na população livre em idade escolar, 13% dos homens estão na escola, mas apenas 6% das mulheres. Surpreendentemente, há uma escola privada dirigida por um padre para escravos na província do Pará. Não foi encontrada no censo de 1872 nenhuma outra escola para escravos nas demais províncias brasileiras.

O então diretor-geral de Estatística, o conselheiro Manuel Francisco Correa (1877), termina o seu capítulo de "Instrução" em seu *Relatório e trabalhos estatísticos* de uma maneira filosófica e simultaneamente europeia, dizendo que: "si de algum consolo pode servir esta consideração, notarei que nenhuma província do Brazil está quanto o grau de ignorância no estado em que achava em 1862 o antigo Reino de Nápoles".

Não consegui confirmar os dados do conselheiro para o antigo Reino de Nápoles para 1862, já que este foi extinto em 1816 (com uma população estimada de 5,7 milhões em 1832), por força do Congresso de Viena, quando se une com a Sicília, formando o Reino das Duas Sicílias até 1861, quando se dá a unificação italiana. Mas, de fato, segundo Emanuele Felice (2007a, 2007b), apenas 20% da população de Campania, uma das regiões do antigo reino de Nápoles, era alfabetizada em 1871, abaixo da taxa censitária brasileira de população livre, de 22%. Felice considera a população alfabetizada somente acima de 6 anos, bastante semelhante aos 5 anos de idade mínima de alfabetização do Império. O conselheiro não mentiu formalmente, mas suas observações são enviesadas, porque compara a população livre brasileira com a população de um pequeno e muito pobre reino já extinto. Comparam-se, assim, dois universos populacionais distintos, e não países. Se o conselheiro nos comparasse com a Itália de 1870, não poderia dizer o que afirma bombasticamente, pois, mesmo a Itália, ainda atrasada pelos padrões europeu-ocidentais, tinha uma alfabetização de 32%, conforme o *Cambridge Economic History of Modern Europe*, portanto muito acima da alfabetização oficial brasileira de 22 % que ignora os milhares de escravos para fins de alfabetização já que os dados oficiais sempre os omitem do total da população.

O Conselheiro tenta induzir o público a concluir que o Império do Brazil é um país muito semelhante a qualquer país europeu, quando, na verdade, a Itália, com base na paridade do poder de compra, tem, em 1872, uma renda per capita de 1.499 dólares (preços de 1990), enquanto no Império do Brazil é de 713 dólares. A Itália é muito rica em 1870 em comparação ao Império do Brazil, daí ser mesmo improvável que tenha taxa de alfabetização semelhante. O viés do conselheiro é terrível.

O conselheiro não se atreveu a comparar a taxa de alfabetização censitária do Império do Brazil com outros países europeus em 1870, como a França, com 69%, ou a Grã-Bretanha, com 76%, para não falar a dos EUA com 80% (citando o *Cambridge Economic History of Modern Europe*). Cipolla (1969), talvez o mais reputado historiador da educação, coloca a alfabetização, em 1875, em 82% na França, 83% na Grã-Bretanha, 77% na Bélgica, 88% na Alemanha, 98% na Dinamarca, e 99% na Suécia. Isto faz sentido com os dados calculados e corrigidos pelo autor para o Império: apenas 3% da população é alfabetizada em 1872, como se verá adiante.

Um leitor incauto que só lesse a tabela da página 20 do *Relatório*, que trata do analfabetismo, concluiria que só 22% da população total do Império era alfabetizada, porque o subtítulo de "População livre" não é propositalmente mencionado! Não é difícil calcular a taxa de alfabetização da população total do Império escamoteada pelo Conselheiro Manuel Francisco Correa. Sabe-se que 84,9% da população livre tem mais que 5 anos de idade, e, aplicando esse percentual sobre a população escrava, que era de 1 milhão e 510 mil, conclui-se que a população escrava acima de 5 anos é de 1.282 mil, ou seja, somando-a a população livre (7.143 mil) com a população escrava (1.282 mil), ambas acima de 5 anos, chega-se a 8.425 mil, e destes apenas 1.563 mil sabem ler e escrever, que é 18,5% da população total. Essa é a grande primeira mentira dos dados censitários, que exterminam toda a população escrava dos dados de analfabetismo brasileiro. Esse cálculo poderia ter sido feito com toda honestidade intelectual pelo Conselheiro em 1876, que não o fez, já que se ateve à população livre somente. Mas será que o milhão e meio de pessoas que dizem saber "ler e escrever" mesmo, ou sabe apenas assinar o nome?

Depois de ter feito o cálculo da taxa de alfabetização de 18,5% em 1870, descobri que muitos anos depois de 1872, o censo de 1920, trabalhando com números semelhantes aos meus, concluiu que a taxa de alfabetização em 1872 era de 18,6%, conforme revelado no capítulo IX de *População Segundo Grao de Instrucção* do censo de 1920. Tal percentual, escamoteado pelo Conselheiro, só foi tornado público quando o censo de 1920 foi publicado, em 1929, ou seja, com dados dos censos anteriores. Ou seja, a correção da taxa de alfabetização de 1872 levou mais de meio século para ser tornada pública. . No entanto, a estatística oficial atual não considera a correção também oficial de 1920, já que o IBGE não retifica os dados dos censos com novas informações. O público vai sempre ler o relatório do censo de 1872 em que 22% do Império é alfabetizado e que esta taxa é melhor que a do Reino de Nápoles!

De 1872 a 1929, todos pensavam que a alfabetização brasileira era de 22% em 1872, exceto Machado de Assis, que, em uma crônica de 15.8.1876 (publicada originalmente na *Ilustração Brasileira*), diz, horrorizado, que a taxa de alfabetização brasileira é de apenas 30%, conforme o censo. Na verdade, o censo mostra apenas uma taxa de 22% de alfabetizados livres, de modo que é estranho que Machado fale de 30%. Não consegui saber de onde Machado descobriu seus 30% de alfabetizados em 1876, já que os jornais da época pouco publicaram sobre o censo, que só foi tornado público posteriormente à afirmação de Machado, em fevereiro de 1877. O Conselheiro datou o *Relatório e trabalhos estatísticos do censo de 1872* como sendo de 31.12.1876, mas este foi tornado público em fevereiro de 1877, quando seus 50 exemplares foram impressos pela Typographia de Hypólito José Pinto (a diminuta tiragem, em uma época difícil de reproduzirem-se textos escritos, dá uma ideia de que o Império quer manter o censo em segredo).

Mas isso ainda não é tudo, há indicações no sentido de que uma parte significativa dos brasileiros que informaram ser alfabetizados mentiu. O censo era auto declaratório, e os chefes de família preenchiam um formulário para cada membro da família, inclusive os escravos, no qual se perguntava se se sabia ler e escrever. O censo foi cuidadoso. A família era avisada 15 dias antes da entrega do formulário e tinha 10 dias para o seu preenchimento, tendo o chefe de família tempo de sobra para pedir ajuda a amigos alfabetizados. Em 1872, o analfabeto era mais estigmatizado do que hoje, de modo que o nível de informação errônea no censo devia ter sido substancial.

Excetuando-se os poucos filhos da plutocracia e alguns gênios pobres, como Machado de Assis, que assistia às aulas em pé, fora da sala de aula, por cortesia da professora, já que não era aluno matriculado por não poder pagar, poucos frequentavam a escola regularmente. Mas hoje sabemos que só se aprende na escola ou como professores particulares estes últimos é claro somente disponíveis aos ricaços. O número de crianças livres em idade escolar de 6 a 15 anos era de 1 milhão e 902 mil, e o número de alunos nas escolas (públicas, particulares subvencionadas e particulares) era de 172 mil. Assim, mesmo fazendo a hipótese otimista, antes de 1872 a proporção de crianças em idade escolar que estava na escola, conhecida como taxa de escolaridade, era de 9,0%, como percentual máximo. Em uma primeira aproximação da população livre alfabetizada em 1872, não passa de 10%, e não os 22% do censo, que são, portanto, uma ficção para inglês ver. Mas essa é uma das primeiras correções que devem ser feitas, uma vez que quase a totalidade da população escrava está fora da escola, de modo que é necessário saber a taxa total de crianças na escola em relação à população total.

Muito embora a publicação final do censo de 1872, *Relatório e trabalhos estatísticos* (1877), não tenha produzido uma distribuição etária, o Vol. IV do *Recenseamento geral do Brazil de 1920*, da Directoria Geral de Estatística, surpreendentemente publica a distribuição para 1872, com uma população total de 2.447 mil entre 5 e 14 anos. Portanto, em uma segunda correção, a estimativa mais elevada para a taxa de alfabetização da população brasileira é de 7% (172/2.447 = 0,070) A taxa é máxima porque é provável que a proporção de população livre nas escolas antes de 1872 seja bem inferior à de 1872, já que as escolas foram sendo criadas paulatinamente no Império, sendo praticamente inexistentes na Colônia. É possível burilar essa estimativa ainda mais, como se verá adiante.

A Taxa de Alfabetização em 1872 é de 3%, e não 22%, como o Censo Afirma

Se fosse possível retornar ano a ano para antes de 1872 a fim de determinar o número de crianças na escola, teríamos uma ideia da taxa de alfabetização real do Império. Sabendo-se que a população escolar está entre 5 e 14 anos e considerando otimisticamente que 1/9 dela se alfabetiza com um ano de estudo (já que o ensino regular é de nove anos) , e ajustando-se pela mortalidade, teríamos uma ideia precisa da taxa real de alfabetização, e não a mentirosa taxa do censo. Esse 1/9 são 19.111 crianças que se tornam alfabetizadas em 1872. Há mais alfabetizados, é claro, que os 172 mil de população escolar em 1872, mas quantos seriam em sua totalidade? Podemos calcular o número real de alfabetizados com algumas hipóteses, mas temos que voltar a 1810, já que só temos dados confiáveis da população com a estimativa de Balbi:

1. A população cresce, entre 1810 e 1872, a uma taxa de 1,64% a.a., que é a taxa entre Balbi (1810) e o censo (1872);

2. A população acima de 5 anos entre 1810 e 1872 mantém-se nos mesmos 84,84% da população total de 1872;

3. As matrículas escolares crescem a 4,22% a.a. entre 1810 e 1872, que é a mesma taxa entre 1872 e 1920, o primeiro censo que dá o número de matrículas desde 1872. A adoção desta taxa, sabidamente elevada no começo da República, tende, portanto, a aumentar a estimativa da taxa de alfabetização do Império;

4. A expectativa de vida da população é de 27 anos, daí a população matriculada em 1810 ser nula 27 anos depois, o que não afeta, portanto, a taxa de alfabetização de 1872.

Essas hipóteses redundam de acordo, com a Tabela VIII.1 deste capítulo, em uma taxa de alfabetização de 0,03% em 1810, ainda em pleno período colonial, e de 3,07% em 1872. Sem escola não há alfabetização! E não há escolas. A totalidade da população livre brasileira é apenas ligeiramente mais alfabetizada (4%) do que a escravizada (100% analfabeta). Assim, os dados indicam que, de 1,56 milhão de pessoas que dizem saber ler e escrever, apenas 259 mil passaram no mínimo um ano em uma escola, em uma população livre acima de 5 anos de 7,14 milhões de pessoas, ou seja, a taxa real de alfabetização da população livre é de 3%, e não os 22% do censo! Houve muita mentira no censo: 83% das pessoas que disseram que sabiam ler e escrever mentiram; na verdade, deviam saber apenas desenhar o próprio nome, na melhor das hipóteses.

Mas será que o resultado de alfabetização de pouco mais de 3% em 1872 é realista? Nunca saberemos com precisão a taxa real de alfabetização de 1872, mas é óbvio que a taxa oficial (aquela publicada pelo IBGE) está errada. Desde 1872 e até 1980, a proporção matrículas/população em idade escolar (conhecida também como taxa de escolaridade) está muito abaixo da taxa oficial de alfabetização. Somente em 1980 a taxa oficial de alfabetizados (75%) é semelhante à taxa de escolaridade (76%). Só a partir daí é que a taxa oficial de alfabetização é verdadeira. Mas a taxa oficial de alfabetização é, em si, uma grande mentira, pois o censo deveria perguntar apenas quantos anos tem de estudo na escola. Esta foi uma tentativa da Organização das Nações Unidas para a Educação, a Ciência e a Cultura (Unesco) de definir a taxa funcional de alfabetização baseada no número de habitantes com mais de quatro anos de escola. Entretanto, foi uma tentativa que não chegou a ser oficializada, talvez pela pressão dos países com péssima educação, que é o caso do Brasil.

Ainda em 2018, 34% dos que terminaram os anos finais dos nove anos do ensino fundamental eram analfabetos funcionais, segundo o Instituto Paulo Montenegro, instituição privada e independente que faz uma amostragem anual (com 2.002 pessoas) há mais de nove anos, e que tem critérios bem definidos sobre o que é um alfabetizado funcional. Infelizmente, não se pode retornar a 1872 para saber o que é um alfabetizado funcional, mas 3% de alfabetizados funcionais deve estar correta.

Mas a população é muito ignorante mesmo em 1872. Em um trabalho pioneiro, Rodarte e Santos Júnior (2008) tentaram determinar o número de pessoas englobadas como "profissões liberais" segundo o censo de 1872, corrigido pelo Método de Resultado Predominante do Centro de Desenvolvimento e Planejamento Regional da Faculdade de Ciências Econômicas da Universidade Federal de Minas Gerais (Cedeplar/ UFMG), que aumentou de 70 mil para 82 mil as pessoas nesta categoria. Os autores, que são cuidadosos, concluem que "suspeita-se da interferência arbitrária dos técnicos da DGE em fazer com que os dados expressassem uma sociedade mais agrária do que de fato era". A mais importante das profissões liberais é a enigmática "artista" (45 mil) seguida de "demais" (incluindo médicos, cirurgiões, farmacêuticos e professores), de 14 mil, 13 mil funcionários públicos, 8 mil "juristas", isto é, juízes, advogados, escrivães, procuradores e oficiais de justiça, e 3 mil religiosos. São pouquíssimas pessoas, menos de 1% da população brasileira. Lembra o Congo Belga, atual República Democrática do Congo, que teve talvez a pior administração colonial europeia, inicialmente o único território africano de propriedade pessoal de um soberano europeu. Teve sua independência só em 1960, quando havia apenas três congoleses com nível universitário. A leitura de *Coração das trevas* (do original *Heart of Darkness*), do polonês-britânico Joseph Conrad, que se passa no Congo Belga, talvez o mais anticolonialista livro jamais publicado, deveria ser leitura obrigatória para todos.

Notas de 97% do Brasil Imperial é analfabeto

[150] Segundo Houston (1995), o termo illiterate (iletrado) foi usado pela primeira vez em 1556 e significava alguém sem nenhum conhecimento da literatura. O termo analphabet (analfabeto) só teve início a partir do século XIX e foi utilizado no censo de 1872, mas ainda no censo de 1920, refletindo a dualidade de linguagem, usa-se letrado e não o alfabetizado.

[151] "Si de algum consolo pode servir esta consideração, notarei que nenhuma província do Brazil está quanto o grau de ignorância no estado em que achava em 1862 o antigo Reino de Nápoles". Citação do Relatório e trabalhos estatísticos, 1877, da Directoria Geral de Estatísticas, 20.

[152] A professora prussiana Ina vVn Binzer, uma das poucas educadoras independentes que deixou testemunho no Brasil do século XIX, foi contratada para ensinar os filhos de um fazendeiro fluminense em 1881, que tinha 200 escravos! Uma governanta francesa mademoiselle Régine educou os familiares do barão na própria fazenda fluminense de barões de "cultos e bem-educados" como relata Maria Werneck de Castro (2004, 22). Na ausência de escolas públicas somente a aristocracia imperial tinha recursos para contratar professoras francesas e prussianas.

[153] As artes liberais, segundo o renomado dicionário de Bluteau (1716), são a gramática, retórica, lógica, aritmética, música, arquitetura e astronomia. Talvez, artista queira dizer artífice, ou artesão. O dicionário Caldas Aulette (1925, 219) define artesano de "artífice, o que exerce qualquer ofício mecânico"; e Bluteau (1716), "obreiro" e "artista".

Referências bibliográficas

Balbi, Adrian. 1822. *Essai statistique sur le Royaume de Portugal*. Paris: Rey et Gravier. https://archive.org/details/essaistatistique02balbuoft. Acesso em: 13.1.2015. [Existe uma versão atualizada deste livro, publicada pela Imprensa Nacional de Lisboa, em 2004, conforme mencionado por Paiva Abreu (2010)].

Bethell, Leslie. 1984-1991. *Cambridge History of Latin America*, 8 vols, Cambridge (UK): Cambridge University Press.

Binzer, Ina Von. 1887 [1980]. *Os meus romanos: alegrias e tristezas de uma educadora no Brasil*. Tr.: Alia Rossi e Luisita da Gama Cerqueira: Introd. De Antonio Calbad e Prefácio de Paulo Duarte. Rio de Janeiro: Paz e Terra.

Buarque de Holanda, Sérgio. *Raízes do Brasil*. 1947, 2ª ed. [1ª ed. 1936, esta ed. 1978]. *Raízes do Brasil* 12ªed. Rio de Janeiro: J. Olympio.

Castro, Maria Werneck. 2004. *No tempo dos barões: histórias do apogeu e decadência de uma família fluminense no ciclo do café*. Maria Werneck de Castro; organização, pesquisa, iconografia e notas de Moacir Werneck de Castro; prefácio Eduardo Silva. Rio de Janeiro: Bem-te-vi.

Cippola, C.M. (1969). *Literacy and development in the West*. Hammondsworth: Penguin.

Directoria Geral de Estatística. 1877. *Relatório e trabalhos estatísticos* apresentados ao Ilm. º. e Exmº Sr. Conselheiro Dr. José Bentro da Cunha e Figueiredo, ministro e secretário de Estado de Negócios do Império, pelo Director Geral Conselheiro Manuel Francisco Correia em 31 de dezembro de 1876. Rio de Janeiro: Typ. De Hipólito José Pinto.

_____. 1929. *Recenseamento do Brazil, Vol. IV*. Rio de Janeiro: Typ. Da Estatística.

Felice, Emanuele. 2007a. *I divari regionali in Italia ulla base degli indicatori sociali (1971-2001)*. Rivista Di Politica Economica. Roma: Servizio Italiano Publicazioni Internazionali. p. 359 – 405.

_____. 2007b. *Divari regionali e intervento pubblico. Per una rilettura dello sviluppo in Italia*. Bologna: Il Mulino

Houston, R. A. 1995 [1988] *Literacy in early modern Europe: culture and education 1500-1800*. New York: Longman Group Ltd. 267p.

Houston, R. A. 1982. "The development Literacy in Northern England, 1640-1750". *Economic History Review* 35: 199-216.

IBGE. 1939. *Anuário estatístico do Distrito Federal 1938*. Rio de Janeiro: Instituto Brasileiro de Geografia e Estatística. p.441-443. //biblioteca.ibge.gov.br/visualizacao/monografias/GEBIS%20-%20RJ/AEBDF1938.pdf.

_____. 1939-1940. *Anuário estatístico do Brasil*. Rio de Janeiro: IBGE. p.459-460 e p.1382-3. biblioteca.ibge.gov.br/visualizacao/monografias/GEBIS%20-%20RJ/AEB/AEB1939_40.pdf.

_____. 1941-1945. *Anuário estatístico do Brasil*. Rio de Janeiro: IBGE. biblioteca.ibge.gov.br/visualizacao/monografias/GEBIS%20-%20RJ/AEB/AEB1941 _45.pdf. p.314-9.

Livi Bacci, Massimo. 2013. "500 anos de demografia brasileira: uma resenha". *Revista Brasileira de Estudos de População*, 19 (1), 141-159

Maddison, Angus. 2001. *The World Economy: a millennial perspective.* Paris: OCDE

Maddison, Angus. 2003. *The World Economy: Historical Statistics.* Paris: OCDE.

Nicolau, Jairo. 2012. *Eleições no Brasil: do império aos dias atuais.* Rio de Janeiro: Zahra

Randall, Laura. 1977. *A comparative economic history of Latin America.* New York: University Microfilms International, v. 3.

Rodarte, Mario Marcos Sampaio e Santos Júnior, José Maria. 2008. "A estrutura ocupacional revisada: uma proposta de correção dos dados do Recenseamento Geral do Imperio de 1872". Trabalho apresentado no XIII Seminário Sobre a Economia Mineira, 26 e 29 de agosto de 2008.

Saraiva, José Hermano. 1975. *História concisa de Portugal.* Lisboa: Publicações Brasil-América.

Vieira, Dorival Teixeira. 1947. A Evolução do Sistema Monetário Brasileiro. *Revista de Administração*, 1.

_____. 1962. *Evolução do sistema monetário brasileiro.* São Paulo: Universidade de São Paulo.

Tabela VIII.1. Estimativa da Taxa Real de Alfabetização do Império para anos Selecionados.

Ano	População total (mil) [1]	População acima de 5 anos (mil) [2]	Alfabetizados no ano (mil) [3]	Mortalidade dos alfabetizados (mil) [4]	Crescimento líquido anual da população alfabetizada (mil) [5]	Total da população alfabetizada (mil) [6]	Taxa real de alfabetização (%) [7]
1810	3617	3069	1,476	0,595	0,881	0,881	0,03
1811	3676	3119	1,538	0,620	0,918	1,799	0,06
1822	4398	3731	2,423	0,977	1,446	14,853	0,40
1841	5993	5085	5,311	2,141	3,170	57,460	1,13
1850	6939	5888	7,703	3,105	4,598	92,742	1,58
1871	9770	8289	18,338	7,703	10,635	247,478	2,99
1872	9930	8425	19,111	8,028	11,083	258,561	3,07

Notas sobre as colunas acima: [1] Estimativa baseada na taxa de crescimento da população, de 1,64% a.a., utilizando-se os dados de Balbi para 1810 e do censo de 1872 (População inicial = 3.617 mil, população final = 9.930 mil); [2] Número de indivíduos acima de 5 anos: utilizou-se a hipótese de que a proporção da população acima de 5 anos em 1872 (84,84%) se mantém desde 1810; [3] Considerou-se, otimisticamente, que, após um ano de estudos, 1/9 dos alunos matriculados é alfabetizado. As matrículas crescem entre 1810 e 1872 a 4,22% a.a., a mesma taxa de 1872-1920; é, portanto, sobre-estimada, já que a República teve uma expansão educacional bem superior ao Império; [4] A expectativa de vida em 1820 é de 27 anos, segundo Marcílio (1974). Portanto, a mortalidade dos alfabetizados é o número de alfabetizados (com mais de 5 anos) com defasagem de 22 anos, ou seja, a mortalidade de 1832 é o número de alfabetizados de 1810 e assim sucessivamente. Para os anos anteriores a 1832, utilizou-se uma taxa de variação de 4.22% a.a., que é a taxa de crescimento de matrículas; [5] Calculou-se o número total anual conforme a diferença entre o número de alfabetizados e a mortalidade; [6] Somou-se o número acumulado ao longo dos anos; [7] A taxa foi calculada para cada ano: total da população alfabetizada multiplicada por 100, e dividida pela população acima de 5 anos.

OUTRAS FONTES PARA ESTIMATIVAS DA ALFABETIZAÇÃO EM 1872

Para efeitos comparativos com outro país escravagista, os Estados Unidos em 1870 (que aboliu a escravidão pouco antes em 1863) tinha uma taxa analfabetismo de 20% (12% para os brancos e 80% para os negros), inferior à taxa oficial de 22% do Império do Brazil em 1872. E a renda per capita americana em 1870 é 3,5 vezes maior que a do Império. Mais do que nunca, estes números confirmam que a taxa brasileira oficial de 22% de alfabetização é falsa!

A taxa de alfabetização nos anos anteriores ao censo poderia ser estimada pelo exame dos registros de casamentos que pedem a assinaturas dos nubentes e das testemunhas, o que permitiu calcular a taxa de alfabetização inglesa. Não há pesquisas dessa espécie no Brasil de 1872, mas é claro que apenas um número pequeno de pessoas se casava na Igreja, e a Igreja não tinha critério padronizado a nível nacional para o registro de casamentos.

Entre escravos, havia baixa nupcialidade, excluídas as uniões consensuais: 8% eram casados, tanto escravos pretos quanto pardos, comparativamente a 30% da população branca, 26% dos pardos livres e 20% dos pretos livres. O Brasil atual era a sociedade etnicamente mais complexa e dinâmica das Américas, no dizer de um especialista no assunto, com o que concordo plenamente. Minha hipótese é que tenha muitas uniões consensuais entre escravos e entre escravos e índias.

Tentar calcular o número de alfabetizados pelo número de eleitores, quando se exigia que estes fossem alfabetizados em 1905 (ano próximo a 1872), revela apenas mais distorções nos dados oficiais. Se checarmos a hipótese de que o número de eleitores em 1905, todos masculinos e supostamente alfabetizados, seria uma boa aproximação para a taxa de alfabetização deste ano, teríamos alfabetização de 19,1% para a população masculina acima de 21 anos em 1905, muito inferior à taxa oficial de alfabetização, de 35%, do censo de 1900 (que é a mesma de 1920), mas muito acima da proporção matrículas/população, de 13,6% em 1900, o que sugere que o número de eleitores de 1905 foi exagerado para cima. A Lei Rosa e Silva de 1904 pedia que os eleitores soubessem ler e escrever, comprovando em seu alistamento, por escrever nome, filiação, idade, profissão e residência para uma comissão de alistamento, formada pelos quatro maiores contribuintes, por três representantes do governo municipal, além de um presidente, que é autoridade judicial. É claro que uma comissão tão fortemente local e formada por homens abastados aprova todos os nomes dos ricos, muito embora saibamos hoje que o analfabetismo dos ricos é subestimado, como observou Ruy Barbosa, ao discutir a reforma eleitoral de 1881, dizendo que esta sobrepôs um censo literário a um "censo pecuniário".

Alfabetização da População Livre Censitária por Província

Em 1872, as cinco maiores províncias com maior nível de analfabetismo oficial são bem diferentes, e apenas quatro das províncias têm mais de 85% de analfabetos (por ordem de população: Minas Gerais, Bahia, Ceará e Rio Grande do Norte, Mato Grosso e Amazonas). As cinco maiores províncias com maior porcentagem de alfabetizados são Paraná, Piauí, Rio de Janeiro, todas com 69%, Pará (67%), e Município Neutro (46%). São dados, até certo ponto, surpreendentes. Como se explica que o Piauí e o Paraná tenham tão elevadas taxas de alfabetização? Como se explica que uma das províncias mais ricas do país, como Minas Gerais, tivesse o mais elevado nível de analfabetismo do país?

Minas Gerais, com a maior população escrava do país, tem um percentual de analfabetos dos mais elevados, mas, contraditoriamente, o Rio de Janeiro, com a segunda maior população de escravos no país, tem a segunda mais baixa taxa de analfabetismo, refletindo talvez estar próxima da capital e ser riquíssima com o café. Nota-se a importância do atual estado do Rio de Janeiro, compreendendo a antiga província do Rio de Janeiro e o Município Neutro, que seria a terceira província do Império em termos populacionais, com 1 milhão e 58 mil, imediatamente abaixo da Bahia, com 1 milhão e 380 mil, mas bem abaixo da província mais povoada, Minas Gerais, com 2 milhões e 400 mil. Em 2010 o Rio de Janeiro ainda é o terceiro estado de maior população do país, com 15 milhões de habitantes, apenas inferior a São Paulo e Minas Gerais, com 41 milhões e 19 milhões, respectivamente.

Não se pode terminar este capítulo sem mencionar que, ao fim do Império, havia apenas seis instituições de ensino superior: uma escola de engenharia (a antiga Real Academia de Artilharia, Fortificação e Desenho do Rio de Janeiro) fundada em 1792 no Rio de Janeiro, duas escolas de Medicina, na Bahia e no Rio de Janeiro, fundadas por carta régia de D. João VI em 1808, duas escolas de Direito, em São Paulo e Recife (anteriormente em Olinda até 1854), fundadas por D. Pedro I em 1827 (Lei de 11.08.1827), e uma escola de Minas em Ouro Preto (MG) em 1876. Não havia nenhuma escola de ciências ou de matemática. O contraste com os países de língua espanhola e de língua inglesa nas Américas é aterrador, como, aliás, já observava Sérgio Buarque de Holanda (1936). Sem dúvida, o número reduzido de faculdades de nível superior é herança da colonização, que proibiu e desencorajou o ensino no Brasil, daí a taxa de analfabetismo do Império em 1872 ser de 97%, conforme calculado por este autor. As faculdades existentes apenas atendem aos interesses da reduzida elite, que precisa de médicos, advogados e engenheiros, e não de ciência e educação.

Os problemas causados pelo censo de 1872 continuarão para sempre, infelizmente. Os leitores desavisados da historiografia brasileira concluirão que o Império é relativamente bem-educado, com 22% de alfabetizados. Poucos terão conhecimento da correção que foi feita no censo de 1920, que reduziu essa alfabetização para 18,6% ao incluir a população escrava no cômputo da população total e mais corretamente por este ensaio, conforme visto, baseado na população que frequenta as escolas por apenas um ano, que conclui que a taxa de alfabetização em 1872 do Império é de apenas 3%.

Custo da Educação

A escola pública do Império custa 5.409 contos ao governo central e às províncias, e tem 157 mil alunos, ou seja, o aluno tem um custo de 34,5 mil réis em 1872, conforme mostra o Quadro B do Anexo Estatístico, apresentado pela primeira vez no Brasil, equivalente a 2.415 dólares atuais, pelo ajustamento do PIB discutido. Pode parecer muito para 1872, mas o atual custo do aluno na escola fundamental brasileira, em 2013, segundo a Organização para a Cooperação e Desenvolvimento Econômico (OCDE), é de 3.826 dólares correntes, equivalentes a 6.504 dólares PPC (que é bem inferior à média de gastos dos países da OCDE, de 8.477 dólares). Em outras palavras, ajustado pelo PIB atual, o custo da escola fundamental no Império é apenas de 37% do custo de 2013. Mais ainda, como o Império estava atrasado educacionalmente, dever-se-ia esperar que as escolas gastassem mais no passado do que hoje, o que não acontece. Se hoje é ruim a escola brasileira, era ainda pior no Império. Minas, a maior província do Império, em população, tem uma despesa total menor que a pequena província do Rio de Janeiro; ainda assim, é a província que reserva para instrução 26%.

É impressionante o gasto do Município Neutro com instrução, com seus 275 mil habitantes (dos quais 49 mil são escravos). As despesas com instrução são 660 contos de réis, valor apenas inferior aos 880 contos gastos para a província do Rio de Janeiro, com 783 mil habitantes, conforme mostra o quadro. O dado censitário deve estar correto, já que a *Proposta e relatório* do orçamento imperial do exercício de 1874-75 tem 633 contos para "Instrução primária e secundária do Município da corte". Surpreendentemente também, a província do Amazonas tem uma relação alunos/habitantes (de 11) maior que o Município Neutro (de sete), talvez em razão de sua população reduzida (de apenas 58 mil).

Correlação entre Despesas Públicas das Províncias com Educação de Negros e Brancos

A província da Bahia, sendo a antiga capital colonial e principalmente a mais importante produtora de açúcar nos séculos XVII e XVIII, então no ciclo do açúcar da colônia, tem a mais elevada despesa com instrução pública por habitante, quase dez vezes maior que a do Ceará.

O censo revela que a proporção de negros por habitante branco é moderada no Império (de 1,52 negros para 1 branco) e que varia dos mais altos, de 3,34 no Piauí e 3,01 na Bahia, para 0,58 no Rio Grande do Sul e em Santa Catarina. Em termos nacionais, conforme mostra o Quadro C, há muitos negros livres por branco (11,2), e relativamente, em dados que apresento aqui pela primeira vez, já que é necessária uma consulta exaustiva do *Relatório*, conforme mostra o Quadro C, poucos escravos por brancos (0,40). Ou seja, revoltas de escravos seriam inúteis dado o número elevado de população branca. Lembra-se sempre que o censo é auto declarado e que estes dados referem-se ao censo oficial e não consideram as correções do autor.

A despesa com instrução pública por província correlaciona-se fortemente com o número da população branca (0,93), mas correlaciona-se um pouco menos quando se incluem os negros livres (0,91): é uma queda tão pequena que sugere que os negros livres têm tratamento quase igual ao dos brancos no que se diz respeito à instrução, conforme mostra o Quadro E. Quando se faz a correlação com o número de habitantes (incluindo escravos, que não recebem instrução), a correlação por província entre instrução pública e habitante cai muito, infelizmente, para 0,86. A despesa de instrução pública relaciona-se pouco com o número de alunos na escola pública (0,67). Isto é, nas províncias com forte participação de população escrava, a população livre estuda menos. A escravidão aumenta o analfabetismo da população livre rica: como observou Ruy Barbosa, os ricos são menos educados do que os pobres.

A instrução era de responsabilidade das províncias e, no caso do Município Neutro, do governo central, isto é, do Império. A despesa das províncias do Império com instrução em 1874-75, computado pelo autor, conforme o Quadro B, com base nos dados provinciais do *Relatório*, conforme visto, é de apenas 5.409 contos de réis, ou seja, baixíssimos 5,3% da despesa geral das províncias de 24.268 contos, que, por sua vez, é apenas 1,9% do PIB para 1874. São valores baixíssimos, que explicam o analfabetismo de 97% da população: nos países europeus, como a Alemanha e a Áustria, de tardia industrialização, os gastos com instrução eram muito superiores! Em 1874-75 a despesa geral do Império é de 101.484 contos de réis, ou seja, quatro vezes mais do que as províncias, que praticamente nada arrecadam de tributos.

Para concluir, cabe a indagação: teria Machado de Assis confundido a taxa de alfabetização por ele mencionada de 30% com o real de 3%? Será que escreveu 30% pensando que era 3%? E de onde ele tirou a taxa de alfabetização que menciona, de 30%? Em sã consciência, jamais poderia supor que somos 30% alfabetizados.

Notas de 97% do Brasil Imperial é analfabeto

[154] Digitalizado pelo Latin American Materials Project (Lamp) em parceria com o Center of Research Libraries, Biblioteca do Ministério da Fazenda do Rio de Janeiro, e o Arquivo Nacional, a quem agradeço.

[155] Há uma série de despesas com instrução no orçamento do Império que são de nível superior ou de nível educacional técnico, quase todos nos Município Neutro abaixo mencionadas em mil milréis:

Seminários Episcopais: 115

Faculdade de Direito: 249

Faculdade de Medicina: 342

Instituto Comercial: 20

Academia de Belas Artes: 87

Instituto de Meninos Cegos: 42

Instituto de Meninos Surdos e Mudos: 34

Escola da Marinha e outros estabelecimentos da Marinha: 169

Instrução Militar: 274

Total: 1.330

Referências bibliográficas

Assis, Machado de. 1876. Crônica de 15.08.1876. *Ilustração Brasileira*. http://machado.mec.gov.br/images/stories/html/cronica/macr07.htm#c15_08_1876.

Balbi, Adrian. 1822. *Essai statistique sur le Royaume de Portugal*. Paris: Rey et Gravier. https://archive.org/details/essaistatistique02balbuoft. Acesso em: 13.1.2015. [Existe uma versão mais recente deste livro, publicada pela Imprensa Nacional de Lisboa, em 2004, conforme mencionado por Paiva Abreu (2010)].

Bethell, Leslie. 1984-1991. *Cambridge History of Latin America*, 8 vols, Cambridge (UK): Cambridge University Press.

Binzer, Ina Von. 1887 [1980]. *Os meus romanos: alegrias e tristezas de uma educadora no Brasil*. Tr.: Alia Rossi e Luisita da Gama Cerqueira: Introdução de Antonio Calbad e Prefácio de Paulo Duarte. Rio de Janeiro: Paz e Terra.

Buarque de Holanda, Sérgio. *Raízes do Brasil*. 1978. 12ª ed.[1ª ed. 1936, 2ª de 1947]. Rio de Janeiro: J. Olympio.

Castro, Maria Werneck. 2004. *No tempo dos barões: histórias do apogeu e decadência de uma família fluminense no ciclo do café*. Maria Werneck de Castro; organização, pesquisa, iconografia e notas de Moacir Werneck de Castro; prefácio Eduardo Silva. Rio de Janeiro: Bem-te-vi.

Cippola, C.M. (1969). *Literacy and development in the West*. Hammondsworth: Penguin.

Directoria Geral de Estatística. 1877. *Relatório e trabalhos estatísticos* apresentados ao Ilm. º. e Exmº Sr. Conselheiro Dr. José Bentro da Cunha e Figueiredo, ministro e secretário de Estado de Negócios do Império, pelo Director Geral Conselheiro Manuel Francisco Correia em 31 de dezembro de 1876. Rio de Janeiro: Typ. De Hipólito José Pinto.

_____. 1929. *Recenseamento do Brazil, Vol. IV*. Rio de Janeiro: Typ. Da Estatística.

Felice, Emanuele. 2007a. *I divari regionali in Italia ulla base degli indicatori sociali (1971-2001)*. Rivista Di Politica Economica. Roma: Servizio Italiano Publicazioni Internazionali. p. 359 – 405.

_____. 2007b. *Divari regionali e intervento pubblico. Per una rilettura dello sviluppo in Italia*. Bologna: Il Mulino

Houston, R. A. 1995 [1988] *Literacy in early modern Europe: culture and education 1500-1800*. New York: Longman Group Ltd. 267p.

_____. 1982. "The development Literacy in Northern England, 1640- 1750". *Economic History Review* 35: 199-216.

IBGE. 1939. *Anuário estatístico do Distrito Federal 1938*. Rio de Janeiro: Instituto Brasileiro de Geografia e Estatística. p.441-443. //biblioteca.ibge.gov.br/visualizacao/monografias/GEBIS%20-%20RJ/AEBDF1938.pdf.

_____. 1939-1940. *Anuário estatístico do Brasil*. Rio de Janeiro: IBGE. p.459-460 e p.1382-3. Disponível em: biblioteca.ibge.gov.br/visualizacao/monografias/GEBIS%20-%20RJ/AEB/AEB1939_40.pdf.

_____. 1941-1945. *Anuário estatístico do Brasil*. Rio de Janeiro: IBGE. biblioteca.ibge.gov.br/visualizacao/monografias/GEBIS%20-%20RJ/AEB/AEB1941_45.pdf. p.314-9.

Livi Bacci, Massimo. 2013. "500 anos de demografia brasileira: uma resenha". *Revista Brasileira de Estudos de População*, 19 (1), 141-159

Maddison, Angus. 2001. *The World Economy: a millennial perspective*. Paris: OCDE

_____. 2003. *The World Economy: Historical Statistics*. Paris: OCDE.

Nicolau, Jairo. 2012. *Eleições no Brasil: do império aos dias atuais*. Rio de Janeiro: Zahra

Randall, Laura. 1977. *A comparative economic history of Latin America*. New York: University Microfilms International, v. 3.

Rodarte, Mario Marcos Sampaio e Santos Júnior, José Maria. 2008. "A estrutura ocupacional revisada: uma proposta de correção dos dados do Recenseamento Geral do Imperio de 1872". Trabalho apresentado no XIII Seminário Sobre a Economia Mineira, 26 e 29 de agosto de 2008.

Saraiva, José Hermano. 1975. *História concisa de Portugal*. Lisboa: Publicações Brasil-América.

Vieira, Dorival Teixeira. 1947. A Evolução do Sistema Monetário Brasileiro. *Revista de Administração*, 1.

_____. 1962. *Evolução do sistema monetário brasileiro*. São Paulo: Universidade de São Paulo.

IX

A ECONOMIA DO IMPÉRIO

O Império é pobre e de relativo retrocesso em seu crescimento econômico, quando comparado com países semelhantes ou mais desenvolvidos. Pouco cresce no século XIX, o século da Revolução Industrial e até então de maior crescimento econômico na história humana. Baseado em Maddison (2003), em seu estudo de renda per capita no critério de paridade do poder de compra, o Império em 1870 tem uma renda per capita anual de US$ 713, inferior à média da América ibérica, de US$ 749. É 1/3 da média de 12 países da Europa ocidental (US$ 2.124) e praticamente igual à do Japão (US$ 737), um país que ficou fechado ao comércio mundial deliberadamente entre 1647 e 1867, ou seja, por mais de 200 anos! Dom Pedro visitou os Estados Unidos em 1870 e não notou ou ficou envergonhado em comentar que a renda per capita americana era superior ao triplo da renda per capita do Império.

Entre 1820-90, que é quase o mesmo período da Revolução Industrial e da vida Império, o crescimento da renda per capita do Império é de 0,35% a.a. comparado aos 1,43% dos Estados Unidos, um país que experimentou uma gigantesca imigração (que fez com que sua população crescesse 2,67% a.a. no período), que reduziria seu ritmo de crescimento de renda per capita comparado ao Brasil, cuja população cresce bem menos (1,65% a.a.). O Império, no século XIX, não reduziu a pobreza relativa da colônia portuguesa da América, mas, pelo contrário, intensificou-a. Pode parecer pouco a diferença de 1,08% a.a. de renda per capita no século XIX entre EUA e o Império, mas em 70 anos é muito e representa uma perda acumulada do Império de 119% em relação aos EUA, tal é a força das taxas compostas.

Tombolo (2013), em um exaustivo e preciso estudo sobre o PIB brasileiro no século XIX, optou "por uma abordagem semelhante à de Goldsmith para se calcular o PIB nominal e real brasileiro no século XIX", e seus dados são assim muito semelhantes aos de Goldsmith para o PIB; para efeitos comparativos, têm-se (sendo o primeiro valor de Goldsmith e o segundo de Tombolo) em dólares a preços de 2008: 930 versus 908 (em 1820); 1.077

versus 1.300 (1870), e 1.184 versus 1.200 (1890), com erros relativos de -2% em 1820, 21% em 1870, e 2% em 1890. O maior erro ocorre em 1870, com o dado de Tombolo bem superior ao de Goldsmith nas duas pontas das séries que correspondem ao Império (1820-1890), que tem taxas de crescimento com 0,35% para Goldsmith, e mais altas, 0,51% para Tombolo.

Os dados de Maddison (2003) comparando o produto per capita na paridade do poder de compra do Império com o Chile, mais estável politicamente e com território também estável, e o México, menos estável e com perdas territoriais gigantescas, caem de 89% do Chile e de 81% do México, em 1820, para 51% e 77%, respectivamente, em 1890. O Império fica retardado à média dos países da América ibérica. Uma comparação ibero-americana para a taxa de crescimento da renda per capita com a do Império no século XIX não existe no momento, já que a Argentina não tem dados para 1820.

O maior problema de se estimar o tamanho da economia brasileira é o desconhecimento da renda não monetizada do século XIX. Todos os autores das estimativas do PIB do século XIX usam os dados conhecidos como tributação, exportação e importação de mercadorias, papel-moeda, meios de pagamento e receitas tributárias, muito embora saibamos que boa parte da atividade econômica era feita por escambo ou uso de "vales", dada a falta de moeda em um Império que pouco dava importância à quantidade e à qualidade do meio circulante, conforme visto. Sabemos também que o escambo diminui com o tempo pela maior difusão da moeda e da expansão do sistema bancário de modo que somente este aspecto irá fazer com que a velocidade da moeda tenda a cair, ou seja, estaremos comparando grandezas essencialmente distintas em um período longo, de 1820 a 1890. Na verdade, somente com a forte expansão monetária e o encilhamento decorrente feita por Rui Barbosa quando foi o primeiro ministro da Fazenda da Republica entre 15.11.1889 e 21.1.1891 é que o escambo desaparece da vida brasileira. Também não temos dados de fretes e de seguros marítimos que além de serem elevados ficam mais baratos à medida que a navegação a vapor é introduzida no século XIX.

A história bancária brasileira é bem conhecida com a criação do Banco do Brasil, um banco misto comercial e de emissão monetária, em outubro de 1808, logo após a trasladação da família real para a colônia brasileira. Em uma ação tipicamente autoritária a Coroa portuguesa determinou a subscrição compulsória do capital pelos comerciantes, industriais e profissionais liberais. A emissão monetária foi fortíssima para fazer a consolidação do Reino Unido de Portugal, Brasil e Algarve em 1815 e quando o banco foi extinto em 1829 a emissão monetária excedia a três vezes o triplo do capital subscrito; quando do regresso da família real em 1829 seus membros converteram suas cédulas em ouro e diamantes, como era permitido pelo padrão-ouro da época e o banco desde então não tinha mais lastro metálico.

O país ficou sem banco por nove anos, até que em 1838, por iniciativa de Francisco Ratton é fundado o Banco Comercial do Rio de Janeiro, considerado o primeiro banco privado brasileiro. Outros bancos privados surgem alguns anos depois todos no Norte então mais desenvolvido do que o resto do País, em 1845 na Bahia, em 1846 no Maranhão, em 1847 no Pará e em Pernambuco em 1851. É o Norte então mais desenvolvido que o Sul que experimenta a criação de bancos.

Um segundo Banco do Brasil como banco oficial é criado em 1853, muitos anos depois do desaparecimento do primeiro Banco do Brasil em 1829, pela fusão do Banco Comercial do Rio de Janeiro com um Banco do Brasil privado criado pelo Barão de Mauá em 1851. O Banco do Brasil de 1853 era de capital 100% privado, tinha o monopólio de emissão monetária e a regra que seu presidente e seu único vice-presidente eram nomeados pelo Estado, o que os que definem como um banco central, seguindo assim a experiência do Banco da Inglaterra.

Com esta confusão de criação e destruição de bancos toda a difusão do papel-moeda se faz ora lentamente, ora rapidamente, e o crédito bancário também. As séries estatísticas de papel-moeda têm, portanto, características estruturais diferenciadas que impedem ou tornam difícil conclusões sobre o PIB baseadas no saldo de papel-moeda. Em 1954 quando o Departamento Econômico da Superintendência da Moeda e do Crédito (Sumo) faz o primeiro balancete analítico consolidado do Banco do Brasil e Superintendência da Moeda e do Crédito (Sumoc) descobre-se para surpresa geral que 79% dos recursos do Banco do Brasil eram considerados como sendo contas típicas de banco central.

É, portanto muito difícil estimar a evolução do PIB para o Império, tanto o crescimento real quanto o crescimento do PIB nominal.

Goldsmith (1973) traz uma estimativa de preços em 1850/1889, por ele chamada de "deflator de preços do produto interno". O crescimento dos preços foi moderado, de 1,6% a.a. (até mesmo inferior ao dos EUA, com 2% a.a.); houve 11 anos em que o índice de preços decresceu.

Como nota Goldsmith, os preços aumentaram rapidamente na primeira metade da década de 1850 (5,6% a.a.), no fim da década de 1860, durante a Guerra do Paraguai (1865-1870), de 5,3% a.a., e no fim de 1880 (3,1% a.a.), e foi "quase imperceptível durante o resto do período. O deflator é uma média de preços calculados por Oliver Onody (1960), Dorival Vieira (1973), Buescu (1973) e Lobo *et al.* (1975). A média assim é duvidosa de representar a realidade. Goldsmith alerta que os índices citados têm significativas diferenças. Nada foi feito sobre a inflação no século XIX desde 1975, depois desses pioneiros trabalhos.

Trabalhava-se muito no Império, já que não há ociosidade de mão de obra em países de baixa renda, e os dados brasileiros assim o corroboram, já que 58% da população faz parte da mão de obra ativa em 1872. Em 2009, somente 52% da população brasileira constituía-se em mão de obra ativa, índice inferior ao de 1872, talvez porque a mão de obra feminina não tenha se expandido, passando de 45% do total em 1872 para 44% em 2009. Mas por que o Império cresceu tão pouco, apesar de todos trabalharem? A escravidão não é total e a cada ano muda pela alforria, pela legislação etc., o que torna difícil de utilizar os dados de emprego como *proxy* de crescimento econômico.

Leff (1982), já conhecendo os textos de Simonsen (1937) para o período colonial e de Furtado (1959), até a Segunda Guerra Mundial, avança algumas hipóteses do atraso imperial que hoje são mais plausíveis para os historiadores do que em 1982, quando publicou seu livro em inglês. Leff (1982, p. 2) é talvez o primeiro economista que torna claro que as além das condições econômicas "a geografia e a política foram também de importância crucial" para uma discussão da história econômica em 1822-1947. E como está certo, já que a política imperial é que determinava a escravidão que só acaba em 1888!

Na minha visão, o atraso do Império deve-se ao escravismo, já discutidos anteriormente à baixíssima difusão do ensino e ao atraso tecnológico.

Este ensaio conclui que o analfabetismo é crassante, com 97% da população analfabeta em 1872. Talvez os viajantes estrangeiros ao Império que se dirigiam quase que exclusivamente para a Corte ficassem impressionados com o nível educacional da Corte, que tinha um elevadíssimo índice de 34% de sua população livre em idade escolar (de 6 a 15 anos) nas escolas, mas ficariam horrorizados em ver que a proporção da população nas escolas/população em idade escolar do Império era apenas de 9%, com forte discriminação de gênero, respectivamente 13% eram meninos e 6% eram meninas. Na classificação do censo da população livre acima de cinco anos, 78% são analfabetos, mas apenas 50% o eram da Corte, em 1872. O Município Neutro é de longe o mais rico e mais bem educado região do Império. Uma das razões para tanto é o número de homens e mulheres livres estrangeiros, de 56 mil, comparados a apenas 78 mil brasileiros, ou seja, quase metade da população livre masculina são de estrangeiros. Na população livre do Império, há apenas 243 mil estrangeiros (exclusive africanos livres) para uma população livre de 8.420 mil, ou seja, apenas 3% de estrangeiros, normalmente mais bem-educados que os brasileiros, mas estão concentrados (23%) no Município Neutro.

O baixo nível tecnológico do Império afetou decisivamente o desenvolvimento. Como Hobsbawm observou a primeira parte da Revolução Industrial (1760-1860) não requeria elevado nível educacional; já que os inventos eram simples, requeria engenhosidade e alguns conhecimentos científicos adquiridos nas fábricas de uso intenso de mão de obra "manufatureira", e pelos mecânicos que fabricavam e consertavam os inventos dos cientistas e engenheiros das universidades (como é o caso de Watt, o inventor da máquina a vapor, que era operário mecânico no laboratório de uma universidade). Nem um nem outro existiam no Império, como os dados de Clark (1987) confirmam. Clark observou que a inovação da "fábrica industrial de produtos de algodão" (de 1771) levou sete anos para chegar da Grã-Bretanha à França, 64 anos ao México e 75 anos ao Brasil imperial e não devemos nos esquecer de que o México estava dilacerado por guerras civis, o que implicava em gastos militares elevados exacerbados ainda pelo receio de uma invasão americana o que acabou acontecendo com perda territorial gigantesca A máquina a vapor de Watt, de 1775, talvez a mais importante invenção da revolução industrial levou 35 anos para chegar ao Império, comparando-se aos três anos à França. Mesmo a ferrovia a vapor, de 1825, levou sete anos para chegar à França e 29 anos ao Império, mesmo com o gênio do Barão de Mauá.

O Império é constrangedor do ponto de vista tecnológico. É um vexame tecnológico internacional o Império. O Império só tem duas faculdades tecnológicas, e bem específicas: a do Rio para engenharia militar e outra em Ouro Preto para Minas. É muito pouco e é muito especializado.

Causas na história econômica não são únicas, mas uma multiplicidade. Maddison (2003) menciona como "explicação" (*sic*) do desempenho econômico:

1. Conquista e povoamento de áreas relativamente vazias que tenham terras férteis e novos recursos biológicos;
2. Comércio internacional e movimentação de capitais; e,
3. Inovações tecnológicas e institucionais, que são explicações genéricas no âmbito mundial, necessitam de refinamento em âmbito nacional.

É claro que, para o continente americano, o primeiro item é particularmente importante, mas no caso do Brasil há uma série de dificuldades naturais que reduzem sua importância: a Serra do Mar, gigantesca, grandes rios em um território pouco adequado à agricultura, como a Amazônia. É como Leff diz, a geografia é muito importante para o crescimento e a política também com a escravidão e gastos exagerados de manutenção da família imperial que quer viver como uma família real europeia em um país de baixa renda.

Bernstein (2004) nota que a propriedade nacional é sobre instituições "a estrutura em que os seres humanos pensam, interagem e definem como se relacionam entre si". Segundo ele, há quatro instituições que são *pré-requisitos* (minha ênfase) para o desenvolvimento econômico:

1. Direitos de propriedade garantidos, não somente da propriedade física, mas também da propriedade intelectual ou individual, ou seja, garantia de liberdades cívicas;
2. Procedimentos sistemáticos para a observação e interpretação do mundo — o método científico —;
3. Amplas e disponíveis fontes de financiamento e produção de inventos — o sistema financeiro e de capitais moderno —;
4. A capacidade de rapidamente transmitir informações e transportar pessoas e bens.

Olhando o que Bernstein (2004) nos diz sente-se que o Império não tem nenhuma de suas pré-condições para o desenvolvimento econômico.

Cipolla (1988), o cético historiador econômico, diz que os economistas que estudam o desenvolvimento econômico europeu e americano no século

XIX concluíram que o aumento de produção superou o crescimento dos insumos de capital e trabalho, ou seja, houve um aumento de produtividade, pelas seguintes razões abaixo e que não são encontradas em uma economia escravagista como a brasileira:

1. Divisões do trabalho bem definidas;
2. Economias de escala;
3. Alocações de produção mais eficientes;
4. Progresso tecnológico; e
5. Melhor educação e treinamento da mão de obra.

Cipolla arremata, devastadoramente: "mas essas explicações são indubitavelmente gratuitas. O fato é que não sabemos simplesmente". E não sabemos mesmo, muito embora a última visão, da importância da cultura, de Mokyr (2017) esteja cativando historiadores desde o polêmico livro de Harrison e Huntington (2000).

Os Donos do Poder no Império do Brazil

O nome da seção é derivado do clássico de Raymundo Faoro, *Os Donos do Poder* (1958); tenho pouco a acrescentar ao que escrevi em 2009 em "Desigualdades brasileiras": aspectos econômicos e históricos que é um capítulo (p. 170-193) de *Desenvolvimento, Justiça e Meio Ambiente*, org. José Augusto Pádua (Belo Horizonte: Editora UFMG e São Paulo: Editora Peirópolis), cujos principais trechos estão abaixo;

O ciclo do açúcar condicionou o país para a desigualdade econômica que até hoje persiste. Em 1600, a população da colônia brasileira era provavelmente de apenas 100 mil habitantes, dos quais no máximo 190 poderiam ser considerados ricos: eram os proprietários dos grandes engenhos, os chamados "engenhos reaes", cujo número era estimado em 190 por Frei Vicente do Salvador, em 1627, exatamente no auge do ciclo do açúcar, conforme Roberto Simonsen (1937). É muita gente paupérrima e com pouquíssimos ricos, característica de uma sociedade colonial.

Já em 1700, a população total girava em torno dos 300 mil. Simonsen (1937) estima que 200 mil fossem colonos e homens livres e que, naquele ano, "nunca teve o país uma tão grande produção e exportação *per capita*". E arremata: "Fizeram-se, a partir do século XVI, rápidas fortunas e um luxo descometido passou a imperar nas capitanias do Norte". Assim, a característica fundamental do Brasil em 1700 era uma população de 300 mil pobres e miseráveis e pouquíssimos "ricaços", no feliz termo de Simonsen. O prestígio dos ricaços dava a eles um tom aristocrático, como bem nota o arguto historiador Antonil, em 1711, também citado por Simonsen, quando diz que "se pode estimar no Brasil o ser senhor de engenho quanto proporcionalmente se estimam os títulos entre os fidalgos do Reino".

Fortunas fáceis provocadas pela posição monopolista dos 190 senhores de "engenhos reaes" nos séculos XVII e XVIII são danosas para o desenvolvimento econômico equilibrado. Somente a concorrência gera eficiência dos fatores de produção, o que quer dizer não somente lucros como também salários elevados. Sem preparo para enfrentar a competição com os espanhóis, ingleses e franceses nas ilhas do Caribe, os 190 ricaços viram sua riqueza evaporar-se rapidamente a partir do fim do século XVIII. Eles simplesmente não suportam a concorrência: não estavam preparados tecnicamente e empresarialmente. Sabiam apenas gastar em luxos e não sabiam produzir. Não estudavam e não queriam estudar. Eram gordos e ricos, felizes com suas riquezas, e jamais foram capazes de entender, como acontece habitualmente com os monopolistas, que a riqueza não é perpétua, e que exige constante atenção para a concorrência e para as novas tecnologias.

A concentração de renda nos três primeiros séculos após o descobrimento necessita de alguma justificativa, de alguma explicação. Em si mesma, uma concentração de renda gera concentração de patrimônio e desigualdades que não são aceitas em nenhuma sociedade, principalmente nas democráticas, que passam a criar mecanismos que restringem tais excessos, porque não pode existir democracia, se os cidadãos forem absurdamente desiguais. A desigualdade econômica gera desequilíbrios políticos, que, por sua vez, geram corrupção e políticas populistas ou totalitárias. Desigualdades econômicas debilitam tanto a legitimidade quanto a eficiência da democracia.

A competição faz crescer os salários, já que os trabalhadores mais qualificados têm salários mais elevados, e os menos qualificados sentem a vantagem, em termos de renda, de se qualificarem pela educação e pelo treinamento. A ausência de competição torna também preguiçosos e pouco inovadores os empreendedores e a mão de obra.

Os "ricaços" do açúcar encaravam o produto como uma mina de ouro, como uma concessão do governo para imprimir dinheiro em ganho próprio, um privilégio dado por um governo que controlavam. Tal posição seria repetida no curto ciclo do ouro do século XVIII em Minas Gerais, e no longo ciclo do café dos séculos XVIII e XIX.

Os ganhos não competitivos repetiram-se no ciclo inicial do café, isto é, até a abolição da escravatura. O acesso à terra dado pelo Império e a manutenção do escravagismo como uma forma de reduzir os custos de produção criaram um esquema que permitiu a formação de outros ricaços, os barões do café, em adição aos barões do açúcar. Na monarquia brasileira, foram concedidos menos que 1.200 títulos de aristocracia, alguns poucos por bravura em combate, outros à própria família real, mas a maior parte aos ricaços, o que quer dizer aos fazendeiros do açúcar e do café, e a um ou outro raro industrial, como o Barão de Mauá. Um cálculo aproximado sugere que os ricaços vivos nunca foram mais de 400 no Império: supondo-se que foram dados 20 títulos de barão por ano, nos 67 anos de monarquia, e que os titulares faleciam 20 anos após a concessão do título, conclui-se que, em todos os momentos do Império do Brazil, não haveria mais que 400 barões, ou seja, não mais que 400 famílias de "ricaços". É realmente a mesma situação da colônia: muitos paupérrimos e pouquíssimos ricos.

A mesma concentração de renda do açúcar ocorreu no início do ciclo do café, que vai da Independência à República; o primeiro censo da jovem República, se se mensurasse a renda, registraria, conforme visto, somente 400 ricaços, os barões, em 14 milhões de brasileiros pobres e miseráveis em 1890. A escravidão da agricultura do açúcar foi repetida tanto no ciclo do ouro quanto no início do ciclo do café. A escravidão é a forma mais cruel de se concentrar renda, uma vez que a renda monetária da mão de obra é nula, gerando lucros extraordinariamente altos para os proprietários de escravos. Assim, enormes fortunas faz-se por acumulação de renda de mercados não competitivos, como foi o caso da trinca açúcar-ouro-café. Quanto maiores às fortunas acumuladas em mercados não competitivos, maior a resistência à introdução da competição. O resultado prático é menor investimento e maior quantidade de produtos de baixa qualidade, como foi o caso do café por todo o século XIX e quase todo o XX. Somente após a depressão de 1930, com a dispersão da propriedade brasileira devido à queda dramática do preço do café que derrubou os valores das terras, é que a agricultura cafeeira passou a ser disseminada entre um número razoável de produtores e a alta qualidade do café começou a ser demandada. Ainda existiam barões do açúcar em 1872, quando do primeiro censo brasileiro, já que os dois principais produtos das poucas exportações brasileiras, de apenas 15,8% do PIB, eram o café com 57% e o açúcar com 12% do valor em libras.

Pode-se associar o interesse pela educação ao crescimento da indústria, tanto no Brasil quanto no mundo. Apenas a indústria, no processo de desenvolvimento acelerado que o mundo ocidental experimentou no fim do século XVIII — e pela primeira vez desde o aparecimento do Império Romano —, demandou mão de obra educada em números significativos. Somente no fim do século XIX a demanda por educação atingiu alguns serviços que exigiam conhecimentos.

O desenvolvimento da indústria foi extremamente lento no Brasil, e pouco se sabe dele em termos comparativos dados as dificuldades que os censos encontram em unificar definições de setores econômicos para censos distintos, o que torna difícil a análise de dados setoriais censitários. Pela definição do setor Indústria, no censo de 1872, verifica-se que apenas 5% da força de trabalho se encontram no setor industrial, e já se mencionou que, para um país de quase 10 milhões de 1872, havia apenas 83 mil pessoas com nível educacional razoável.

Em outras palavras, 95% da mão de obra de 1872 não era educada. Tal situação permanece em 1900, com o segundo censo, que apresenta definição mais específica dos setores, em que se vê que a mão de obra industrial cai para apenas 3% do total da força de trabalho daquele ano. O censo de 1900 corrobora dessa maneira a nossa estimativa de que 97% da população em 1872 era analfabeta.

Se a indústria, que demanda mão de obra qualificada, cresce vagarosamente, o poder dos barões e de seus sucessores reduzia-se mais ainda lentamente, já que eram responsáveis pela parca exportação brasileira. Infelizmente os barões do café têm um poder econômico e político desproporcional ao tamanho econômico do setor cafeeiro, uma vez que as exportações se concentram em um só produto. Segundo Goldsmith (1986), um pesquisador cuidadoso que esteve muitas vezes no Banco Central, no Rio quando o conheci, o café, entre 1850 e 1890, tem a participação mais baixa nas exportações brasileiras, de 44% em 1864/65-1868/69, e mais alta de 64% em 1886/87-1890 (a barra quer dizer exercício fiscal brasileiro, que é idêntico ao ano civil a partir de 1890).

O café é rei até meados de 1970. Assim, pouco antes da Grande Depressão de 1929, o café foi responsável por 54% do total das reduzidas exportações brasileiras, e quase meio século depois, em 1975, por 56% do total. Somente as mudanças estruturais que ocorreram no fim da década de 1970 modificaram a estrutura das exportações brasileiras. Em 1980, o café ainda era o principal produto de exportação brasileira, porém responsável por apenas 12% das exportações totais, substituído por exportações de minérios e de produtos agrícolas com uso intenso de capital, como soja, açúcar (em condições radicalmente diferentes do uso de capital dos séculos anteriores), suco de laranja, cacau, carnes e aves, fazendo com que o setor agropecuário respondesse por 34% das exportações brasileiras. O Brasil moderno parece ser como os EUA do paradoxo de Leontief: é forte exportador agrícola de bens que usam muito capital e pouca mão-de-obra, apesar de relativamente industrializado. Possivelmente hoje se usa mais capital na agroindústria do que no restante da economia.

Se a estrutura econômica brasileira muda aos poucos, mais lentamente muda a estrutura política. Wanderley Guilherme, em numerosos estudos, mostra que é interpretação facciosa atribuir às instituições democráticas a erradicação das desigualdades econômicas. O país sempre é mais concentrado em termos de riqueza e renda do que em educação. No fim do Império, em 1881, houve uma reforma eleitoral de cunho liberal, que proibiu o voto do analfabeto, o que, nas palavras elegantes de Ruy Barbosa, sobrepôs um "censo literário" a um "censo pecuniário" e fez com que o número de votantes passasse, segundo as estimativas de José Murilo de Carvalho, de 13% do total de homens livres para 1% em 1886. Carvalho, nos diz que quando da Proclamação da República, já com novas regras eleitorais, o eleitorado, que era em 1880 de 1 milhão de pessoas, determinadas em função de uma renda mínima equivalente ao salário de um funcionário público de nível básico — que, dada pobreza do Império, era bem pago —, caiu para 117 mil eleitores alfabetizados e sem necessidade de comprovação de renda mínima. Ou seja, os ricos eram analfabetos, e não é de estranhar que tivessem receio da educação, que poderia afetar negativamente seu controle da sociedade. Na verdade, a reforma de 1881, ao proibir o voto do analfabeto, foi absolutamente anti negro, já que os negros eram pobres e analfabetos e foi assim profundamente racista!

Os "ricaços" brasileiros agem como fidalgos, e os fidalgos não têm interesse pela educação, fato que se repete em todo o mundo, inclusive na Europa. As primeiras universidades europeias não foram fundadas pela aristocracia e sim por comunidades religiosas católicas, como a Universidade de Paris e as Universidades de Oxford e Cambridge. Eram também religiosas as primeiras universidades dos Estados Unidos, como Harvard e William and Mary. Por sua vez, a aristocracia portuguesa, ao fundar primeiras faculdades na colônia brasileira, escolhe escolas de direito que possibilitam o controle do Estado pelos "ricaços", e de medicina para cuidar da saúde dos super-ricos; não passam por sua cabeça nem pela cabeça imperial a criação de faculdades de ciência ou de filosofia, que seriam danosas para a manutenção do *status quo*. Assim, o desenvolvimento das universidades no novo continente que começou na América hispânica seguiu para as colônias britânicas da América do Norte e só muito tardiamente chegou ao Império do Brazil.

O reduzido interesse brasileiro na educação, particularmente na educação de massa, refletia a estrutura econômica fortemente centrada na agricultura de exploração de terras virgens, à semelhança da tradição indígena, copiada pelos colonizadores. Refletia, também, a falta de experiência de portugueses, italianos e espanhóis, principais colonizadores europeus no Brasil, que vivenciaram a Revolução Industrial tardiamente, sendo caudatários do que ocorria nos centros da Revolução Industrial europeus, Grã-Bretanha, Países Baixos e França. Tivemos poucos imigrantes germânicos, que vieram de um país que tardiamente se unifica (1871) e que também tardiamente se industrializa e poucos japoneses que somente chegam aqui no começo do século XX.

Já em meados do século XIX, ficou claro na Europa, particularmente na Grã-Bretanha, como diz Hobsbawm (1975), que "desenvolvimento econômico depende estritamente de uma educação científica". Com a Revolução Industrial no fim do século XVIII, que se iniciara na Grã-Bretanha e se propagou rapidamente para o mundo europeu e para a América do Norte, era claro que progressos econômicos seriam concretizados somente se a mão de obra fosse não apenas educada na tradição liberal, mas tivesse amplos conhecimentos técnicos e científicos.

Costuma-se atacar os jesuítas pelo estilo de sua educação em Portugal e no Brasil, e até hoje a destruição da educação jesuíta em 1759 é objeto de polêmica. Na média, creio que a decisão de Pombal foi benéfica, já que a inteligência e a organização dos jesuítas faziam com que seus poucos alunos, quase sempre da elite, tivessem estudos não científicos, mas exclusivamente literários e religiosos. Somente os alunos da elite brasileira e os religiosos atendiam as escolas dos jesuítas, que eram em número muito pequeno dado a dimensão e população da colônia. A expulsão dos jesuítas de Portugal e suas colônias, em 1759, pelo Marquês de Pombal introduziu o ensino público no reino e em suas colônias, bem antes da maior parte das outras nações, como mostra Marcílio (à exceção dos Estados absolutistas europeus, particularmente da protestante Prússia e da católica Áustria), mas ele simplesmente não vingou por falta de recursos. Mas a maior parte dos estudiosos, como Teobaldo Miranda de Santos, conforme notado em Marcílio (2005), é categórica ao dizer que "as instituições escolares que se fundaram a partir da expulsão dos jesuítas, insuficientes, fragmentárias e incompetentes, jamais poderiam substituir as escolas bem organizadas da Companhia de Jesus". As reformas pombalinas, como observou Laerte Ramos de Carvalho, citado por Marcílio (2005), não foram revolucionárias ou anti-históricas, mas essencialmente reformistas, mercantilistas e fisiocratas; não eram antirreligiosas, como a reforma que ocorreu na França após a Revolução Francesa, mas representavam o Iluminismo italiano, que era católico, mas não tinha caráter técnico e científico.

Comentando sobre o ano de 1836 em Portugal, em plena Revolução Industrial, o historiador português José Hermano Saraiva (1975) notava que o esquema pombalino do século anterior continuava sendo mantido, qual seja: "rudimentos de leitura e escrita para o povo, universidade para a elite burguesa". E o Império reproduziu Portugal no século XIX. Não existia na época ensino médio, exceto como preparatório para o ensino superior. A taxa de analfabetismo em Portugal, segundo Saraiva, era de 80% em 1900, bem acima da média europeia. Só este número diz que é falsa a pretensão do censo de 1872, quase 30 anos antes, de ter um analfabetismo inferior ao de Portugal. Tudo indica que, ao suprimir a educação jesuíta, nada foi posto em troca, tanto na metrópole quanto na colônia brasileira.

A experiência brasileira foi fortemente condicionada pela fundação do atual Colégio Pedro II, pelo imperador, no Rio de Janeiro, em 1837, no antigo Seminário de Órfãos de São Joaquim. Calcado no Liceu Louis-le-Grand, da Rua Saint-Jacques, em Paris, o Pedro II era uma escola eminentemente aristocrática, no Império, sendo a primeira com o ensino seriado. Devido aos custos elevadíssimos, bem como à dificuldade em preparar novos professores, a experiência não seria repetida fora da Corte. O sistema elitista do Pedro II, com exames para todas as séries, até mesmo para o ensino fundamental, quando a escola passou a incluí-lo, tornava o instituto um reduto dos filhos dos "ricaços", o que, no Império, quer dizer brancos, os únicos que podiam pagar aulas particulares para o ingresso no colégio. Somente no fim do século XX o colégio Pedro II adotou critério de sorteio para primeira série da escola primária e, no feliz dizer de um seu diretor, finalmente "amorenou-se". Em momento algum, no Império ou na República, pensou-se em contratar professores no exterior como forma de atenuar a ausência de professores nas escolas, de melhorar a qualidade do ensino e lhe dar maior expansão no país.

O início formal da educação foi dado por lei de 20 de outubro de 1823, que introduziu a liberdade de ensino sem restrição. Seguiu, assim, a tradição liberal da época, representada principalmente pela Constituição americana, que jamais menciona ser a educação um direito do cidadão e não obrigava o governo, em seus três níveis, a fazer nenhuma despesa com educação.

A Constituição de 1824, outorgada pelo Imperador Pedro I e confirmada pelo Ato Adicional de 1834, durou até 1891 — época em que era uma das mais antigas constituições do mundo, somente superada pela dos Estados Unidos. Havia nela apenas uma menção clara à educação (§ 32 do Art. 179), que garantia o ensino primário livre para todos. Foi, portanto, uma reviravolta em relação à lei anterior, que garantia o ensino privado universal. O ensino tornou-se, então, obrigação do Estado, seguindo a tradição europeia, particularmente prussiana, austro-húngara e francesa, mas transferiu para as províncias a responsabilidade da educação e de seus custos. De fato, o Ato Adicional de 1834 (inciso II do Art. 10), explicitamente, descentralizou a organização do ensino primário e secundário, passando-a à competência das províncias, cabendo ao governo central a responsabilidade apenas para o ensino no Município Neutro. Na prática, transferir a responsabilidade pelo ensino primário e secundário para as províncias era destruir, propositalmente, a educação pública do país, visto que as províncias eram pobres e sem recursos orçamentários para a educação. Em um exercício típico, de 1874/75, mencionado no censo, a despesa pública do Império é de 101.484 contos, e das províncias é de 5.409 contos, ou seja, as províncias equivalem a 5,3% da despesa do Império.

A regulamentação da Constituição Imperial veio com lei de 15 de outubro de 1827, que determinou a adoção do método de ensino mútuo (também chamado "lancasteriano", em que os alunos mais adiantados ensinavam os de séries inferiores) e a criação de escolas primárias em todas as cidades e vilas mais populosas do Império. A lei também criou dois cursos jurídicos: um no Convento de São Francisco, em São Paulo, que começou em março de 1828, e outro em Olinda, com início em 15 de maio de 1828. Foi a única legislação educacional baixada na vigência da Constituição Imperial.

Expressar desejos em leis e constituições parece ser apenas "para inglês ver". Já no relatório anual ao imperador, Campos Vergueiro, o ministro do Império que tentou também importar mão de obra suíça para suas fazendas, mostrava que, mesmo na capital, não havia prédios próprios ou para alugar para as escolas, e que a solução seria construí-las — porém não havia recursos para tanto. Criticava ainda conforme mostra Marcílio (2005) o método mutualista, que não havia apresentado no Brasil os resultados de outros países.

Em 1872, o então diretor de educação da província de São Paulo, Diego de Mendonça, observou, em seu relatório, também notado em Marcílio (2005), que é a fonte principal desta seção, que a única escola normal de preparação de professores para o ensino fundamental da província fora fechada por lei de 1867 e que, de uma população estimada de 700 mil paulistas, apenas 8.688 eram atendidos pela escola. Citou, ainda, que o número de escolas vinha aumentando, mas que isso era irrelevante, uma vez que quase todos os professores eram mal preparados.

O Triste Papel dos Intelectuais Contemporâneos

Na história econômica brasileira, destacam-se alguns economistas excepcionais, entre os quais Roberto C. Simonsen, com seu monumental *História econômica do Brasil 1500-1820*, ainda de 1937; Caio Prado Júnior, com *Formação do Brasil contemporâneo* (1942) e *A revolução brasileira* (1966); e Celso Furtado, com uma multiplicidade de livros, dentre os quais se destacam *Economia brasileira* (1954), o genial *Formação econômica do Brasil* (1959), *Desenvolvimento e subdesenvolvimento* (1961) e *Formação econômica da América Latina* (1969), que tiveram enorme importância para o entendimento da economia brasileira e para a formulação de políticas econômicas no século XX. Em um espectro mais amplo de formação de identidade do país, destacam-se Gilberto Freyre, Com *Casa-grande & senzala* (1933); e Sérgio Buarque de Holanda, com *Raízes do Brasil* (1936 e 1947). Debalde, encontram-se neles referências acerca da importância econômica e política da educação, cujas discussões se restringiram aos especialistas da área, como Fernando Azevedo e Anísio Teixeira. É como se o mundo educacional fosse relevante somente para a formação humanística e moral, e não tivesse importância econômica. Essa posição, na verdade, é surpreendente, dado que já se conhecia, desde meados do século XIX, sobre a necessidade de educação para a economia.

De fato, já em meados do século XIX, a educação técnica era conhecida como fator crucial para o desenvolvimento. Voltando a Hobsbawm (1975), este nota que, "na primeira fase da Revolução Industrial, em 1840, a maior parte das invenções técnicas não necessitara de conhecimento científico avançado", uma vez que resultavam da "capacidade de homens práticos com experiência e bom senso". Porém, a partir da metade do século XIX, todas as invenções estavam "intimamente ligadas com a ciência acadêmica", decorrendo daí a importância das universidades e dos centros de pesquisas. Ele frisa que, economicamente também, o "valor prático de uma sólida educação primária para as tecnologias baseadas em ciências para fins econômicos e militares é óbvio".

Hobsbawm nota ainda que, na segunda fase da Revolução Industrial (1840-1890), as "universidades e as escolas de Engenharia dos EUA, que eram claramente inferiores em relação aos padrões da Universidade de Cambridge ou da Escola Politécnica francesa, eram economicamente superiores às universidades britânicas, porque davam uma educação sistemática para a formação de engenheiros, que simplesmente não existia na Grã-Bretanha".

Cipolla (1969) estimou que em 1875 a taxa de analfabetismo na Europa era muito elevada nos países pioneiros da Revolução Industrial (17% na Inglaterra, 23% na Bélgica e 18% na França), mas era baixíssima nos países retardatários no processo de desenvolvimento econômico europeu (2% na Alemanha, 1% na Suécia e 2% na Dinamarca). Tais países sabiam, naturalmente, que a única forma de reduzir o retardo econômico seria melhorar sua educação de massa. Havighurst e Moreira (1965) estimam para o mesmo período que o analfabetismo da população livre brasileira era superior a 85%, ou seja, nada se fez para retirar o atraso brasileiro. Este ensaio, conforme visto, reestima, com base em hipóteses bem razoáveis, que os dados corrigidos do censo de 1872 indicam um analfabetismo de 97%. Assim, nada foi feito no Império do Brazil para a educação técnica a fim de reduzir o atraso econômico, ao contrário de países europeus retardatários da Revolução Industrial, como a Alemanha, a Suécia e a Dinamarca.

Sob muitos aspectos, a Economia é lenta, na percepção da importância da Educação na formação do capital humano como forma crucial de desenvolvimento econômico, mas, já em 1951, em um artigo teórico, Mincer tornava claro que educação é um insumo na formação do produto, tanto quanto o capital físico e o trabalho não especializado. Theodore Schultz, em 1956, torna ainda mais clara à relevância do capital humano, e Mincer, em 1974, enfatiza em livro a relevância da educação. Nossos intelectuais praticamente ignoram esses desenvolvimentos teóricos.

Não há, infelizmente, em *Formação econômica do Brasil* (1959), nenhuma menção à educação, uma vez que os intelectuais europeus da época que influenciaram decisivamente a formação de Furtado simplesmente ignoravam a importância do capital humano e tratavam o trabalho como um fator de produção homogêneo, normalmente representado pelo valor adicionado da mão de obra ou simplesmente pelo número de horas trabalhadas.

Se Furtado não prejudica, o erro de Sérgio Buarque de Holanda é incrível. Em seu *Raízes do Brasil*, ele investe com incrível ferocidade contra o escritor Mário Pinto Serva, que afirma, com toda razão, que, se o país tivesse "uma população culta e igual aparelhamento escolar, estaríamos no Brasil com um progresso espantoso". Buarque de Holanda critica tal afirmação de maneira enfática: "A muitos pregoeiros do progresso seria difícil convencer que a alfabetização em massa não é condição obrigatória sequer para o tipo de cultura técnica e capitalista que admiram e cujo modelo mais completo vamos encontrar na América do Norte". A catilinária de Buarque de Holanda é terrível: "A simples alfabetização em massa não constitui talvez um benefício ímpar. Desacompanhada de outros elementos fundamentais da educação que a completam, é comparável, com certos casos, a uma arma de fogo posta na mão de um cego". E conclui terrível e até insultuosamente: "Essas e outras panaceias semelhantes, se de um lado parecem indicar em seus predicadores um vício de raciocínio, de outro servem para disfarçar um invencível desencanto em face de nossas condições reais". A posição de Buarque de Holanda pode ser entendida como uma visão de que a educação é algo complexo e só tem sentido se realizada simultaneamente com o desenvolvimento político, econômico e social. Claramente, tal hipótese somente é viável no prazo infinito. E o resultado é que os intelectuais brasileiros causaram estragos terríveis para a educação.

Pode-se imaginar apenas o que poderia ter sido o Brasil, se Ruy Barbosa tivesse conseguido fazer prevalecer suas ideias sobre educação, que já vinha mencionando em seus discursos e escritos desde 1882, principalmente no parlamento do Império. Dizia o que pode ser repetido ainda hoje: "É que somos um povo de analfabetos e que a massa deles, se decresce, é numa proporção desesperadamente lenta; e que as instituições acadêmicas estão longe do nível científico desta idade".

Salários da Classe Média Imperial e os Preços das Mercadorias

No tempo do Império, os empregados na iniciativa privada, os funcionários do governo e outros segmentos eram apenas aparentemente elevados, dado o elevado custo de vida da época. Não se ganhava o suficiente para suprir as necessidades da incipiente classe média urbana. A consulta minuciosa ao *Diário Oficial do Império* do Brazil entre 1872 e 1873 e pesquisas a mais de uma dezena de jornais da época, além do apoio da Biblioteca Nacional e a biblioteca do Ministério da Fazenda, ambas no Rio de Janeiro, revelaram que os vencimentos eram apenas aparentemente elevados, mas na realidade eram parcos dos funcionários públicos, relativamente às necessidades de vida, e as reivindicações eram muitas, principalmente por parte dos militares. A única vantagem constatada era a inflação muito baixa na época. Para se tiver uma ideia, ao nível da renda, dos gostos e das preferências por bens e serviços em 2009, 1 milréis em 1872 são, aproximadamente, em números redondos, R$ 140 em 2009, ou, pelo câmbio de mercado, US$ 70, ou seja, o porteiro do colégio Dom Pedro II que ganhava, em 1872, 700 milréis por ano teria um poder de compra, em 2009, equivalente a R$ 7.538 por mês, considerando a regra atual de 13 salários por ano: é muito dinheiro (devemos lembrar que o cálculo é baseado no PIB de Goldsmith, e não de Tombolo, quando então seria 24% maior), mas deve-se considerar que o Pedro II é o único colégio civil imperial e que tem somente dois porteiros para o internato e o externato. O mais surpreendente é a pequena diferença de salários no Colégio Pedro II. Os "repetidores de aulas" ganham apenas 1.200 milréis por ano, apenas 20% acima dos "inspetores de alunos". O único médico do colégio ganha 800 milréis por ano, quase o mesmo do porteiro, mas talvez seja um profissional em tempo parcial: não sabemos. Os dois reitores do Pedro II ganham 4.800 milréis anuais. Não há menção clara dos salários dos professores.

A questão salarial tinha espaço cativo nos relatórios anuais de cada repartição ministerial. Na área da iniciativa privada, os dados coletados não permitem um estudo conclusivo. Muitos jornais da época não traziam valores, e as remunerações oferecidas eram um mistério. Na época, as agências de emprego dominavam o mercado; seguem anúncios de oferta de emprego nos classificados em jornais da época:

> Precisando de empregados competentes e honestos, dirijam-se, expondo claramente o caso, à União dos Emprega-

dos do Comércio, à Rua do Rosário 114 e serão atendidos gratuitamente.

Trata-se de arranjar emprego às pessoas desempregadas, inclusive condutores de bondes. Rua Uruguaiana, 55.

Onde é o escritório que recebe para alugar e vender pretos, pretas, moleques e negrinhas? É a Rua do Lavradio, n.º 6.

Precisam-se de criados, copeiros, cozinheiros à Rua do Sabão, 117.

Chegava-se a anunciar textos como: "não gaste dinheiro com anúncios. Precisando de balconistas, cozinheiras, perfeitas engomadeiras, cocheiros, procure a Rua Uruguaiana, 81 e 132". Como toda regra tem exceção, o *Jornal do Commercio* de três de janeiro de 1874 traz um anúncio tipicamente comercial:

Precisa-se para a estrada de ferro Macaé a Campos de bons: canteiros a 3,6 e 4 milréis; carpinteiros a 3,4 e 3,8 milréis; pedreiros a 3 e 3,4 milréis; cavouqueiros a 2,5 e 3 milréis; ferreiros a 5 e 6 milréis; trabalhadores de terra a 2 e 2,5 milréis. Tratar a Rua 1º de Março, n.º 78.

Não se fala a periodicidade dos pagamentos: possivelmente se trata de pagamentos diários, já que, por exemplo, o servente-porteiro de uma empresa privada na área de construção (*Diário Oficial do Império*, 22.11.1872) ganha 3 milréis por dia.

No *Correio Mercantil* de janeiro de 1868, temos: "Precisa-se de um perfeito cozinheiro de forno e fogão e que seu aluguel não exceda a 35 milréis, na Rua da Alfândega, 310". Na *Gazeta de Notícias*, durante várias vezes em 1873, publicava-se: "Precisam-se pequenos, brancos ou pretos, para ajudante principiando a ganhar 5 milréis por mês". Também com frequência em todos os jornais, anúncios de "preciso de uma preta que lave, engome e cozinhe por 25 milréis".

Sem medo de errar, reafirmamos que os salários do incipiente setor privado no tempo do Império eram menos diferenciados que atualmente, apesar de serem extremamente elevados comparativamente ao nível atual Nas colunas "Precisa-se", "Aluga-se" e "Vende-se" de todos os jornais, constava, quando muito, o endereço ou a caixa postal. O vendedor, o balconista, o menino de recados, o guarda-livros, a cozinheira, o cocheira, o marceneiro, o enfermeiro, o confeiteiro e o jardineiro só tinham um caminho: o endereço para um contato pessoal. Salários, condições de trabalho, horário noturno ou diurno e detalhes a combinar eram informações que o interessado só saberia consultado a própria agência de empregos ou empregador, ficando de fora dos anúncios de jornais. A única informação sobre os salários pagos à iniciativa privada aparece no *Diário Oficial* de 22.11.1872, que publica a concessão, por parte do Império, a uma empresa de grande porte para a construção de casas de aluguel, entre 240 milréis e 1.000 milréis anuais. Foi dada uma concessão por 90 anos, e o investimento compreendia compra de casas, terrenos, abertura de ruas com praças ajardinadas, no Rio de Janeiro. Sem dúvida, há uma preocupação com a urbanização. A empresa, de capital aberto, informou o vencimento de seus principais funcionários: o salário mais elevado é o de engenheiro gerente, 12.000 milréis anuais, o diretor ganhava a metade do engenheiro gerente (6.000 milréis anuais), o escrevente ganhava 1.200 milréis anuais, e o servente-porteiro, 1.010 milréis.

Reivindicações de aumento de salários eram feitas também pelos militares. No *Diário Oficial* de 11 de agosto de 1872, conforme relatório apresentado à Assembleia Geral da 4ª Seção da 14ª Legislatura pelo Ministro de Estado Interino dos Negócios da Marinha, publicou-se o aumento do soldo dos oficiais de Armada, que reivindicavam o aumento de seus soldos, que era de 300 milréis mensais para o almirante em terra. O documento explica que essa quantia não coloca em pé de igualdade os soldos recebidos pelos oficiais da Marinha com os salários recebidos pelos civis que trabalham em terra na mesma repartição, recebendo os últimos ainda uma aposentadoria vantajosa, diferentemente daquela dos oficiais. Frisa que assim se manifesta a desigualdade ou a injustiça. O problema, como hoje, é que há uma multiplicidade de gratificações habituais ente os militares que faz com que o soldo seja apenas uma fração do salário total.

Na Academia Imperial de Belas Artes, o Conservatório de Música apresenta um relatório ainda pior, relevando que os professores recebem 5 milréis por lição, o que resulta em um ordenado mensal de 80 milréis; enquanto o professor-adjunto tem salário de 60 milréis e outros três professores de 40 milréis por mês. Outros profissionais, como o arquivista e o porteiro, recebem 15 milréis cada um. Por fim, nessa instituição, os profissionais ligados à alta administração, como diretor, secretário e tesoureiro, servem gratuitamente, segundo o *Diário Oficial* de 26 de setembro de 1872. Como curiosidade, o Ministério do Império, pelo *Diário Oficial* de 17 de novembro do mesmo ano, requisitou ao Ministério da Fazenda o pagamento de 200 milréis pelas despesas feitas com modelos vivos na Academia de Belas Artes.

Já o *Diário Oficial* de 4 de outubro de 1872 traz a alteração dos vencimentos de alguns dos empregados da Caixa Econômica e Monte de Socorros da Corte, como no trecho a seguir: "2.400 milréis anuais ao ajudante do chefe da escrituração; 1.800 milréis aos fiéis do tesouro; 2.000 milréis aos primeiros escriturários e 1.600 milréis aos segundos escriturários". O documento consta que os aumentos serão considerados como gratificação pelo efetivo exercício. Observa-se que, comparativamente aos professores, os bancários tinham melhores salários e mais prestígio que os professores universitários.

Publicado no *Diário Oficial* de 13 de outubro de 1872, o Ministério da Marinha regulamenta a tabela de gratificações anuais aos empregados na Casa de Convalescentes da Marinha: "cirurgião da armada, 2.300 milréis; oficial da fazenda, 1.400 milréis; fiel, 675 milréis; 1º enfermeiro, 600 milréis; outros enfermeiros, 400 milréis; e cozinheiro, 600 milréis". Os novos empregados ficam sem direito a outros vencimentos ou vantagens. Com salários mais altos que professores, os soldos de diferentes hierarquias dos profissionais das Forças Armadas mostram-nos uma grande variação do nível salarial dentro dessa organização, diferentemente do que se pode ver na Caixa Econômica.

Ainda, pelo *Diário Oficial* de 13 de outubro de 1872, o Ministério da Agricultura, Comércio e Obras Públicas comunica, para os fins convenientes, ter elevado os vencimentos do fiel de iluminação pública para 80 milréis mensais, a 50 milréis a um dos guardas da mesma iluminação e autorizado a contratar mais três serventes, a 25 milréis cada. O mesmo ministério anuncia, pelo *Diário Oficial* de 11 de julho de 1872, a exoneração de um médico da colônia de Cananéia, na província de São Paulo, substituindo-o por outro, Dr. Antônio Azevedo, vencendo anualmente 2.000 milréis. Em 1º de novembro de 1872, o *Diário Oficial do Império*, por meio de decreto e com a rubrica do imperador, revela os novos vencimentos dos empregados do Internato e Externato Imperial Colégio de Pedro II: reitores (2), 4.800 milréis; repetidores (13), 1.200 milréis; e porteiros (2), 700 milréis.

No Ministério da Marinha, pelo *Diário Oficial do Império*, publicaram-se, em 1º de março de 1872, instruções para que, ao servente-porteiro da repartição do corpo de fazenda Rufino Caetano de Souza, fosse paga a gratificação anual de 800 milréis em vez de seus vencimentos anteriores.

Em nota, o diretor de Escola da Marinha marca o vencimento de 50 milréis mensais ao primeiro cozinheiro; e ao segundo, de 40 milréis, em 26 de janeiro de 1872. No mesmo dia, foi ordenado o engajamento de James Small com vencimento de 12 milréis diários como mestre de obras do mar do Arsenal da Marinha.

No ano de 1872, o *Diário Oficial* de 23 de junho, com uma tiragem de 1.300 exemplares (número extraordinariamente elevado comparativamente aos 400 assinantes do *Jornal do Commercio* em 1827), anuncia, por parte de um oficial do Ministério do Império, o requerimento de 2.000 milréis ao Ministério da Fazenda para o vencimento anual da bibliotecária pública. Além dos salários reajustados para uma categoria, existiam aqueles que eram pagos ou reajustados em nome de uma pessoa nomeada para um determinado cargo, desconhecendo-se se este era compatível aos salários pagos aos servidores da categoria profissional a que o indivíduo pertencia. Muitos destes eram anunciados pelo *Diário Oficial*:

> Pelo Ministério da Agricultura, Comércio e Obras Públicas, comunica ter sido elevado a 150 milréis mensais o vencimento que percebe José Souza Monteiro como desenhista da Inspetoria de Obras Públicas do Município, em 22 de junho de 1872.
>
> Pelo *Diário Oficial* de 4 de julho de 1872, o Ministério da Agricultura, Comércio e Obras Públicas nomeia para servir na comissão de registro geral e estatística das terras públicas e possuídas Galdino Alves Monteiro, vencendo anualmente 1.440 milréis.
>
> O Ministério da Justiça solicitou em 13 de julho de 1872 ao Ministério da Fazenda que no corrente exercício continue a ser abonada ao cônego Francisco Pinheiro, capelão da casa de correção da corte, além de seu ordenado de 600 milréis anual a gratificação também anual de 720 milréis.
>
> Pelo Ministério do Império, notificou-se ao *Diário Oficial* de 21 de julho de 1872 que foi nomeado o bacharel em letras Carlos Luiz Júnior para o cargo de professor de ciências naturais para o Colégio de Pedro II com vencimento de 720 milréis anuais.
>
> Pelo Ministério da Marinha, no *Diário Oficial* de 11 de agosto de 1872, a contadoria comunica que o vencimento anual de 1.600 milréis abonado ao 1º tenente Irineu José da Rocha, pelo exercício de comandante de 2ª Divisão da

> Companhia de Aprendizes Marinheiros de Laguna, deve ser, a partir do dia 1º em diante, reduzido a 1.200 milréis; (até onde pude ver é a primeira vez que se tem uma redução salarial, teria sido por causa do fim da Guerra do Paraguai em 1870?).

Também eram publicadas no *Diário Oficial* as pensões devidas às viúvas e aos dependentes de funcionários públicos, que poderiam ser devidas integralmente ou parcialmente, conforme os anúncios a seguir:

> Em 22 de maio de 1872, pelo Ministério do Império, foram publicadas as pensões de 30 milréis mensais a uma viúva de capitão do exército; 21 milréis mensais a uma viúva de tenente; além de 18 milréis a mãe de um 2º sargento.
>
> O *Diário Oficial* de 5 de julho de 1872, pelo Ministério do Império, publica que foi concedida pensão de 50 milréis mensal a Ana Jesus, mãe de um cirurgião-mor de brigada, falecido em consequência de moléstia adquirida em campanha.
>
> No *Diário Oficial* de 12 de julho de 1872, foram concedidas pensões de 600 milreis anuais ao padre Bernardo Penedo, de Santa Catarina; de 400 milreis à viúva do marechal de campo Lopo Melo e de 400 réis diário ao soldado João Cabral, do 1º regimento de artilharia a cavalo.
>
> Pelo Ministério do Império, foi concedida pensão de 60 milréis a Manoela Gertrudes, filha do capitão de voluntário da pátria Luiz Werneck, tendo sido essa decisão publicada no *Diário Oficial* de 25 de agosto de 1872.
>
> Pelo Ministério do Império, por decreto de 30 do mês passado publicado no *Diário Oficial* de 1º de novembro de 1872, foram concedidas as seguintes pensões: 60 milréis sem prejuízo de meio soldo, a D. Maria Lins, viúva do coronel reformado Bento José Luiz. De igual importância ao capital honorário do Exército Tito da Rocha; de 18 milréis à Angélica de Lima Bertrago, viúva do sargento Manoel Bertrago, morto em combate. Por fim, de 400 reis diários ao soldado Crispim Pontape.

No que se refere a variação dos salários por categorias, dos só podemos comparar os salários de 1862 e 1871 entre os cargos de inspetor e engenheiros e suas classes na Diretoria Geral de Obras Públicas. Para o cargo de inspetor-geral, houve um aumento de 160% no total dos vencimentos mensais ao longo do período, enquanto, para os engenheiros de primeira, segunda e terceira, o crescimento nos salários foi, respectivamente, de 265%, 202%, 239% (Decreto n° 2.992, de 1862; 4.653, de 1870; e 4.696, de 1871). A elevação a taxas maiores dos salários dos engenheiros fez com que o vencimento do engenheiro de primeira classe se igualasse ao do inspetor-geral, que é o chefe dessa unidade. Entre esses anos, pode-se ver que a diferença salarial entre o cargo técnico mais baixo existente em ambos os anos, engenheiro de terceira classe, e o cargo máximo de direção, inspetor-geral, diminuiu: enquanto que, em 1862, o inspetor-geral ganhava 142% a mais que o engenheiro de terceira classe, em 1871, o primeiro tinha um vencimento apenas 85% maior que o segundo. Pode-se concluir, então, que dentro do órgão, para os cargos técnicos mais altos, houve uma elevação salarial superior à dos cargos de direção, reduzindo a diferença entre os salários. Ressalta-se, também, que a inflação nesta época era baixa, fazendo com que os aumentos se traduzissem em ganhos reais.

Os funcionários do Corpo de Engenheiros Civis do Ministério da Agricultura, Comércio e Obras Públicas recebiam um salário no ano de 1871 superior aos profissionais de mesma capacidade técnica de outras instâncias do serviço público em 1869. Pelo Decreto nº 4.326, de 28 de janeiro de 1869, que define os cargos e vencimentos dos empregados na construção da estrada de ferro D. Pedro II, fica claro que, enquanto o salário do engenheiro-chefe é de 1.000 milréis mensais, o de seu equivalente na repartição é 1.300 milréis, 30% a mais; já o vencimento do engenheiro de primeira classe é 85% superior. Agora, para os cargos de nível técnico mais baixo, a diferença é menor, o ajudante de primeira classe, por exemplo, recebe apenas 20% a menos do que o engenheiro ajudante de primeira classe.

Os salários na Corte eram mais elevados do que aqueles pagos nas províncias. O cargo máximo da Diretoria Geral dos Correios (diretor-geral) recebia um salário de 6.600 milréis, 65% a mais do que o cargo máximo (administrador) das unidades das províncias de primeira classe, Bahia e Pernambuco, e 371% maior do que o do administrador das províncias de quinta classe, Piauí, Rio Grande do Norte, Sergipe, Espírito Santo, Goiás, Mato Grosso e Amazonas. Para o menor cargo, o de primeiro oficial, presente no quadro de cargos até a instância de terceira classe, a diferença de salários em relação aos da Corte varia entre 20% a 71% a menos em relação à Corte.

Pode-se observar que, para os cargos hierárquicos mais elevados, a variação dos salários da Corte em relação às províncias é maior em relação à variação para os casos hierárquicos mais baixos. Em suma, há uma forte disparidade salarial entre as províncias. Essa diferença regional de salários pode estar relacionada à própria organização dos Correios em unidades por classe, podendo ser fruto do volume de trabalho das unidades, seu tamanho, funcionalidade e abrangência.

Como forma de compreender o que significam os montantes salariais apresentados, faz-se necessário, por um lado, ter noções do custo de vida da época e, por outro, compará-las com os preços atuais. Por meio dos Quadros E e F do Anexo Estatístico, que trazem preços de mercadorias e salários em 1872 e 2010-11, é possível elucidar alguns elementos.

Surpreendentemente, os salários do século XIX eram em média 10,2 vezes maiores que os de 2011; retirando os dois extremos, mais alto e mais baixo, os salários em 1872 eram em média 9,3 maiores do que os de 2011. Embora possa haver uma sobre estimativa dos valores em 1872 do Quadro E do anexo — causada pelos tipos de profissões apresentadas, muitas das quais exigindo conhecimentos técnicos, extremamente escassos em 1872 —, a diferença impressiona. Contudo, o elevado salário depara-se com um valor ainda maior de mercadorias básicas, que era em média 15,8 vezes superior em 1872; mesmo retirando os dois extremos, o mais baixo e o mais alto, os preços de 1872 são 12,7 vezes mais altos do que em 2011. Com isso, tem-se uma relação preços de mercadorias e salários média de 1,55 (15,8/10,2). Tamanho custo de vida explica, em partes, o porquê de tantas reclamações acerca dos salários. No Império do Brazil, os poucos privilegiados com emprego regular ganhavam bem, mas viver era caro para os poucos assalariados (poucos relativamente ao número de escravos e os trabalhadores informais sem emprego regular).

A vida poderia ser fácil para os profissionais com maiores salários, no entanto, para a maior parte das pessoas, o poder de compra era reduzido. Para um primeiro-tenente (da aristocrática Marinha de Guerra), que à época ganhava quase cinco vezes mais comparativamente a hoje, por exemplo, as mercadorias 15 vezes mais caras sinalizavam uma dificuldade em arcar com as despesas. Se para a média de salários identificados no Quadro E do anexo a relação entre preços e salário era de 1,55, para um primeiro-tenente este valor sobe para 3,21 (15,8/4,92)! A diferença é muito grande.

Quando se observam os salários e as profissões do século XIX em comparação com as do século XXI, com base no Quadro E do anexo, nota-se que houve uma mudança tanto nas suas rubricas como nos salários. A maioria dos salários era maior no século XIX, com exceção do salário do pedreiro. Observa-se também que, para algumas profissões, os salários pouco mudaram durante os séculos. Este é o caso dos tenentes da Marinha e dos professores. Contudo, alguns profissionais recebiam salários 10,6 vezes maiores no século XIX, caso do engenheiro de terceira classe. Outra profissão cujo salário se reduziu em muito de 1872 a 2010 é de condutor.

As razões para esta diferença salarial para os engenheiros devem-se à menor oferta de profissionais no século XIX e à formação universitária restrita a poucos, já que, por vezes são europeus ou brasileiros que estudaram na Europa. Ademais, os preços das mercadorias eram superiores aos tempos atuais. Outro motivo para a diferença entre os salários se deve à dificuldade em compatibilizar algumas profissões do século XIX com as do século XXI, de forma que é possível que as profissões anteriores requeressem responsabilidades maiores que as atuais. Além disso, usou-se, em certos casos, o salário-base estipulado por legislação, não excluindo, portanto, a existência da prática de remunerações maiores nos anos de 2010 e 2011.

Um fato notável é a remuneração dos professores em 1872 ser inferior à de outros profissionais com o mesmo tempo de estudo e experiência. Já naqueles tempos, a carreira de professor não era associada a um salário alto. As profissões que hoje em dia requerem apenas o nível fundamental (porteiro, guarda, cozinheiro, contínuo e condutor) tinham salários mais altos no tempo do Império. Neste caso, é possível que se exigisse maior qualificação no século XIX por incorporarem maiores responsabilidades. O trem, por exemplo, era uma novidade no Brasil em 1872, hoje em dia, com os avanços tecnológicos, a operação de um metrô requer menos conhecimento sobre a máquina por seu operador do que antigamente.

Na verdade, tudo indica que as profissões conhecidas (que hoje seriam as de carteira de trabalho assinado e de funcionários públicos) eram bem pagas, mas ainda assim insuficientes para os baixos níveis de renda em 1872, já que a média (renda per capita) está fortemente influenciada pelo salário monetário dos escravos e baixíssimo salário dos alforriados.

Quanto Vale 1 Milréis?

Há, pelo menos, seis formas de atualizar valores em meados do século XIX para preços correntes de 2009, por exemplo. O primeiro método consiste em imaginar um país, por exemplo, o Império Romano no ano 9 d.C., com uma moeda estável, o *denarius*, sem inflação por 2 mil anos, de tal maneira que em 2009, 1 *denarius* tem exatamente o mesmo valor do *denarius* de 9 d.C. Há, porém, duas diferenças radicais: em 2009 há uma quantidade imensa de bens e serviços comparada à limitada cesta de bens e serviços do ano 9 d.C., e os gastos e preferências de 2009 são bem distintas dos de 1 d.C. O que alguém do Império Romano daria no ano 9 d.C. para ter um antibiótico de 2009 que custa praticamente nada hoje, mas que poderia salvar a sua vida? A diferença está na renda; segundo Maddison (2003), entre o ano 1 e 1998, a renda per capita da Europa Ocidental cresceu 40 vezes devido simplesmente ao avanço tecnológico e de capital humano que gerou novos produtos e serviços.

Com base nessa analogia, desenvolve-se o primeiro método de se achar o valor de 1 milréis (Rs 1$000) de 1872, que é simplesmente aplicar sobre o milréis o multiplicador de equivalência monetário por milréis para o valor do real em 2009 (3,64 X E^{-16}) e usar o deflator implícito das contas nacionais, um índice difícil de ser calculado, que é mostrado no Quadro H do Anexo, 3,42 X E^{16} por unidade de milréis). O resultado é que Rs 1$000 de 1872 é igual a R$ 12,45 em 2009. Conforme visto, este método mostra se um habitante do Império do Brazil em 1872 teria a mesma renda per capita e os mesmos gostos e preferências na República em 2009. Também diz que os padrões monetários foram adotados sabiamente, já que, *grosso modo*, a renda per capita brasileira cresceu dez vezes entre 1872 e 2005, pouco abaixo da simples evolução de preços.

O segundo método usa como deflator o preço de um produto como, por exemplo, uma xícara de café de um botequim, que em 1870 custava Rs 40, comparativamente ao seu preço corrente em 2009, de R$ 0,50. Ou seja, Rs 1$000 de 1870 é equivalente a R$ 12,50 em 2009, após se aplicar o multiplicador de equivalência monetária para o real. Essa metodologia é simples e direta, nem tão absurda quanto se pode imaginar, uma vez que o Brasil foi o maior exportador de café mundial em ambos os anos. Há, no entanto, uma diferença básica: em 1870, o café era responsável por 57% das exportações brasileiras, ao passo que em 2010 era menos de 5%. O Brasil era quase monopolista da produção e exportação mundial de café até 1870 e hoje continua um grande exportador, mas sem os benefícios de ser o monopolista. Por essa razão, o deflator deve estar sobre-estimado, pois o preço do café era excessivamente elevado em 1870.

O terceiro método consiste em calcular o deflator segundo a taxa de câmbio. Compara-se o valor da taxa de câmbio em 1870, milréis/libra, com a taxa corrente em 2009. As *Estatísticas históricas do Brasil* do IBGE, segunda edição, com base no *Jornal do Commercio* ("Retrospectivo comercial"), revelam que a taxa de câmbio libra/milréis em dezembro de 1870 era de 23,88 pences por 1 milréis, ou seja, 1 libra é igual a Rs 10$050, já que, na época, 1 libra era dividida em 240 pences. Em dezembro de 2009, 1 libra equivale a R$ 2,82, ou seja, Rs 1$000 de 1870 é R$ 0,28 em 2009. Esse multiplicador cambial é a pior forma de atualização entre os valores apresentados, uma vez que a libra não era nada estável em 1870-2009, dado o fato de que a taxa histórica de preços da Grã-Bretanha é muito alta, de 5% comparada a 2% para os EUA, por exemplo. E a libra deixou de ser a principal moeda internacional, e é utilizada quase que marginalmente no comércio mundial em 2009; por exemplo, a taxa de câmbio dólar/libra era de 4,54, enquanto que em 2009 era de 1,64, ou seja, a libra desvalorizou-se em 176,8% em 129 anos. São esses fatores que tornam surpreendente a diferença de cálculo de milréis em reais feito pelo café e pelo câmbio em que um milréis de 1870 vale R$ 12,45 e R$ 0,28, respectivamente.

O quarto, quinto e sexto métodos adiante partem da relação de um milréis com o PIB per capita a preços correntes de 1872. Para se chegar ao PIB per capita, parte-se de Goldsmith (1986), que mostra que o PIB a preços correntes em 1872 era de 1.210 milhões de milréis. A desvantagem dos três métodos é que se centra em um PIB per capita de um único ano (1873) calculado de maneira desconhecida. Goldsmith calcula o PIB de 1872 conforme a média de índices de salários pagos, a oferta de moeda M-2, as exportações mais importações e os gastos governamentais da União, encadeados em 1910 às estimativas da Haddad (1978), conforme citado em Neuhaus (1980), mais 5% de depreciação. Ressalte-se que Goldsmith (1986) não faz nenhum comentário sobre o tipo de ponderação usado. Goldsmith via a população em 1872, com a do primeiro censo brasileiro (1872), com 9.930.478 milhões de habitantes. Assim, obtemos um PIB per capita de Rs121$847 em 1872, ou seja, 1 milréis equivale a 0,0082 do PIB per capita de 1872.

O quarto método para o cálculo de milréis dá-se segundo a paridade do poder de compra. Utilizou-se o PIB PPC em 1872 em dólares internacionais a preços de 1990 de Maddison (2003), inflacionando-o até os anos 2009 pelo deflator do PIB dos Estados Unidos, obtido no Federal Reserve Economic Data. Em seguida, este foi multiplicado pela taxa de câmbio corrente e PPC, de modo a se obter o PIB per capita de 1872 a preços correntes e PPC de 2009, gerando um PIB per capita de 1872 de R$ 2.143,75. Desse modo, 1 milréis é igual a R$ 6,82.

O quinto método consiste em aplicar sobre a fração de 1 milréis do PIB per capita os coeficientes de atualização monetária e de correção de preços para reais a preço de 2009. Partindo dessas informações, o valor do PIB per capita de 1872 foi trazido para preços de 2009 por meio da série encadeada do deflator com base em 1870 (discutida e apresentada na íntegra no Anexo V). Para o ano 2009, o índice de 3,42 XE[16] por Rs1$000 foi utilizado para inflacionar o PIB per capita de 1872, de Rs121$847 milréis. Com isso, verificou-se que a renda per capita, em 1872, expressa em reais de 2009 era de R$ 1.515,04. Desse modo, 1 milréis de 1872 é igual a R$ 11,60.

O sexto método consiste em achar para 1872 o valor de 1 milréis como fração do PIB per capita de 1872, já calculado anteriormente (0,0082), e a partir daí achar o valor de 1 milréis de 1872 em relação à renda per capita em reais de 2009. No ano de 2009, o PIB per capita era de R$ 17.691,95, que, multiplicado por 0,0082, resulta em R$ 140 em 2009. Ou seja, 1 conto de réis (isto é, 1 mil milréis) é muito dinheiro: são R$ 140 em 2009, ou seja, US$ 70, quando se considera a taxa de câmbio comercial para venda de R$ 2 para 2009, segundo o Banco Central do Brasil (BCB). Como a inflação brasileira é muito alta, mesmo após o Plano Real, vale a pena guardar de memória que 1 milréis equivale a aproximadamente US$ 70, o que é muito dinheiro. Este método é o preferido do autor, já que reflete a mudança do PIB per capita em 1872-2009, ou seja, permite que o brasileiro de 2009, com as quase infinitas opções de bens e serviços disponíveis para seu consumo, possa apreciar a sensibilidade do poder de compra e dos preços de 1872.

Pode-se sempre tentar se atualizar do milréis do século XIX usando técnicas baseadas nos salários da mão de obra do século XIX, mas os resultados serão sempre precários. Os salários de domínio público no século XIX são poucos, e referem-se a uma minoria de mão de obra bem-educada, em um país que é quase 97% analfabeto, ou seja, conhecemos os salários do serviço público (mesmo assim, aproximadamente, pois não temos a composição dos cargos públicos em quantidade) e das empresas bem organizadas, como ferrovias e concessionárias de serviços públicos. Ainda mais, pouco se sabe sobre os serviços, exceto os de nível universitário, já que os anúncios nos jornais são limitados, quer para rendimentos de profissionais, quer para aluguéis etc.

Sabemos muito sobre a cidade do Rio de Janeiro, capital imperial e de longe a cidade mais rica por habitante, no Império, já que era o porto e a capital da zona produtiva de café, o produto mais importante de exportação. A cidade de São Paulo era quase que uma vila, se comparada ao Rio de Janeiro, já que o café estava apenas chegando a São Paulo. Infelizmente quase todos os dados se referem exclusivamente ao filé mignon de renda da cidade do Rio de Janeiro, que englobava 2,8% da população brasileira em 1872. A província de São Paulo tem apenas 837 mil habitantes, bem inferior aos 2.040 mil habitantes de Minas Gerais e aos 1.380 mil da Bahia, e inferior à população conjunta da Corte e da província do Rio de Janeiro (1.058 mil habitantes). Os barões do café são basicamente fluminenses e cariocas, e não paulistas.

O Rio de Janeiro, apesar de tudo, era muito pobre. A cidade, com 275 mil habitantes, tem um tamanho bem grande para as cidades do século XIX, tem 49 mil escravos com renda monetária próxima de zero. Para a população total, há 217 médicos, ou seja, um número extremamente elevado, mesmo para os padrões atuais, que é de 1 médico para 3 mil pessoas, ou seja, os médicos deviam ganhar muito. Edmundo Campos Coelho calculou a média modal desses médicos em seis contos de réis em 1876, ou seja, R$ 870 mil anuais ou R$ 67 mil mensais (considerando um ano com 13 remunerações, que é a prática na segunda metade do século XX), sem dúvida um valor superior à renda média dos médicos em 2015, lembrando que o rendimento máximo no serviço público brasileiro é de R$ 33 mil mensais (mais o 13º).

Os altos rendimentos dos médicos no século XIX devem ser em parte porque quase todos os médicos eram formados no exterior (havia apenas duas escolas de medicina na Bahia e no Rio de Janeiro, que tinham em 1887 apenas 958 estudantes matriculados), e existia uma elevada demanda para os seus serviços, dado o baixo nível da saúde na Corte. Em termos de renda média anual, os 217 médicos do Rio de Janeiro ganhavam 4 contos e 823 milréis, mesmo assim algo inferior aos dos 131 advogados (Rs5: 142$000) e bem superior aos dos 77 engenheiros. Os impostos eram elevados para os profissionais liberais, que, além de terem pagado o alto custo da anuidade do curso de medicina (102 milréis anuais, podendo ser pagos em duas prestações, para cada uma das sete séries do curso de medicina, conforme estipula o Decreto nº 8.024, de 12 de março de 1881, segundo Edmundo Coelho). Os dados das profissões corroboram que a nossa estimativa de um milréis igual a R$ 145,07 é razoável.

A desvantagem do método adotado é que está baseado em apenas um ano do PIB de 1872, calculado por um autor renomado, mas, apesar de tudo, por um método que não se pode hoje replicar, já que a sua metodologia e o seu cálculo não foram especificados cuidadosamente por Goldsmith. Nosso desconhecimento econômico sobre o século XIX é desanimador, e poderia ser minimizado rapidamente por uma pesquisa atenta dos jornais, pela leitura de testamentos, cartas pessoais, aluguéis disponíveis, em um país que é eminentemente rural no século XIX. Celso Furtado, em seu magnífico *Formação econômica do Brasil* (1959), pouco pode ser quantitativo, já que não teve acesso ao censo de 1872, do que foram publicados apenas 50 exemplares, engavetados nas repartições públicas. Hoje o censo de 1872 está digitalizado pelo IBGE e harmonizado pelo Cedeplar da UFMG, que infelizmente o tornou disponível somente após a realização deste estudo.

Notas de A economia do Império

[156] Goldsmith (1973, 29).

[157] Leff, sem dúvida, não teve acesso ao censo de 1872, do que só foram impressos 50 exemplares (estou pasmado até agora), que graças aos esforços do IBGE, foi completamente digitalizado em janeiro de 2013, com a digitalização iniciada 30 anos antes. Leff está aposentado atualmente, e foi redescoberto recentemente pelo jornalista Rafael Carrillo, na Piauí (jan. 2017, 16-26), e teve sua carreira acadêmica interrompida pelo mal de Parkinson; sua contribuição é importantíssima para a história brasileira, porque critica Celso Furtado e porque seu texto demanda um pouco de econometria, algo difícil para boa parte dos alunos, e creio que não é mais popular no curso de Formação Econômica Brasileira (FEB) — há cinco turmas de FEB ministradas pelo Departamento de Economia da UnB —, já que a econometria básica é compreensível apenas para os alunos de economia e estatística. Nos meus cursos de FEB, dado regularmente na UnB desde 1994, sempre adoto alguns textos de Leff, mas sou uma exceção entre os professores da área.

[158] Os dados de produtos de exportação foram coletados por Paiva Abreu [texto para discussão n. 584, da Pontifícia Universidade Católica do Rio de Janeiro (PUC-Rio), Departamento de Economia]. O PIB em contos de réis de Goldsmith é de 1.219 contos de réis em 1870, e as exportações são de 191 mil contos de réis (segundo as Estatísticas Históricas), ou seja, 15,8% do PIB.

Referências bibliográficas

Baleeiro, A. *Constituições Brasileiras:* 1891[2001]. Brasília: Senado Federal e Ministério da Ciência e Tecnologia;

Cippola, Carlo M. 1969.*Literacy and Development in the West.* Londres: Hammondsworth: Penguin.

_____. 1998. *Between History and Economics: an Introduction to Economic History.* Traduzido por Christopher Woodall. Blackwell: Reino Unido.

Clark, Gregory. 2007. *A Farewell to Alms: a brief economic history of the world.* Princeton: Princeton University Press.

Coelho, Edmundo Campos. 1999. *As profissões imperiais.* Rio de Janeiro: Record.

Correio Mercantil, de 7 janeiro de 1868.

Decreto nº 4.696, de 16 de fevereiro de 1811.

Decreto nº 2.922, de 10 de maio de 1862.

Decreto nº 4.362, de 28 de janeiro de 1869.

Diário Oficial do Império. Edições publicadas entre 1872 e 1873.

DGE – Diretoria Geral Estatística. 1872. Censo de 1872. Vol 1. Rio de Janeiro: Coleção Brasiliana. https://archive.org/details/recenseamento1872bras.

Furtado, Celso. 1959. *Formação econômica do Brasil.* Rio de Janeiro: Fundo de Cultura Econômico.

Gazeta de Notícias. Edições diversas publicadas em 1873.

GDP Implicit Price Deflator in United States©, Index 2010=100, Annual, Not Seasonally Adjusted, Economic Research Division, Federal Reserve Bank of St Louis. https://fred.stlouisfed.org.

Goldsmith, Raymond. 1986. *Brasil 1850-1984: desenvolvimento financeiro sob um século de inflação.* S. Paulo: Harper & Row do Brasil.

Haddad, C. L. 1978. *Crescimento do produto real no Brasil 1900-1947.* Rio de Janeiro: Fundação Getúlio Vargas

Harrison, Lawrence E., Huntington, Samuel P. (eds.). 2001. *Culture Matters: how values shape human progress.* Nova Iorque: Basic Books

Havighurst, R. J.; Moreira, J.R. *Society and Education in Brazil.* Pittsburgh: University of Pittsburgh Press, 1965.

Hobsbawm, Eric J. *Industry and empire:* from 1750 to present day. Londres: Weidenfeld & Nicholson, 1968.

Hobsbawm, Eric J. *The age of capital 1848-75.* Nova York: New American Library, 1975.

Holanda, S. B. de. *Raízes do Brasil*. 2ª ed. modificada Rio de Janeiro: Nova Aguillar, 1936 [1947] (Coleção Intérpretes do Brasil, v. III 2000).

Houston, R. A. *Literacy in early modern education 1500-1800*. Harlow, Essex: Longman, 1988.

IBGE. 1987[1990]. *Estatísticas Históricas do Brasil: séries econômicas, demográficas e sociais de 1550 a 1988* 2ed. Rio de Janeiro: IBGE.

Lal, D. 1995. *Unitended consequences: the impact of factor endowments, culture and politics on long run performance*. 1995. Londres e Cambridge; The MIT Press.

Leff, Nathaniel. 1982[1991]. *Subdesenvolvimento e desenvolvimento no Brasil*. Trad. Ruy Jungmann. Rio de Janeiro: Expressão e Cultura

Maddison, Angus. 2001. *The World Economy: a millennial perspective*. Paris: Development Centre of the Organisation for Economic Co-Operation and Development.

_____. 2003. *The world economy: historical statistics*. Paris: Development Centre of the Organisation for Economic Co-Operation and Development.

Mokyr, Joel. 2017. *A culture of growth: the origins of the modern economy*. Princeton: Princeton University Press.

Neuhaus, P. 1980. *Economia brasileira: uma visão histórica*. Rio de Janeiro: Campos.

Novaes Almeida, José Roberto. 2009. "Desigualdades brasileiras aspectos econômicos e históricos." Em Pádua, José A. (org.). *Desenvolvimento, justiça e meio ambiente*. Editora UFMG e Editora Peirópolis: Belo Horizonte e São Paulo.

Tombolo, Guilherme Alexandre. 2013. *O PIB brasileiro nos séculos XIX e XV: duzentos anos de ciclos econômicos*. Dissertação de Mestrado em Desenvolvimento Econômico, setor de ciências sociais aplicadas. Universidade Federal do Paraná. Curitiba-PR.

Marcilio, M. L. 2005. *História da escola em São Paulo e no Brasil*. São Paulo: Imprensa Oficial do Estado de São Paulo e Instituto Fernand Braudel.

Mincer, J. 1951. "Investment in human capital and personal income distribution". *Journal of Political Economy*, v. 66, ago.

Mincer, J. *Schooling, experience and earnings*.1974. Nova York: Columbia University Press.

Novaes de Almeida, José Roberto. 2009. *Economia monetária: uma abordagem brasileira*. São Paulo: Atlas.

_____. 2009. "Desigualdade brasileira: aspectos econômicos e históricos" p. 170-193 de *Desenvolvimento, justiça e meio ambiente*. Org. José Augusto Pádua. Belo Horizonte e São Paulo: Editora UFMG e Editora Peirópolis.

Saraiva, J. H. 1975. *História concisa de Portugal*. Lisboa: Publicações Brasil-América.

Schultz, T. W. 1956."Investment in human capital". *American Economy Review*, v. 51, mar. 1956.

Serva, M. P. *O enigma brasileiro*. São Paulo, s. n., d.

Simonsen, Roberto. 1937[1978]. *História Económica do Brasil 1500/1820*. São Paulo: Companhia Editora Nacional.

Villegas, Daniel Cosío et. al. 1994[2000]. *História mínima de Mexico*. 2ª ed. Mexico D.F: El Collegio de Mexico.

World Bank. *World Development Indicators*. http://databank.worldbank.org/data/reports.aspx?source=2&series=NY.GDP.MKTP.CD&country=BRA#advancedDownloadOptions.

X

A IMPRENSA E A ESCRAVIDÃO

Classificados sobre Escravos

Gilberto Freyre (1979) fez um magnífico livro com os anúncios de escravos. Sua ênfase são os jornais do antigo Norte, região bem mais desenvolvida que o Sul no início do século XIX, o que corrobora a conclusão já mencionada por José Murilo de Carvalho que a escravidão estava disseminada no Império inteiro e que fazia parte da sociedade urbana inclusive nas cidades mais ricas e mais bem educadas do Império. Ela contaminava o País, não era de jeito algum uma escravidão de grandes fazendas no estilo do Sul dos EUA escravocrata da *plantation* de algodão ou de fumo. Existia urbanamente com toda a intensidade.

Os jornais eram comprados por assinatura via postal ou somente em suas sedes, dado a inexistência de bancas de jornal e de distribuição avulsa. Só no final do Império há registros que a *Gazeta de Notícias* do Rio de Janeiro era vendida nas ruas, como mostra John Gledson em *Machado de Assis – Bons Dias* (1990), que menciona que outro jornal o quase desconhecido *O País* se diz o jornal de maior tiragem da América do Sul com 26.000 exemplares (uma óbvia falsidade), como anunciava no cabeçalho para atrair subsídios do Tesouro No Império não há nada semelhante aos modernos institutos de verificação de circulação e comunicação e como resultado as tiragens dos jornais eram basicamente mentirosas para impressionar os assinantes e o público e para receber os gordos subsídios do governo de plantão.

Alguns dos anúncios na impressa carioca e paulista estão adiante. Vale a pena serem lidos para se ter uma ideia sobre como os escravos eram tratados como coisas, como um *chattel* na linguagem americanas.

O Diário de São Paulo de julho de 1878 e outros jornais de São Paulo, na época, mostra que os valores oferecidos na captura de escravos fugitivos eram os mesmos dos do Rio de Janeiro, de 100$000 a 200$000.

Indiscutivelmente, o *Jornal do Commercio* do Rio de Janeiro era um pioneiro em classificados, 70% das suas páginas destinavam-se à publicidade em geral e deve-se lembrar de que só tinha 400 assinantes. Anunciavam-se os préstimos sem nenhum receio de estar infringindo a lei e os costumes muitos deles de se cortar o coração pelos padrões morais atuais (como se iria se separar os filhos negros das mães negras que iriam amamentar crianças brancas e quem iria cuidar de seus filhos?) de pelo menos dez amas de leite diariamente (com o destaque de serem "mães de primeiro parto e carinhosas com as crianças, dispostas à antiga Rua dos Lapoeriros, 19"). Acompanhando anúncios de compra, venda e aluguel de escravos, havia aluguel de quartos, venda de cavalos, cabras, aluguel e venda de chácaras e oferta de garotos de 12 a 14 anos para trabalhar em botequim, armazéns, casas de família ou como entregadores. Vendas humanas eram assemelhadas a cavalos e cabras.

Dentre os anúncios publicados em um dia típico, em 15 de fevereiro de 1878, dez anos antes da abolição, destacamos aqueles que tratam da venda de escravos:

> Aluga-se uma preta de meia idade.
>
> Vendem-se cinco pardinhas de 11 a 18 anos.
>
> Vende-se um preto de 40 anos por 500$ - não tem defeitos nem moléstias.
>
> Vende-se uma negrinha de 14 anos, própria para mucama. Ver Rua dos Ourives, 67.
>
> Vende-se uma lindíssima ama de leite de primeiro parto, preta de 20 anos, muito sadia e carinhosa à Rua do Fogo, nº 46.

A prática do comércio de escravos era bastante comum nos anúncios diários. Em 9 de julho de 1878, o *Jornal do Commercio* anunciava que, em Niterói, seriam vendidos Bráulio, de 25 anos, 1.600$000; Álvaro, de 18 anos, 1.700$000; Paulina, 23, 1.000$000; Marinho, 45, 600$000; e Boa Ventura, 18 anos, 1.200$000. Em 19 de julho, anunciaram-se a venda de escravos para a lavoura, um preto carvoeiro e três "lindíssimas" pardinhas, com idade entre 11 e 16 anos, pelos preços de 750$000 e "950$000, dispostas na Rua do Fogo, 129". Acrescento que sem dúvida a " lindíssima" sugere práticas libidinosas. Em 22 de julho, anunciou-se a venda de Valeriano, crioulo de 61 anos, sem um braço, por 50$000; Isaias, crioulo de 18 anos, por 1.300$000; e Pompeu, crioulo de 20 anos, por 1.600$000. Na mesma data, o juiz municipal da Vila de Sant'Ana de Macau leiloava, a preços diversos, um lote de 32 escravos que faziam parte de um espólio que seria intermediado pelo Juiz de Órfãos.

Os preços dos escravos nesses anúncios eram bastante variados, sendo os mais jovens mais valiosos — a valorização estava entre 50% e 100% para esses casos. O próprio formato dos anúncios era bastante variado, e em muitos não se anunciava o preço. Em pesquisa para a data 15 de fevereiro de 1878 do *Jornal do Commercio*, verificou-se que, dos 300 anúncios publicados na seção de classificados, apenas sete continham os valores para compra, venda e aluguel.

Também era bastante comum que empresas de compra e venda oferecessem seus serviços de vendas de jovens entre 15 e 20 anos entre 800$ e 1.300$. Esta última fazia todo o serviço da casa, como engomadeira, cozinheira, lavadeira e costureira; além dos anúncios de compradores de escravos para atender a encomendas.

Além da venda os aluguéis de escravos, eram bastante comuns:

> Aluga-se, de casa de família, uma crioula de 18 anos, com abundante e bom leite de primeiro parto e muito carinhosa com crianças na Rua do Rosário 43, das 9 horas da manhã em diante.

> Aluga-se de casa particular, para ama, uma crioula de 18 anos, muito sadia e carinhosa para crianças, tem muito leite e muito bom por ser primeiro parto – procurar na Rua da Prainha.

A procura era sempre intensa por amas de leite, já que as mulheres brancas recusavam-se a amamentar seus filhos por razões meramente estéticas, como em "Precisa-se de uma boa ama de leite, carinhosa e sadia na Praia do Botafogo, nº 98". Podia-se também registrar a necessidade de mão de obra barata, tipo aluguel de moleques carregadores de caixa, entregadores de pães e lavador de pratos; os valores pagos por esses serviços eram bastante baixos. A seguir, apresentamos alguns anúncios:

> Compra-se uma negrinha de 10 a 12 anos, que seja boa peça, para brincar com crianças na Rua Visconde do Rio Branco, nº 15, sobrado.

> Precisa de uma menina de 12 a 14 anos para companhia de um casal sem filhos, dá-se comida e alguma roupa – no Morro do Pinto, nº 12, chalé.

> Precisa-se de uma menina de 12 a 14 anos, para casa de família e que não tenha nem pai nem mãe – Rua dos Lopes de Souza 34 – S. Cristóvão.

> Recebemos escravos de todos os sexos de 8 a 60 anos, pagamos os aluguéis adiantados e garantem-se bom tratamento – Rua do Nunicio, nº 20.
>
> Precisa-se de um moleque de 14 a 16 anos para vender balas e que o aluguel não exceda a $18 na Rua da Mangueira 47.

Diariamente, também eram oferecidas recompensas pela captura de "escravos fujões", e as gratificações variavam entre 100$000 e 30.000$000, na esperança de chamar atenção de caçadores de escravos. Os jornais, particularmente os diários, publicavam anúncios chamativos reivindicando a posse e o retorno dos escravos. Os classificados traziam uma boa descrição das características desses negros, e os proprietários protestavam com o rigor da lei àqueles que os abrigassem. Os dois grandes jornais da época — *A Gazeta de Notícias* e o *Jornal do Commercio* — anunciavam diariamente até sete textos oferecendo "recompensas" por informações de escravos evadidos.

No *Jornal do Commercio* de 28 de julho de 1878, aparece o seguinte anúncio, intitulado "Escrava fugida":

> Fugiu no dia 24 a escrava Maria, cor parda, podendo passar por moça morena (por ser muito clara), cabelos corridos, poucos e curtos, usando tranças postiças, anda calçada e bem vestida, cara redonda e boa figura, muito risonha e bem conversada, cheia de corpo, idade 20 anos. Tendo roubado a sua senhora D. Maria Angélica Teixeira Neves a quantia de 800$ e um par de brincos de brilhantes. Gratifica-se a quem a levar à rua de S. Pedro, nº 1, e protesta-se com todo o rigor da lei contra quem lhe der couto.

No jornal *O Globo* de 1º de julho de 1877, temos:

> Fugiu dia 2 de novembro de 1876 o escravo por nome Messias, idade 40 anos, pouco mais ou menos, bonita figura, testa grande, bons dentes, alto, pouca barba, alguns cabelos brancos na barba, olhos meio arregalados, quando fala ou se assusta, ou fala um pouco gago, muito desembaraçado para todo serviço; toca viola e canta. Quem o aprender e levar a Joaquim Ferreira da Silva, em Sant'Anna de Perapetinga, ou em S. Fidelis, província do Rio de Janeiro aos senhores Mathias, Pitta Alberto & C. ou na corte aos senhores Soares Quartim Torres & C. receberá a quantia de 20$000. Protesta-se com todo vigor da Lei contra quem o tiver acoutado. Perapetinga, 24 junho de 1877 – Joaquim Ferreira da Silva.

No *Correio da Tarde* de 25 de julho de 1879, apresenta-se o seguinte anúncio "10$000 – Escrava fugida":

> Fugiu no dia 5 de maio do corrente ano, da casa à Rua do Marquez de Caxias, nº 17, em Niterói, a escrava Castorina, alta, de cor fula, com 37 anos de idade, cabelos um pouco falhados, bebe cachaça e pita cachimbo, intitula-se livre. É filha de Maceió, províncias de Alagoas, foi escrava do desembargador Sertório e de Gregório Gonçalves de Mascarenhas e hoje, pertence ao comendador Fontes, morador de S. Domingos (Niterói), que protesta haver os salários de 45$000 mensais a quem a aceitar, além de proceder criminalmente, quem a levar em Niterói a casa nº 17 da Rua Marquez de Caxias, de onde está fugida, terá a gratificação de 10$000.

No *Jornal do Commercio* a 1º de julho de 1878, aparece o seguinte anúncio, intitulado "10$000":

> No dia 20 de março do corrente ano, fugiu da fazenda de Manoel de Paula Rubim, sita no rio do Collegio o seu escravo de nome Gregório, pardo acaboclado, bonita figura, estatura regular, cabelos pretos e corridos, olhos grandes, ventas largas, bons dentes, fala desembaraçado, tem uma pequena ferida ou sinal em uma das pernas e 25 anos de idade, mais ou menos, está principiando a buçar, é tocador de viola e canta grosso e roquinho e só sabe trabalhar na roça. Levou contigo mais de quatrocentos milréis em dinheiro. Quem o apreender e levar ao seu senhor ou entregá-lo aos senhores Francisco Antonio da silva & C. em S. Fidelis, será gratificado com a quantia acima; protestando-se com todo o rigor da lei contra quem acoutar.

No *Diário Rio de Janeiro* de 15 de novembro de 1878, anuncia-se "50$000":

> Gratifica-se com a quantia acima citada a quem apreender e entregar na estação de Anta ao seu senhor Pedro Teixeira Alves, ou nesta Corte, à Rua Municipal, nº 14, o escravo Quirino, natural de Minas, com os sinais seguintes: estatura mais que regular cor preta fula, corpo um tanto grosso e meio barrigudo, pernas e pés grossos, pouca barba, nariz regular, boca e olhos grandes, dentes estragados; é bem falante e tem voz baixa e grossa, fugiu no dia 4 do corrente, vestido com roupas de trabalho. Rio de Janeiro, 12 de janeiro de 1878.

No *Diário Rio de Janeiro* a 22 de abril de 1878, temos o anúncio "500$000 de gratificação", que reivindica uma grande leva de escravos fugidos:

> A quem pegar e levar a seu senhor na fazenda do Romão, sita no município e Freguesia de S. Fidelis, na província do Rio, os escravos seguintes que fugiram no dia 27 de dezembro de 1876: Luiz, 35 anos mais ou menos, cor preta, altura pouco mais que o regular, corpo bem feito, rosto redondo, muita barba, mas só usava bigode, pernas compridas, pés e mãos bem trabalhadas, muito ladino e usa tratar "nhor sim" e "nhor não"; Francisco, 20 anos mais ou menos, cor preta, pegando a falha, altura regular, cheio de corpo, pés e mãos grandes, dedos compridos, andar ligeiro e com os braços bem dependurados e as mãos abertas, rosto redondo e sem barba, fala rouca, não encara bem as pessoas quem ele desconfia, toca bem viola, mas não canta; ambos de serviço da roça, mas com inclinação para a tropa, são filhos do norte e bonitas figuras. Gratifica-se bem a quem deles der notícias certas e protesta-se com todo o rigor da lei contra que os tiver acoutado. NE – peço, por favor, a quem esta ler de cortá-lo e pregá-lo no lugar mais público param se tornar mais conhecido.

No jornal *O Cruzeiro* a 4 de janeiro de 1878, aparece também o seguinte anúncio:

> Desde o dia 2 de dezembro último que anda fugido o escravo Jorge, de cor preta, sem barba. De idade de 20 anos mais ou menos, robusto, altura acima do regular, rosto descarnado, beiçudo e com as maças da cara salientes, dentes bons e amarelados, os joelhos inclinados para dentro. Sabe lavar, cozinhar e engomar. Gratifica-se bem que o apreender e levá-lo à Rua Primeiro de Março, nº 83, esquina de Teophilo Ottoni. Protesta-se com todo o rigor da lei contra quem o houver acoutado.

Na *Gazeta de Notícias*, em data desconhecida, temos o anúncio "100$000":

> Fugiu no dia 28 de setembro de 1877 o escravo José Francisco, de nação Angola, estatura baixa, reforçado, idade de 48 anos pouco mais ou menos, rosto redondo, com um sinal e textura na face, olhos avermelhados, fala um tanto rouco, barba no queixo, nádegas grandes, tem em uma das canelas um sinal de ferida e na sola do pé um antigo calo de botas. Gratifica-se com a quantia acima quem o levar à fazenda de Caetano José Pereira, em Massambará.

Com esses exemplos, finalizamos a exposição da seção de classificados dos principais jornais da época a respeito do pagamento de recompensas pela captura de escravos fugitivos no fim do século XIX. Na próxima seção, faremos a exposição de outro excerto bastante interessante dos jornais dos anos de 1877 e 1878, os editoriais e as colunas, a fim de identificar qual era opinião pública a respeito da escravidão no período.

Para concluir dando uma ideia concreta dos preços no século XIX o historiador americano e crítico de Machado de Assis, Gledson (1990, 63) menciona que "uma camisa normal custava uns três mil-réis, o aluguel de uma casa de duas salas, dois quartos, cozinha e quintal, por mês, 35 mil-réis, um almoço ou jantar no Hotel Javanês, quatrocentos réis. A *GN* custava quarenta réis." Não são preços baratos, considerando que um milreis é US$ 70,00 atualmente.

Suicídios dos Escravos

Os jornais comumente traziam notícias a respeito de escravos. A maior parte delas versava sobre temas como homicídios — normalmente, tendo os escravos como criminosos —, apreensões e mortes. Castigados, humilhados, sem perspectivas de uma vida melhor, os escravos envolviam-se facilmente no âmbito policial, sofrendo represálias, em que o açoite e a prisão lhes determinavam o futuro.

Quanto à questão dos suicídios, esse tema hoje é ignorado pelos grandes jornais — com as exceções devidas ao se tratar de pessoas extremamente conhecidas na sociedade, de relevo internacional, artistas famosos, empresários ou políticos. Mas não eram ignorados no passado.

Acredita-se que o grande número suicídios existia em função das injustiças e dos sofrimentos que suportaram, vendo a família se desintegrar, as mulheres servindo aos seus senhores à base de surras, seus filhos sendo tratados desde cedo como sem personalidade, objetos a serem usados e manuseados em condições desumanas. Só o fato de se ter relatórios oficiais sobre suicídios de escravos indica como era comum o suicídio em uma época de ausência de obediências às políticas públicas sobre o assunto. Mas mesmo os relatórios oficiais alertavam sobre a má qualidade dos dados dado "asfixia e submersão", como se vê adiante.

O relatório oficial apresentado pelo presidente da Junta de Higiene, integrada ao Ministério do Império, que apresentou uma visão do estado sanitário da capital em 1871, questionava as estatísticas de suicídio: "Trinta foram os casos registrados no obituário do ano findo; mais muito maior número ocorreu do que o indicado, porquanto grande parte dos que figuram na classe dos falecidos por asfixia, por submersão, não reconheceram outra causa". O registro foi publicado pelo *Diário Oficial* do Império do Brasil em 1º de novembro de 1872, mas sua conclusão e sua assinatura oficial ocorreram em 30 de março de 1872. Sem mais detalhes, e com um texto não muito claro, o que se pode presumir é que grande parte dos corpos encontrados à beira das praias pode se enquadrar como afogamento, mas podendo constar no registro de estatísticas de suicídios. No próprio *Diário Oficial*, na parte de noticiário não oficial, fica-se sabendo que na freguesia de Santa Rita apareceu boiando próximo à praia de Lazareto o cadáver do crioulo Gabriel de tal, marinheiro do barco Elisa, que se achava atracado junto à mesma praia.

Em outra nota policial, no *Diário Oficial* de 10 janeiro de 1873, informa-se que o menor Cândido João da Silva se afogou. Ele estava pescando no trapiche Ferreirinha, na Saúde, quando caiu ao mar, não deixando dúvidas quanto ao registro de sua morte, possivelmente até baseado em depoimento de testemunhas.

Volta-se a destacar que a realidade incontestável é a pressão sofrida por quase todos os escravos. Torturados, massacrados, não participando da sociedade dominadora, muitos entravam em desespero total. O suicídio, para muitos, era encarado como um alívio à situação em que viviam. Os jornais da época, particularmente a *Gazeta de Notícias* e o *Jornal do Commercio*, publicavam diariamente tentativas das mais diversas, que por muitas vezes se tornavam concretas.

Viveiros de Castro (1894) estudou o assunto, dado sua amplitude e gravidade e indicou que ocorreram 633 suicídios e 925 tentativas do ato, totalizando 1.558 casos registrados no Rio de Janeiro entre 1870 e 1890. Isto é um número gigantesco mesmo para 20 anos. Desse total, o autor destacou que 183 aconteceram em razão de loucura; 174, de desgostos domésticos (não entrando em detalhes nas causas específicas desses desgostos); 133, por embriaguez; e 92, por paixões, principalmente amorosas. E os demais casos registrados, que são a maioria, totalizando 976. É muito gente e desespero pessoal deve ter sido a causa principal. Lembro que a Igreja proibiu por muitos anos o sepultamento de suicidas em cemitérios oficiais da cidade, todos eles administrados pela Santa Casa de Misericórdia.

Quanto às estatísticas apresentadas pelas autoridades, são merecedoras de crédito, porém com reservas. Não podemos deixar de considerar situações que foram de conhecimento público, como no caso de um suicídio de um escravo fora do centro da capital, que era sepultado pela família, por amigos, em cova irregular, fugindo do padrão legal. A razão para tal reside no medo da polícia, já que não se sabe o que poderia ocorrer com aquele que fosse registrar o fato na polícia; não são detalhes ilusórios.

Os documentos não existiam para todos, o que impedia que muitos fossem enterrados de forma regular. O processo de regularização dos enterros foi lento, tendo uma participação conturbada da Igreja, também contando com a indiferença de segmentos que em nada contribuíam, provocando um vazio dentro da evolução natural de formalização desse sistema. Com isso, eram bastante comuns os cemitérios clandestinos, onde era costume enterrar os mortos fora dos cemitérios oficiais.

O Relatório do Visconde de Prados sobre a Lei do Ventre Livre

Na edição 259 do *Jornal do Commercio*, de 16 de setembro de 1878, foi publicado extrato do relatório à Assembleia Legislativa Provincial do Rio de Janeiro no dia 10 de setembro de 1878, apresentado pelo presidente Visconde de Prados, que tratava das causas da morte dos escravos em função do vigorar a Lei nº 2.040, de 28 de setembro de 1871. Só o fato da Assembleia do Rio ter passado uma lei provincial sobre o ventre livre nos diz da gravidade da situação. No aspecto do elemento servil Visconde de Prados informa que, dos 549 escravos libertados pelo Fundo de Emancipação em diversos municípios até a data de 8 de setembro do ano anterior (1877), foram alforriados 79 escravos e ingênuos.

Em seu trabalho, expõe os seguintes pontos de vista, lembrando que deu instruções aos seus coletores a realizarem mapas especiais para futura divulgação:

> Os mapas foram baseados no cômputo dos escravos e dos ingênuos durante os sete anos decorridos desde a execução da lei de 28 de setembro de 1871 – relacionados ao censo populacional.
>
> Sendo o número total de 370.025 e de ingênuos 64.751, o algarismo que exprime a mortalidade dos primeiros é de 30.034 e dos segundos 18.259; sendo por proporção respectivamente de 8,1% e 29,9%.

> Fazendo uma comparação, sob o ponto de vista da mortalidade, os municípios de serra acima em geral cultores de café, com os de serra abaixo teremos quanto a classe escrava 16.658 para os primeiros e 13.376 para os segundos; quanto aos ingressos, teremos para os primeiros 9.822 e para os segundos, 8.437, isto é, para os escravos de serra acima proporção de 8,1% e de serra abaixo, 7,1%. Quanto aos ingênuos, o número proporcional é de 30,5% para os primeiros e de 28,5% para os segundos.
>
> Considerando como ponto da partida o Rio de Janeiro e comparando as regiões de norte a sul, teremos para os municípios de café a mortalidade de 11.748 escravos para os do norte e 4.910 para os do sul, sendo a mortalidade dos ingênuos de 6.818 para os do norte e 3.004 para os do sul. No que se refere aos municípios de serra abaixo a mortalidade orça quando a classe escrava, em 7.526 para o norte e 5.850 para o sul.
>
> O número de ingênuos mortos é de 4.444 no norte e 3.994 no sul; sendo a proporção de 8,4% para o norte e 7,4% para o sul; considerada a classe escrava é de 28,8 e 30,9 para os ingênuos das respectivas regiões.
>
> Donde resulta que em geral, a mortalidade geral relativa é maior nos municípios de serra acima que nos serra abaixo, tanto para escravos como para ingênuos; e o mesmo se dá quanto ao algarismo que exprime proporção da mortalidade entre as regiões do norte e sul, sendo aquela maior na 1ª com exceção do que se refere aos ingênuos; portanto no predominarão os óbitos dessa classe.

O relatório de Visconde de Prados é tendencioso, tentando dizer que a mortalidade entre os escravos é baixa, pelo menos na província do Rio do Janeiro, menor do que se poderia supor. Repartido os sete anos compreendidos no cômputo geral, têm-se 4.290 mortes para cada ano, que, comparadas ao total de 370.025, representam 1,1%. A proporção para os ingênuos, como se devia prever, é muito maior, totalizando 4,2%.

O Visconde afirma que a consideração da mortalidade dos ingênuos já no período da lei se assemelhava com outros países, fazendo, pois, não se considerá-la como fora de linha, tomada em geral como uma média entre todos os municípios. Prados cita a porcentagem de 29,6% que exprime a mortalidade de filhos de escravos poder ser assemelhada à da mortalidade calculada até os sete anos (29,3%) para a Bélgica, por exemplo, segundo o cômputo em 1846, em que a diferença é pequena e apenas afeta a primeira decimal. Admitindo-se que a proporção seja a mesma que naquele país, ano por ano (23,6), em igual período, ainda assim, e apesar da variação do algarismo da mortalidade de 1 a 7 anos, não se pode dar desproporção muito acentuada. Este resultado atende, por certo, quaisquer apreensões exageradas sobre a sorte dos ingênuos, que, apesar de tudo, apresentam um acréscimo de população, durante sete anos, de 13.458 indivíduos, depois de preenchidos os claros deixados pelos escravos no mesmo período.

Finaliza o relatório comentando que, sensível como deveria ser, a diferença entre os algarismos de mortalidade dos escravos e ingênuos, vista como em relação aos primeiros, atinge apenas 1,1%; e o segundo, 4,2%, e resulta calculada sobre o número total das duas classes, na proporção de 1,6%, o que é devido ao acréscimo da mortalidade entre os ingênuos.

Além das notícias referentes a crimes cometidos por e contra escravos, havia espaço nos noticiários para a legislação escrava, especialmente aquelas que versavam sobre a emancipação de escravos. Em artigo de primeira página, o *Jornal do Commercio* de 17 de setembro de 1878, de número 260, comenta as disposições da lei de 28 de setembro de 1871, que declarava de condição livre os filhos de mulher escrava que nascessem desde a data da lei, libertos os escravos da Nação e outros, e providencia sobre a criação e o tratamento daqueles filhos menores e sobre a libertação anual de escravos, por meio do Fundo de Emancipação. Entende o informativo que o Ministério da Agricultura tem que procurar abreviar a distribuição das verbas aos municípios visando a um esforço pela alforria dos escravos.

O artigo destaca que o governo e os proprietários de terra têm que procurar diálogos e soluções dentro do critério de que as indenizações têm que ser justas para ambas as partes e a liberdade dos escravos não deve ser estendida nem praticada de modo que agrida algum interesse. O direito de escolha, reservado aos proprietários, entre os libertados da mesma categoria, traduz claramente a intenção do legislador em 1871. Para solução a contento, o jornal lembra que só na tesouraria de Minas Gerais estão para serem indenizadas 92 alforrias. A demora nas indenizações deve-se ao fato de residirem os credores bem longe daquela repartição.

Além disso, baseado em informações oficiais, deve subir a 500 o número de municípios em que as cotas do Fundo de Emancipação têm sido aplicadas, e de 4 mil o número de escravos por tal modo mantidos.

O Almanak Laemmert

A pesquisa sobre a condição dos escravos no Brasil do fim do século XIX e também sobre o recenseamento de 1872 foi publicada em um importante e popular anuário do século XIX, o nº 144, do Almanak Laemmert. Este, editado sob o título Almanak Administrativo, Mercantil e Industrial do Rio de Janeiro, conhecido como Almanak Laemmert, era uma obra estatística e de consulta, fundada pelos irmãos Eduard von Laemmert e Heinrich von Laemmert em 1844 e publicada por tipografia própria: a Tipografia Laemmert.

Segundo Aguiar (2008), os irmãos, nascidos no Grão-Ducado de Baden, Sudoeste da Alemanha, foram os fundadores da Livraria Universal, e os pioneiros do mercado livreiro e tipográfico brasileiro. Lançaram diversos autores brasileiros, e a livraria publicou por quase meio século (1844-1889) o famoso *Almanak*, considerado atualmente como um instrumento indispensável de consulta para conhecer o passado comercial, financeiro e social brasileiro do século XIX e início do século XX.

Como se viu, o censo de 1872 foi impresso em 50 exemplares apenas, cinco anos após sua realização, de modo que o público realmente tomou conhecimento dos dados do censo pelo *Almanak*, que muitas vezes antecipou os resultados do censo, ou seja, antes de sua publicação. O censo de 1872 foi digitalizado pelo Cedeplar, da UFMG, e disponibilizado somente em janeiro de 2013.

Como anúncios classificados, os itens alugadores, consignatários e negociantes, escritórios e casas de consignação de comprar ou vender escravos aparecem durante todos os anos pesquisados (1870 a 1880). Normalmente, conta-se apenas com o nome do comerciante e o endereço em que realiza esse tipo de negócio, mas alguns fazem anúncios mais elaborados em letras maiores, apresentando os tipos de negócios praticados, dias e horário de funcionamento, além dos já citados nomes e endereço, como o exemplo que se segue:

> M. J. de Segadas Vianna. Desconta quaisquer rendimentos, como sejam ordenados, montepios, pensões, aluguéis de casas de escravos; desconta letras e empresta dinheiro sobre hipoteca; incumbe-se da cobrança de aluguéis de prédios; dividendos de ações de bancos; companhias e de quaisquer rendimentos; pode ser encontrado todos os dias até às 6h da tarde, na Rua de São José, 33, 1º andar.

Dessa citação, percebe-se que alguns desses anunciantes agiam como se fossem um banco e uma empresa de cobrança ao mesmo tempo. Os avisos dos negociantes de escravos aparecem no *Almanak* junto aos dos escritórios e casas de consignação de escravos, ao passo que os avisos de alugadores aparecem separados, talvez por uma questão puramente taxonômica quanto à organização do manual. Diferentemente do excerto *supra*, no almanaque de 1873 encontramos um anúncio que traz mais claro o negócio de escravos pelas casas de consignação:

> Francisco José Alves Bastos com Agência de Comissões e Consignações. Encarrega-se de alugar, vender e comprar escravos de ambos os sexos; assim como casas, terrenos, chácaras, fazendas, etc. Incumbe-se de dar dinheiro sobre hipotecas de prédios na cidade; bem assim de tratar de todos os negócios concernentes ao Tesouro Nacional ou repartições públicas. Rua do Senhor dos Passos, 130. Rio de Janeiro".

Há aumento dos anúncios de escritórios e casas de consignação de compra e venda de escravos, que passaram de 13 em 1870 para 22 em 1880 (um aumento de 69%), ao passo que os alugadores de escravos diminuíram seus já escassos anúncios até desaparecerem a partir de 1875. Esse contraste pode evidenciar um fortalecimento das grandes casas de comércio de escravos em relação aos empreendedores individuais, indicando que os pequenos comerciantes já enfrentavam a recessão do comércio de escravos devido à promulgação de leis abolicionistas.

O *Almanak Laemmert* divulgava avisos, decretos, instruções, leis e regulamentos expedidos pelo governo. Tanto em 1870 quanto em 1871, o *Almanak* publicou documentos que regulamentam e instruem a atividade de comercialização de escravos. No ano de 1870, foi divulgado o Decreto nº 1.695, de 15 de setembro de 1869, cujo Art. 1º diz: "[...] todas as vendas de escravos debaixo de pregão e em exposição pública ficam proibidas. Os leilões comerciais de escravos ficam proibidos sob pena de nulidade de tais vendas e multa de 100$ a 300$, contra o leiloeiro, por cada um escravo que vender em leilão. [O símbolo $ deve significar um milréis, ou seja, os valores das multas são de 100 milréis a 300 milréis]". A conversão mais realista para a moeda atual é de hum milreis (1$000) igual a US$70,00 e portanto a multa é muito elevada o que invalidaria os leilões de escravos, mas isso só acontece em 1870, 18 anos antes da abolição.

É realmente estarrecedor que os leilões de escravos só tenham terminado em 1870, anos e anos após as proibições oficiais de entradas de escravos no Império, sugerindo assim que os negócios com escravos continuavam livres no Império.

Esse decreto também prevê a proibição de separação de casais e filhos com idade inferior a 15 anos de idade (Art. 2º); e permite que escravos que não aparecem nos inventários como herança a ascendentes ou descendentes, estando assegurado o pagamento de credores, comprem sua própria liberdade perante o pagamento à vista do preço de sua avaliação judicial (Art. 3º). É incrível que a legislação de tal espécie somente tenha aparecido em 1870, uma vez que o tráfico negreiro já estava proibido desde 1830!

Além desse decreto desestimulando o comércio de escravos, foi divulgado um aviso, de 25 de fevereiro de 1870, alterando a função do porteiro dos auditórios na venda pública de escravos, cuja função foi extinta, mas permitindo que continuassem a receber 400$ por afixar os editais de venda de escravos.

No ano de 1872, foi divulgada integralmente a lei outorgada nº 2.040, de 28 de setembro de 1871, conhecida como a Lei do Ventre Livre, que: "Declara de condição livre os filhos de mulher escrava que nasceram desde a data dessa lei, libertos os escravos de nação e outros, e providencia sobre a criação e tratamento daqueles filhos menores e sobre a libertação anual dos escravos".

A lei previa a libertação dos filhos de mulheres escravas nascidos após 27 de setembro de 1871 e obrigava os senhores a cuidar deles até completarem oito anos, quando poderiam entregar as crianças ao governo sob o recebimento de uma indenização. Alternativamente, o senhor poderia permanecer com os filhos da escrava até 21 anos completos; e os filhos de mulheres escravas trabalhariam para cumprir com os custos de suas despesas. Também ficariam a cargo dos senhores os filhos desses libertos cujas avós escravas fossem propriedade deles.

Ademais, a Lei do Ventre Livre determina a libertação anual de um número de escravos com as receitas do Fundo de Emancipação, composto por arrecadações de taxas de escravos; impostos gerais sobre a transmissão da propriedade de escravos; produtos de seis loterias anuais (isentas de impostos); multas impostas em virtude dessa lei; quotas marcadas nos orçamentos gerais da província e municípios; e doações, subscrições e legados com esse destino. Parece muito, mas não é.

O Fundo de Emancipação, regulamentado pelo Decreto nº 5.135, de 13 de novembro de 1872, publicado no *Almanak Laemmert* na edição de 1873, era distribuído anualmente para o Município Neutro e as províncias responsáveis pelo repasse da verba correspondente aos seus municípios, na proporção de sua população escrava. O levantamento dos escravos libertos era da responsabilidade de uma comissão, formada pelo presidente da Câmara, pelo promotor público e por um coletor.

Nos anos de 1874, 1875, 1877, 1879, foram divulgados no *Almanak Laemmert* os orçamentos e relatórios do governo relativos ao Fundo de Emancipação. No ano de 1874, ainda não existiam estatísticas bem definidas para as arrecadações feitas entre os anos de 1871 e 1873. "Todavia [...] estimo-a na proposta atual em 969:300$000". No ano de 1875, publicaram-se as receitas do Fundo de Emancipação para os exercícios de 1871-1872, 1872-1873 e 1873-1874.

Apesar da Tabela publicada neste ensaio não trazer informações completas sobre todo o período (de 1871 até 1880), no *Almanak* de 1879 foi divulgado relatório do governo sobre o orçamento do Fundo de Emancipação. Segundo esse relatório, entre os exercícios de 1871-1872 e 1877-1878, foi arrecadada a soma de 8.086:412$264; é uma pequena soma para os primeiros sete anos da Lei do Ventre Livre, ou seja, uma média anual de 1.151 contos de réis. "Dessa importância tem sido despendida a de 3.169.298$422 com a arrecadação e as manumissões, existindo um saldo de 4.917:113$842, do qual parte já está distribuída para os fins da Lei nº. 2.040, de 28 de setembro de 1871".

O mesmo relatório ainda observa que, para o exercício de 1878-1879, está orçada a quantia de 900:000$000, observando-se uma diminuição da arrecadação ao longo dos anos em função da redução do número de escravos, decorrente de falecimentos e manumissões, e, consequentemente, diminuição da arrecadação da taxa de escravos.

Se considerarmos que o preço médio de um escravo era de 1:220$000 (média dos anúncios do *Jornal do Commercio* para Niterói, na província do Rio de Janeiro em 1878, calculada pelo autor) o Fundo de Emancipação somente alforriaria 901 escravos por ano, ou seja, dada a existência de 1,5 milhão de escravos em 1872, seriam necessários 8.884 anos de arrecadação do fundo para que o último escravo ganhasse a liberdade. Essa estimativa será retificada adiante, com dados concretos de escravos alforriados por todas as formas legais, o que resulta em 194 anos de receitas dos Fundos de Emancipação para libertar todos os escravos. Esse número absurdo de anos diz bem o pouco caso que a sociedade do Império dava à abolição. Na verdade, jamais a abolição da escravatura ocorreria via Fundo de Emancipação, que é um acinte à moral e ao bom senso.

Assim, em três exercícios, o total arrecadado é minúsculo, pouco mais de 3.237 contos de réis para 1,5 milhão de escravos, ou seja, um fundo de apenas 22 milréis por escravo, quantia insignificante, comparada ao aluguel de um escravo cozinheiro de 35 milréis mensais, conforme visto no anúncio já citado no *Correio Mercantil* de janeiro de 1868; para todos os efeitos práticos, o Fundo de Emancipação não tem importância econômica. Ressalte-se que, para os três exercícios, 48% da arrecadação vem do minúsculo Município Neutro, que conta apenas com 3,2% dos escravos existentes no Império, indicando absoluta falta de fiscalização nas províncias ou que os recursos arrecadados nas províncias tenham sido improvavelmente alocados ao Município Neutro.

A Lei nº 2.040, de 28 de setembro de 1871, foi revolucionária em muitos aspectos: pela primeira vez autorizou claramente que o escravo pudesse acumular algum pecúlio referente à remuneração de seu trabalho e de doações, que permitiria, incontestavelmente, a auto alforria, o que até então era algo duvidoso mas permissível na legislação. Mas isso só acontece em 1871, tarde demais para muitos escravos. Foi também estabelecido aos escravos o direito à herança, a ser dividida entre cônjuge e herdeiros, e permitiu claramente a contratação de serviços de escravos por outros escravos, além da manutenção de famílias escravas em processos de alienação. A lei ainda libertou os escravos de propriedade do Estado (Escravos de Nação) e editou os modelos das cartas de alforrias a serem aplicadas pelo governo central e pelas províncias e municípios.

Divulgada no *Almanak* de 1875, a libertação dos Escravos de Nação fez-se por aviso em 5 de julho de 1873, no qual se determina à Diretoria de Rendas que, examinando-se todos os documentos existentes com respeito à posse de escravos pelo governo, que prepare a exposição circunstanciada de todos os escravos a serem libertados, prestando os esclarecimentos necessários às Câmaras Legislativas provinciais quanto à expedição das cartas de alforria desses escravos.

Quanto à formação de pecúlio de escravos, a Circular nº 21, de 24 de julho de 1874, divulgada no almanaque de 1875, adianta que eles podem ser recolhidos ao Juízo de Órfãos, formando uma espécie de poupança ao escravo, que ficará registrada em livros, e poderá ser utilizada e restituída a pedido deste, conforme trecho a seguir: "Quanto à entrada das mencionadas quantias, será feita mediante requisição do juízo competente, como se pratica com as de órfãos, declarando-se a data em que o pecúlio teve entrada nos cofres gerais, e os nomes dos escravos a que pertence".

A Lei nº 2.040, de 28 de setembro de 1871, também prevê a matrícula de escravos e as crianças nascidas a partir dessa data. Pelo Decreto nº 4.835, de 1º de dezembro de 1871, que regulamenta essa lei, publicada no almanaque de 1872 (na sequência da publicação da lei), fica definido que a matrícula de escravos será de responsabilidade de seus senhores, curadores, depositários judiciais e representantes de negócios com os escravos em sua posse.

Na matrícula de escravos, feita no município em que o escravo reside e assinada pela pessoa que lhe dá a matrícula, consta o lugar de residência e o nome do senhor matriculando; o número de ordem da matrícula e do escravo; nome, cor, idade, sexo, filiação, aptidão para o trabalho e profissão. As matrículas de escravos não eram individuais, figurando em um mesmo documento todos os escravos de um mesmo senhor. Pela primeira vez em um documento oficial, no item "Observações", é mencionado o parentesco entre escravos, o que possibilitaria, pela primeira vez na história do Império, a estabilidade da família escrava. Isso só aconteceu em 1871 quase às vésperas da abolição de 1888.

A matrícula dos filhos livres de mulheres escravas era de responsabilidade dos senhores destas, ou de outro responsável ou por agentes públicos a mando judicial. O documento de matrícula da criança livre nascida de mãe escrava continha as mesmas informações que as matrículas de escravos (exceto aptidões ao trabalho e profissão) e data de nascimento, filiação, com o número de matrícula dos pais escravos.

Segundo o Decreto nº 4.835, as matrículas de escravos poderiam ser feitas anualmente entre 1º de abril e 30 de setembro de 1872 nas estações fiscais, anunciadas em editais afixados em locais públicos e pelos párocos da freguesia. Nos 30 dias subsequentes ao último dia, os livros de registros de matrículas seriam lavrados na presença do presidente da Câmara Municipal e do promotor público, podendo o mesmo prazo ser estendido.

Caso as matrículas não fossem feitas na data prevista, o senhor de escravos ou os demais responsáveis citados seriam multados em 1 conto de réis, ou seja, 500 milréis a mais que o custo da matrícula. O valor da multa de 500 milréis era destinado ao Fundo de Emancipação.

A taxa sobre a propriedade de escravos, conforme o *Almanak Laemmert* (1874) e também a Lei nº 2.040, pertence ao Fundo de Emancipação, o que pode indicar que o maior rigor quanto à necessidade de matrículas de escravos e arrecadação desse imposto se deve à necessidade de emancipação dos escravos prevista por essa lei.

Ainda segundo o informativo de 1874, as províncias com esse imposto em sua legislação financeira utilizavam-no na libertação dos seguintes grupos de escravos: os escravos pertencentes aos conventos, em São Paulo; os residentes em toda a província, em Santa Catarina; os empregados no serviço das alvarengas, em Alagoas, Sergipe, Maranhão e Pernambuco; e os empregados na mineração em Minas Gerais. Jamais ficou claro os critérios para a escolha de tais instituições.

O governo publicou no ano 1877, no *Almanak*, um relatório otimista do ministro dos Negócios da Agricultura, Comércio e Obras Públicas, que fazia um levantamento por província do número de escravos e de filhos livres de escravas matriculados, e concluía bombasticamente que:

> Excetuados os poucos municípios, aos quais se refere a deliberação de que adiante vos dou notícia, e alguns de que aguardo minuciosas informações que me habilitem para julgar a validade dos trabalhos realizados, efetuou-se de modo regular e sem reclamações em todos os pontos do Império a matrícula especial dos escravos, sendo aberta e encerrada com as devidas formalidades e nos prazos estabelecidos no regulamento n. 4835 de 1 de dezembro de 1871.

Em 8 de julho de 1878 foram expedidos dois decretos (nº 6.986 e nº 6.967), publicados no *Almanak Laemmert* de 1879, ampliando em três meses o prazo para a realização das matrículas. A outorga do decreto justifica-se pelo curto prazo estabelecido nos artigos 10 a 20 do Regulamento aprovado pelo Decreto nº 4.835, de 1 de dezembro de 1871, dificultando a realização de matrículas de escravos e de filhos de mulheres escravas, especialmente em municípios do interior, em que as grandes distâncias e dificuldades de comunicação impediam o cumprimento da instrução.

Além disso, em 1880, o *Almanak* divulgou o Decreto nº 7.536, de 15 de novembro de 1879, que reorganizou o serviço de matrícula de escravos e regulamentou a arrecadação da taxa de escravos, que deveria ser realizada na Recebedoria do Rio de Janeiro ou no momento da matrícula ou na jurisdição municipal que este habitava em nome da Fazenda Nacional, entre fevereiro e março de cada ano. Qualquer alienação ou mudança de cidade do escravo deveria ser comunicada à respectiva estação fiscal. Conforme esse decreto ficam isentos da taxa os escravos com menos de 12 anos; prisioneiros ou em depósitos públicos; empregados em serviço de lavoura; fugidos ou tripulantes em embarcações em alto mar. É uma burocracia kafkiana.

Os Africanos Livres

Conforme a tese de Jorge Luiz Prata de Sousa, "Africano livre ficando livre: trabalho, cotidiano e luta" (1999), citado por Afonso Bandeira Florence em sua dissertação de mestrado (2002), havia cerca de 11 mil africanos livres no Império. Os africanos livres eram, conforme a Lei de 7 de novembro de 1831 ("que proibiu o tráfico de escravos), os "africanos confiscados", ou seja, capturados pelo Estado em decorrência do tráfico ilegal, deveriam ser entregues a instituições públicas ou particulares, preservando seu "status" legal de homens ou mulheres livres. É um número extremamente baixo para uma proibição de tráfico negreiro que se inicia em 1810, quando o governo português proibiu por pressão britânica, o tráfico negreiro acima da Linha do Equador.

Não se falava praticamente nada sobre os africanos livres, exceto no excelente artigo de Mariana Alice Pereira Schatzer Ribeiro (2013), que conclui: "os africanos tinham a consciência de sua condição jurídica de 'livre', mas na prática para o Estado Imperial brasileiro eram apenas mais um grupo de escravos lutando por sua liberdade". O mais recente estudo de Beatriz Galloti Mamigonian (2017) é exaustivo e com uma precisão admirável e lá podemos ver que os africanos livres enviados a instituições públicas e não governamentais e às obras públicas até 1840 (Tabela 2, p. 103) eram um diminuto 961, dos quais apenas 127 mulheres, ou seja, 13% do total, e que é uma das poucas fontes de separação de gênero dos escravos ingressantes no país.

Entre os anos de 1872 e 1880, aparecem no *Almanak Laemmert* anúncios de Juízos Administrativos de Africanos Livres e Escrivães de Juízo de Africanos Livres ou Curadorias de Africanos Livres, o que implica dizer que, após a aprovação da Lei nº 2.040, surgiram instâncias no Poder Judiciário ligadas diretamente ao Ministério da Justiça, no município da Corte, que cuidavam de emendas relacionadas a essa nova categoria de cidadãos, que, em virtude do processo abolicionista, começava se avultar lentamente no Império.

Quanto aos anúncios de escrivães de africanos livres, destacamos um anúncio publicado em 1880, que sugere que pela primeira vez há escrivães públicos cuidando do assunto.

"Escrivão de Juízo de Africanos Livres. Balbino José de França Ribeiro, cartório na Relação; reside, Rua da Conciliação, 15, Santa Tereza. Com licença, serve o escrevente juramentado Bartholomeu Machado da França Ribeiro".

Notas sobre A imprensa, o censo e a escravidão

[159] *Com as devidas alterações ortográficas aos textos de época, apresentaremos esses anúncios.*

[160] *Atualmente, existe um acordo não escrito na grande imprensa de evitar ao máximo a divulgação de situações que possam até motivar ocorrências idênticas, envolvendo fatores emocionais e psicológicos.*

[161] *Conclusão feita após leituras dos jornais da época e microfilmes da Biblioteca Nacional.*

[162] *"M. J. de Segadas Vianna. Desconta quaisquer rendimentos, como sejam ordenados, monte-pios, pensões, aluguéis de casas de escravos; desconta letras e empresta dinheiro sobre hipoteca; incumbe-se da cobrança de aluguéis de prédios; dividendos de ações de bancos; companhias e de quaisquer rendimentos; pode ser encontrado todos os dias até as 6h da tarde, na Rua de São José, 33, 1º andar". Citação do: Almanak Laemmert (1870): 606.*

[163] *"Declara de condição livre os filhos de mulher escrava que nasceram desde a data dessa lei, libertos os escravos de nação e outros, e providencia sobre a criação e tratamento daqueles filhos menores e sobre a libertação anual dos escravos". Citação do: Almanak Laemmert (1872): 115.*

[164] *"Dessa importância tem sido dependida a de 3.169.298$422 com a arrecadação e as manumissões, existindo um saldo de 4.917:113$842, do qual parte já está distribuída para os fins da Lei nº. 2.040, de 28 de setembro de 1871". Citação do: Almanak Laemmert (suplemento, 1979): 20.*

[165] *"Quanto à entrada das mencionadas quantias, será feita mediante requisição do juízo competente, como se pratica com as de órfãos, declarando-se a data em que o pecúlio teve entrada nos cofres gerais, e os nomes dos escravos a que pertence". Citação do: Almanak Laemmert (suplemento, 1875): 148.*

[166] *"Exceptuados os poucos municípios, aos quais se refere à deliberação de que adiante vos dou notícia, e alguns de que aguardo minuciosas informações que me habilitem para julgar a validade dos trabalhos realizados, efetuou-se de modo regular em todos os pontos do Império a matrícula especial dos escravos, sendo aberta e encerrada com as devidas formalidades e nos prazos estabelecidos no regulamento n. 4835 de 1 de dezembro de 1871". Citação do: Almanak Laemmert (suplemento, 1877): 98.*

[167] *"Escrivão de Juízo de Africanos Livres. Balbino José de França Ribeiro, cartório na Relação; reside, Rua da Conciliação, 15, Santa Tereza. Com licença, serve o escrevente juramentado Bartholomeu Machado da França Ribeiro". Citação do: Almanak Laemmert (1880): 180.*

CONCLUSÕES

O Império foi melancólico.

Podia ter feito tanto e pouco fez. Fechado como o Japão do século XIX, podia ter sido na América um novo Império Meiji, que revolucionou o Japão. No século da Revolução Industrial, quando a Europa, os EUA e o próprio Japão mudaram radicalmente o mundo, o Império do Brazil cresce exatamente de 0,0% a.a. entre 1820 e 1900 e apega-se a tudo para não mudar. Quer continuar como se estivesse no século XVIII, quando o Brazil era uma colônia de um pequeno país que parecia estar ainda inebriado pelas grandes navegações do século XVI.

O Império é pobre, muito pobre. Sua renda por habitante, que era 51% da dos EUA ao fim do período colonial em 1820, é de 23% em 1900; em relação à Argentina, cai de 49% em 1820 para apenas 25% em 1900, conforme os dados de A. Maddison, da OCDE (2003). Há talvez apenas 400 ricaços, no feliz nome de Roberto Simonsen (1937), que são os 400 barões do café e do açúcar em um país que inicia o século XX já com 10 milhões de habitantes. A maior parte da população é paupérrima.

A primeira ferrovia surge no Império somente 29 anos depois da primeira na Europa. Só tem duas faculdades de engenharia (uma delas, militar), duas de medicina e duas de direito, e nenhuma faculdade de ciências, de matemática, de letras ou de filosofia. Está na idade da pedra educacional comparativamente ao mundo hispano-americano e estadunidense do fim do século XIX, como, aliás, Buarque de Holanda já notara em *Raízes do Brasil* (1936).

Hoje, sabemos muito sobre o Império pelo censo de 1872, e que foi ignorado no parlamento e em todo o Império talvez porque seus números fossem desabonadores, talvez por causa disso tenham sido publicados na tiragem diminuta de 50 exemplares.

O Império tenta criar uma história de que o país manteve sua unidade territorial por ser uma monarquia. Nada nos diz, entretanto, que, se o país ficasse independente, se transformaria em uma multiplicidade de países, como não o foi após a Proclamação da República em 1889. Na verdade, a nossa independência oficial de sete de setembro de 1822 é previamente marcada em 16 de dezembro de 1815 pela passagem sem traumas do *status* de colônia para o Reino Unido de Portugal, Brasil e Algarve, por uma sugestão de Talleyrand a D. João VI.

O Império do Brazil termina mal. Tem 97% de analfabetos conforme meu cálculo comparado a 18% de analfabetos na França, e 20% de um EUA também escravocrata, conforme os dados de Cipolla (1969). E diz para o mundo, no relatório final do censo de 1872, que é muito semelhante a um reino europeu típico como o Reino de Nápoles, que não é nada típico, que nem existe mais em 1872, e não diz que o analfabetismo mesmo, no pobre reino da Itália de 1872, é de 68%, segundo a *Cambridge Economic History of Modern Europe* (2000), muito inferior aos 97% do Império. Omite a população escrava na apresentação dos dados de alfabetização e omite também o baixíssimo número de anos de escolaridade da população, que poderia ter sido facilmente calculado no censo e que colocaria o Império com 97% de analfabetos, partindo-se da hipótese otimista que fiz de que seria possível aprender a ler e escrever com apenas um ano de escolaridade.

Concentra toda a sua riqueza na capital, na cidade do Rio de Janeiro, que parece outro mundo, quase que um mundo europeu, com 275 mil habitantes e com um número de estrangeiros masculinos quase igual ao de brasileiros e com um grande número de escolas. Os alunos na Corte são sete por habitante, comparativamente à média nacional, de dois. É o Tesouro que paga no Rio a única escola pública de ensino médio, o Colégio Pedro II, que, mesmo assim, só tem 210 alunos e que, sendo muito cara só é para os amigos do imperador e não pode ser replicada no resto do Império. É no Rio que se gastam 2,4 milréis com instrução por habitante, quatro vezes a média nacional, de 0,6 milréis. Mas o Império praticamente nada gasta com educação, já que somente 5,3% da despesa pública lhe é destinada. E o Império é totalmente enviesado a favor da população branca, gastando quase que 50% mais em instrução por habitante branco (coeficiente de correlação de 0,93 de despesa de instrução pública com cor dos habitantes) do que em relação aos alunos das escolas pública (coeficiente de correlação de 0,67), já que estas têm elevado número de negros, ou, dito de outra forma, gasta 1,4 milréis por habitante branco e apenas 0,6 milréis por habitante negro e branco. É altamente racista em educação.

O país é predominantemente negro. E o censo esconde a porcentagem de negros na população. O cálculo nacional da população negra tem que ser feito somando-se província por província. E faz tudo para embranquecer, facilitando e subsidiando a imigração de europeus, muito embora, como mostra o imigrante e professor suíço Davatz (1858), tratam-os muito mal.

Manipula as estatísticas dizendo que são 66% negros por auto declaração, quando, na verdade, são negros em 88%. Tem vergonha de ser negro, quando deveria ter orgulho de sê-lo, no que é então o maior país negro independente do mundo.

E tem escravidão em 1888, pasme-se, em um ano beirando o século XX, ou seja, 12 anos apenas antes do início do século e dois anos após a abolição em Cuba, a última colônia espanhola na América. Isso é absolutamente inacreditável em um continente que tem a primeira abolição da escravatura do hemisfério já em 1794, no Haiti, que se tornaria independente, em 1804 (sem nenhuma menção nos jornais brasileiros que sendo escravagistas e monarquistas evitavam tocar no assunto, conforme verifiquei em consultas exaustivas nos jornais da época na Biblioteca Nacional), logo após a independência americana, de 1776, e antes de qualquer país ibero-americano. Um Haiti lutador e que sofre invasões da França e da Inglaterra para reverter a independência e a abolição. Os EUA é um mau exemplo para o Império, já que acaba com a escravidão só depois de uma guerra civil sangrenta, devastadora e mal resolvida, em que o perdedor se recusa a aceitar a derrota em 1865.

O Império é a maior fonte e cúmplice da corrupção do país. Assina tudo que lhe é impingido quase que à força pelos britânicos para eliminar o tráfego negreiro, mas nada faz, e o tráfego continua agora na "distante" praia de Copacabana, 20 km apenas do porto negreiro de Valongo, no centro da Corte, como mostra o cônsul britânico no Rio de Janeiro em correspondência com o *Foreign Office*.

Trata mal os restos mortais de crianças e jovens que chegam ao Valongo: a família Guimarães ali residente no começo deste século desejando fazer uma garagem em seu próprio terreno descobre estupefata, esqueletos infantis e cria no século XXI um instituto de pesquisa com um dito verdadeiro e humilhante para o Império: "Não houve respeito em vida e não houve respeito na morte".

O Império mente dizendo ser favorável à abolição e cria um sistema oficial de emancipação de escravos que levaria quase 9 mil anos para acabar com a escravidão no ritmo da época.

E o Império burla o mundo dizendo que tem 12,7 milhões de km² em 1872 para dizer que é muito grande, muito grande, e só na República em 1889, com dados já disponíveis no Império, mas não publicados, torna pública a área correta, de 8,3 milhões de km².

O imperador viaja muito para o exterior e passa quase quatro anos de seu longo reinado fora do país, lamentavelmente em boa parte com seu amigo dileto Gobineau, o antigo ministro na legação francesa no Rio e um famoso intelectual racista que chama o Império de um país habitado por "mestiços degenerados".

A família imperial custa caro, 1.279 contos de réis no exercício fiscal 1874/75, equivalentes em participação no PIB da época a 40 vezes o gasto do Tesouro britânico com sua família real. E parece que não tem respeito por nada, a começar pelo seu próprio nome e por seu dinheiro, que usa intermitente ora nome de Brazil, ora de Brasil, como se fossem irrelevantes. A ênfase é no nome *Império*, e não no país.

REFERÊNCIAS

Brasil. 1824. *Constituição Politica do Imperio do Brazil* (de 25 de Março de 1824). Rio de Janeiro: Presidência da República. http://www.planalto.gov.br/ccivil_03/Constituicao/Constituicao24.htm.

Documentação e Fontes *Primárias*

_____. 1870. Câmara dos Deputados. *Atas da Câmara dos Deputados*. Rio de Brasil. 1870-1877. *Atas do Conselho de Estado*. Rio de Janeiro: Senado. http://www.senado.leg.br/publicacoes/anais/asp/AT_AtasDoConselhoDeEstado Janeiro.

_____. 1891. *Constituição da República dos Estados Unidos do Brasil (de 24 de Fevereiro de 1891)*. Rio de Janeiro: Presidência da República. http://www.planalto.gov.br/ccivil_03/Constituicao/Constituicao91.htm.

_____. 1811. *Decreto nº 4.696, de 16 de Fevereiro de 1811*. Rio de Janeiro

_____. 1862. *Decreto nº 2.922, de 10 de Maio de 1862*. Rio de Janeiro.

_____. 1869. *Decreto nº 4.362, de 28 de Janeiro de 1869*. Rio de Janeiro.

_____. 1871. *Decreto nº 4.676, de 14 de Janeiro de 1871*. Rio de Janeiro: Câmara dos Deputados. http://www2.camara.leg.br/legin/fed/decret/1824-1899/decreto-4676-14-janeiro-1871-552057-publicacaooriginal-68972-pe.html.

_____. 1871. *Decreto nº 4.856, de 30 de Dezembro de 1871*. Rio de Janeiro: Câmara dos Deputados. http://www2.camara.leg.br/legin/fed/decret/1824-1899/decreto-4856-30-dezembro-1871-552291-publicacaooriginal-69467-pe.html.

_____. *Decretos n° 1.695, de 15 de Setembro de 1869, n° 4.835, de 1 de Dezembro de 1871, n° 5.135, de 13 de Novembro de 1872, n° 6.986, de 8 de Julho de 1872, n° 6.967, de 8 de Julho de 1872, n° 7.536, de 15 de Novembro de 1879.*

_____. 1841. *Lei n° 234, de 23 de Novembro de 1841.* Rio de Janeiro: Presidência da República. http://www.planalto.gov.br/ccivil_03/leis/LIM/LIM234.htm.

_____. 1870. *Lei n° 1.829, de 9 de Setembro de 1870.* Rio de Janeiro.

_____. 1871. *Lei n° 2.040, de 28 de Setembro de 1871.* Rio de Janeiro.

_____. 1872. Ministério da Indústria, Viação e Obras Públicas. Diretoria Geral de Estatística. *Censo de 1872.* Vol. 1, Col. Brasiliana. Rio de Janeiro. https://archive.org/details/recenseamento1872bras.

_____. 1898. Ministério da Indústria, Viação e Obras Públicas. Diretoria Geral de Estatística. *Censo de 1890.* Rio de Janeiro: Officina de Estatística. http://www2.senado.leg.br/bdsf/item/id/227299. a.

_____. 1877. Ministério da Indústria, Viação e Obras Públicas. Diretoria Geral de Estatística. *Relatórios e Trabalhos Estatísticos.* Rio de Janeiro: Typographia de Hyppolito José Pinto. http://biblioteca.ibge.gov.br/visualizacao/livros/liv49656.pdf.

_____. 1929. Ministério da Indústria, Viação e Obras Públicas. Diretoria Geral de Estatística. *Recenseamento do Brazil.* Vol. IV. Rio de Janeiro: Typ. da Estatística.

_____. 1877. Ministério da Indústria, Viação e Obras Públicas. Diretoria Geral de Estatística. *Relatório e Trabalhos Estatísticos Apresentados ao Ilm°. e Exm° Sr. Conselheiro Dr. José Bentro da Cunha e Figueiredo, Ministro e Secretário de Estado de Negócios do Império, pelo Director Geral Conselheiro Manuel Francisco Correia em 31 de Dezembro de 1876.* Rio de Janeiro: Typ. de Hipólito José Pinto.

Calmon, Pedro. 1978. "Prefácio." In *Atas do Conselho de Estado Pleno,* Terceiro Conselho de Estado, 1868-1873. http://www.senado.gov.br/publicacoes/anais/pdf/ACE/ATAS8-

_____. [1871]. *Recenseamento de 1870 da Paróquia de São Cristóvão.* Rio de Janeiro: IBGE.

_____. 1939-40. *Anuário Estatístico do Brasil.* Rio de Janeiro: IBGE. biblioteca.ibge.gov.br/visualizacao/monografias/GEBIS%20-%20RJ/AEB/AEB1939_40.pdf.

_____. 1941-45. *Anuário Estatístico do Brasil*. Rio de Janeiro: IBGE. biblioteca. ibge.gov.br/visualizacao/monografias/GEBIS%20-%20RJ/AEB/AEB1941_45.pdf.

_____. 1939. *Anuário Estatístico do Distrito Federal 1938*. Rio de Janeiro: IBGE. //biblioteca. ibge.gov.br/visualizacao/monografias/GEBIS%20-%20RJ/AEBDF1938.pdf.

_____. 1987 [1990]. *Estatísticas Históricas do Brasil: Séries Econômicas, Demográficas e Sociais de 1550 a 1988*. 2a ed. Rio de Janeiro: IBGE.

_____. [1921]. *Recenseamento de 1920*. Rio de Janeiro: IBGE.

_____. 2000. *Sinopse Preliminar do Censo do Ano de 2000*. Rio de Janeiro: IBGE.

Magalhães Júnior, R. 1978. "A Importância Documental das Atas de Conselho de Estado." In *Atas do Conselho de Estado Pleno*, Terceiro Conselho de Estado, 1874-1875. http://www.senado.gov.br/publicacoes/anais/pdf/ACE/ATAS9-Terceiro_Conselho_de_Estado_1874-1875.pdf.

United Kingdom. 1845. *Aberdeen Act*. William Loney RN - Background. http://www.pdavis.nl/Legis_28.htm.

United States of America. 1793. U.S. Census Bureau. *Census of Population and Housing of 1790*. Philadelphia: Government of United States.

_____. 1949. U.S. Census Bureau. *Historical Statistics of the United States, 1789-1945*. Washington, D.C.: Superintendent of Documents, U.S. Government Print Office. http://www2.census.gov/prod2/statcomp/documents/HistoricalStatisticsoftheUnitedStates1789-1945.pdf

_____. 2007. U.S. Census Bureau. *Census Regions and Divisions of the United States*. Prepared by Geography Division. Washington, D.C.: U.S. Department of Commerce, Economics and Statistics Administration. http://www.census.gov/geo/maps-data/maps/pdfs/reference/us_regdiv.pdf.

_____. 2023. United States Department of State. Office of the Historian, Foreign Service Institute. *Mexican-American War, and the Treaty of Guadalupe-Hidalgo, 1845–1848*. Washington D.C... https://history.state.gov/milestones/1830-1860/texas-annexation.

Livros, Capítulos de Coletâneas e Artigos

Almanak Laemmert. Edições de 1870-1880. Disponíveis em: http://bndigital.bn.br/acervodigital.

Aguiar, Narla. 2008. *Almanak Laemmert* – Almanaque mais Antigo do Brasil está disponível no site da Biblioteca Nacional. Comunicação Social/ Ministério da Cultura. Disponível em: http://www.cultura.gov.br/site/2008/05/14/*Almanak*-laemmert/. Acessado em 26.04.2011.

Anchieta, José. 1886. *Informações e fragmentos históricos do padre Joseph de Anchieta*, S.J. (1584-1586). Rio de Janeiro: Imprensa Nacional.

Andrade, Marcos Ferreira de. 2008. *Negros rebeldes nas Minas Gerais: a revolta dos escravos de Carrancas*, em Arquivos Históricos. São João Del Rei: Universidade Federal de São João Del Rei. 20 p. www.documenta.ufsj.edu.br/modules/wfdownloads/singlefile.php?cid=8&lid=15. Acesso em: 02/08/2011.

Autor: n.d. 1895. *Revista Memória estatística do Império do Brazil*. Instituto Histórico e Geográfico. https://books.google.com.br/books?id=uJtcOFBWfiAC&pg=PA324&lpg=PA324&dq=Revista+mem%C3%B3ria+estat%C3%ADstica+do+imp%C3%A9rio+do+Brasil+1895&source=bl&ots=gIP6NwNEHt&sig=uW2_4LTDd0JftxxgK-GxRYc2UpQo&hl=pt-BR&sa=X&ei=pf60VNW_Ava1sQTrl4DgCg&ved=0CCAQ6AEwAA#v=onepage&q=Revista%20mem%C3%B3ria%20estat%C3%ADstica%20do%20imp%C3%A9rio%20do%20Brasil%201895&f=false. Acesso em 13.1.2015.

Balbi, Adrian. 1822. *Essai statistique sur Le Royaume de Portugal*. Paris: Rey et Gravier. https://archive.org/details/essaistatistique02balbuoft. Acesso em 13.1.2015. [Existe uma versão atualizada publicada pela Imprensa Nacional de Lisboa em 2014].

Barcia Zequeira, María del Carmén. 2004. El tema negro em la histografia cubana del siglo XX. *Del Caribe*, 44, 102-110.

Bloch, Marc. 1946 [1990]. *L'étrange Défaite. Témoignage écrit em 1940. Preface de Stanley Hoffmann*. France: Gallimard (Collection Folio/Histoire). 332p.

Bluteau, Raphael. 1712-1728. *Vocabulario Portuguez & Latino*. 8 v. Coimbra: Collegio das Artes da Companhia de Jesus.

Bolt, J. and J. L. van Zanden. 2013. *Maddison Project*. http://www.ggdc.net/maddison/maddison-project/home.htm. Acesso em 13.1.2015.

Botelho, Tarcísio Rodrigues. 2005. Censos e a construção nacional no Brasil Imperial. *Tempo Social* (Universidade de São Paulo), v.17, n.1. http://dx.doi.org/10.1590/S0103-20702005000100014. Acesso em: 25.8.2012.

Boxer, Charles R. 1963. *The golden age of Brazil, 1695-1750: growing pains of a colonial society*. Berkeley and Los Angeles: University of California Press.

Bouk, Dan. 2022. *Democracy's Data – The Hidden Stories in the U.S.Census and How to Read Them*. Nova Iorque: MCD and Farrar, Strass and Giroux.

Broca, Brito. 1956. *A vida literária no Brasil – 1900*. Rio de Janeiro: Ministério da Educação e Cultura, Serviço de Documentação.

Cabral de Melo, Evaldo. 1997. Prefácio "Depois de D. João VI" em *O movimento de Independência, 1821-1822*. Rio de Janeiro: Topbooks.

Calógeras, João Pandiá. 1930. *Formação histórica do Brasil*. São Paulo: Companhia Editora Nacional.

Camões, Luís de. 1572 [2000]. *Os Lusíadas*. Porto: Porto Editora.

Capistrano de Abreu, João. 1907. *Capítulos de história colonial (1500-1800)*. http://www.brasiliana.usp.br/bbd/handle/1918/00157600#page/5/mode/1up. Acesso em 13.1.2015

Carneiro, David. 1946. *História da guerra cisplatina*. Brasília: Editora Universidade de Brasília. 217p. (Coleção Temas Brasileiros, 41).

Carneiro, Glauco. 1965. *História das revoluções brasileiras*. Rio de Janeiro: Cruzeiro. v. 1.

Carvalho, Marcus Joaquim Maciel de e Bruno Augusto Dornelas Câmara. 2008. A Insurreição Praieira. *Almanack braziliense*. São Paulo: USP. N° 80. Nov. p. 5-38.

Caxias. 1934. *Apontamentos para a História Militar do Duque de Caxias*, (por Eduardo Berlink), por Vilhena de Morais.

Cervantes y Saavedra, Miguel de. 1605. *Don Quijote de La Mancha*.

Contrera Cruces, Hugo. 2006. Las Milicias de Pardos y Morenos libres de Santiago de Chile em el siglo XVIII, 1760-1800 *Cuadernos de Historias*, Universidade do Chile, Santiago, 2006, p. 93-117.

Contreiras Rodrigues, Félix. 1935. *Traços da economia social e política do Brasil colonial*. Rio de Janeiro: Ariel Editora

Costa, Emília Viotti da. 1968[1977]. Introdução ao Estudo da Emancipação Política. In: Mota, Carlos Guilherme (org.). *Brasil em perspectiva*, 9ª edição. Rio de Janeiro: Difel.

Covarrubias Orozco, Sebastián. 1611. *Tesoro de la lengua castellana o española*. Madrid. Disponível em: http://es.wikipedia.org/wiki/Tesoro_de_la_lengua_castellana_o_espa%C3%B1ola. Acessado em 28.01.2015. Sebastián de Covarrubias, conhecido como Covvar.

Cunha, Antônio Geraldo da. 1982[1986]. *Dicionário Etimológico Nova Fronteira da Língua Portuguesa* 2ª edição. Rio de Janeiro: Nova Fronteira.

Del Priore, Mary e Renato Venancio. 2010. *Uma breve história do Brasil.* São Paulo: Editora Planeta do Brasil.

Dias, Claudete Maria Miranda. 1995. Balaiada: a guerrilha sertaneja. *Estudos Sociedade e Agricultura,* 5, p. 73-88. Rio de Janeiro: UFRRJ. bibliotecavirtual.clacso.org.ar/ar/libros/brasil/cpda/ estudos/cinco/clau5.htm. Acesso em 23/08/2011.

Donato, Hernâni. 1996. *Dicionário das batalhas brasileiras,* 2ª ed. Revista, ampliada e atualizada. São Paulo: IBRASA – Instituição Brasileira de Difusão Cultural, Ltda.

Fonseca, Gondim. 1960. *Machado de Assis e o hipopótamo.* Rio de Janeiro: Editora Fulgor.

Fragoso, Augusto Tasso. 1938. *A revolução Farroupilha (1835-1845): narrativa sintética das operações militares.* Rio de Janeiro: *Almanak Laemmert,* Ltda.

Furtado, Celso. 1959. *Formação econômica do Brasil.* Rio de Janeiro: Fundo de Cultura.

Gibbon, Edward. 1776[1976]. História do *Declínio e Queda do Império Romano.* Orig. The History of the Decline and Fall of the Roman Empire. Reprint of the 1909 edition, published by Methuen and Co. Londres, by AMS Press, Nova Iorque.

Greene, Evarts B; Harrington, Virginia D. 1932 [1981]. *American Population before the Federal Census of 1790.* New York: Columbia University Press. http://books.google.com.br/books?id=BQT4bkQjUc4C&printsec=frontcover&hl=pt=-BR#v-onepage&q&f=false. Acesso em: 28.8.2012.

Grinberg, Keila. 2009. A Sabinada e a politização da cor na década de 1830 em *O Brasil Imperial,* org. Keila Grinberg e Ricardo Salles, v. 2, cap. VI, p.269-296. Rio de Janeiro: Civilização Brasileira.

Guimarães, Lúcia Maria Paschoal. 2016. "A elevação do Brasil a Reino e a Historiografia Luso-Brasileira". *Revista IGHB* v. 4, nº 70, 47-50.

Handelmann, Heinrich. 1860 [1982]. *História do Brasil.* Tradução de Lúcia Furquim Lahmeyer. São Paulo: Ed. da Universidade de São Paulo

Harris, Marvin. 1968. "Race" em *International Encyclopedia of the social sciences*, Vol 13, pg. 263 – 268.

Heer, Friedrich. 1967 [1968]. *The Holy Roman Empire*. Org. Original: Das Hellig Romicche. Londres: Phoenix Books.

Hierro, Francisco. 1729. *Diccionario de la lengua castellana de 1729*. Madrid.: Real Academia Española. https://books.google.com.br/books?id=yeQz-Jl-KdIIC&pg=PA660&dq=se+toma+tambien+por+moreno,+o+que+le+falta+la+blancura+que+em+portugues&hl=pt-BR&sa=X&ei=Ub-vVPHOD5aLs-QTIi4LQBA&ved=0CB4Q6AEwAA#v=onepage&q=se%20toma%20tambien%20por%20moreno%2C%20o%20que%20le%20falta%20la%20blancura%20que%20em%20portugues&f=false . Acesso em 9.1.2015.

Horne, Alistar. 2015. *Hubris: The tragedy of war in the twentieth century*. New York: Harper Collins.

Klein, Herbert S. 1967 [1989]. *Slavery in the Americas a comparative study of Virginia and Cuba*. Chicago: The University of Chicago Press.

Lauerhass, Ludwig e Nava, Carmem. *Brasil uma identidade em construção*. 2007. Rio de Janeiro: Editora Atica.

Leff, Nathaniel H. 1990. *Subdesenvolvimento e desenvolvimento no Brasil*, vol. 1. Estrutura e mudança econômica 1822-1947. Rio de Janeiro: Expressão e Cultura. Original: Underdevelopment and development in Brazil, tr. Ruy Jungmann, Cambridge: Harvard University Press.

Lieven, Dominic. 2015. *The end of Tsarist Russia – the March to World War I and Revolution*. Nova Iorque: Viking (Penguin Random House LLC).

Lima Jr. 1942 *A capitania de Minas Gerais*. Belo Horizonte: Ed. Itatiaia.

Lopez, Adriana e Mota Carlos Guilherme. *História do Brasil – uma interpretação*. 2008. São Paulo: Editora SENAC.

Machado de Assis. 1990. *Bons Dias. Crônicas (188-1889)*. Edição, introdução e notas de JOHN GLEDSON. São Paulo: Editora HUCITEC, Editora da Unicamp.

_____. 1922[1997]. *O movimento da independência 1821-1822*. 6ª ed. Rio de Janeiro: Top Books.

Maddison, Angus. 2001. *The world economy: a millennial perspective*. Paris: Development Centre, OECD.

_____. 2003. *The world economy: historical statistics*. Paris: OCDE.

Malheiros, Dr. Augustinho Marques Perdigão. 1866[2008] *A escravidão no Brasil: ensaio histórico-jurídico-social*. Vol 1. Parte 1. eBooks Brasil. www.ebooksbrasil.org/eLibris/malheiros1.html. Acesso em ago. 2011.

Marcílio, Maria Luiza. 1974. *Crescimento Histórico da População Brasileira até 1872*. Original: *La Population Du Brésil*. In: World Populational Year, Cap 1: Accroissemt de la Population: Évolution Historique de la population brésilienne jusqu'á em 1872; p. 7-24.http://www.cebrap.org.br/v2/files/upload/biblioteca_virtual/crescimento_historico_da_populacao.pdf. Acesso em: 25.8.201.

Marques de Carvalho, 1886 [2022]."O sonho do monarca", *in* Alexei Bueno (org). *A escravidão na poesia brasileira do século XVII ao XXI*. Rio de Janeiro e São Paulo: Editora Record.

Mattos, Ilmar Rohloff de. 1994 [1944]. *O tempo saquarema: a formação do Estado Imperial* 3. Ed. São Paulo: Acess.

Mattoso, José. 2000. A formação da nacionalidade, em *História de Portugal*, org. José Tengarrinha, 7-17. Bauru: EDUSC; São Paulo: UNESP; Portugal: Instituto Camões.

Maxwell, Kenneth. 1999. Porque o Brasil foi diferente? O contexto da independência. P. 177-196 de *Viagem incompleta – a experiência brasileira (1500-2000) formação história*. Carlos Guilherme Mota (organizador). São Paulo: Editora SENAC.

Merrick, Thomas W. & Douglas H. Graham. 1979. *Population and Economic Development in Brazil: 1800 to the present*. Baltimore e Londres: The Johns Hopkins University Press.

Mendes de Almeida, Cândido. (org.). 1868. *Atlas do Império do Brazil*. Rio de Janeiro: Litographia do Instituto Philomathico.

Milliet, de Saint-Adolphe, J.C.T. 2014. *Dicionário geográfico, histórico e descritivo do Império do Brasil*. Coleção Mineiriana. Tradução de Caetano Lopes de Moura. Parceria com IPEA. Belo Horizonte: Fundação João Pinheiro.

Mortara, Giorgio. 1941. *Recenseamento geral de 1940*. Instituto brasileiro de geografia e estatística. http://memoria.ibge.gov.br/en/sinteses-historicas/pioneiros-do-ibge/giorgio-mortara/producao-intelectual-de-giorgio-mortara. Acesso em 12.1.2015.

Müller, Maria Rodrigues. 2008. *A cor da escola – imagens da primeira república*. Cuiabá: Ed. UFMT e Entrelinha.

Nina Rodrigues, Raimundo. 1932. *Os africanos do Brasil*. Rio de Janeiro: Centro Edelstein de Pesquisas Sociais. http://static.scielo.org/scielobooks/mmtct/pdf/rodrigues-9788579820106.pdf. Acesso em 13.1.2015.

Novaes de Almeida, José Roberto. 2008. *Economia monetária: uma abordagem brasileira*. São Paulo: Atlas.

_____. 2001. "Por uma Política Anti-Preconceito." *Revista de Conjuntura do Conselho Regional de Economia do DF*, no. 7, out./dez. 2001.

Oliveira, Jane Souto de. 2003. Brasil mostra a tua cara: imagens da população brasileira nos Censos demográficos de 1872 a 2000. *Textos para Discussão*, n.º 6. Instituto Brasileiro de Geografia e Estatística (IBGE), Escola Nacional de Ciências Estatísticas.

Oliveira Lima. 1908 [1996]. *Dom João VI no Brasil*. Rio de Janeiro: Topbooks.

Oliveira, Luiz Antonio Pinto; Simões, Celso Cardoso da Silva. 2005. O IBGE e as pesquisas populacionais *Rev. Est. Pop.* Vol. 22, p. 291-302, jul./dez.

Oliveira, Veloso. 1822. *Memória sobre o melhoramento da província de São Paulo*. São Paulo: Editora: n.d.

Oliveira Vianna. 1922. *Resumo histórico dos inquéritos censitários realizados no Brazil*. Rio de Janeiro: Typografia da Estatística (Recenseamento Geral de 1920)

Paiva, Clotilde Andrade; Martins, Maria do Carmo S. 1982. *Notas sobre o Censo Brasileiro de 1872*. II Seminário sobre a Economia Mineira, Diamantina. Anais do II Seminário sobre a Economia Mineira. Belo Horizonte: Cedeplar.

Paiva, Clotilde Andrade; Herbert S. Klein. 1997. Escravos livres nas Minas Gerais do século XIX: Campanha em 1831. *Estudos Econômicos* 22,1 (jan. – abr.): 129-151.

Pena, Sergio D.J.2002. '*Homo brasilis, aspectos genéticos, linguísticos, históricos e sócio antropológico da formação do povo brasileiro*'. Ribeirão Preto: Funpec.

Pequeno Vocabulário da Língua Portuguesa. 1943. Academia Brasileira de Letras. Rio de Janeiro: Imprensa Nacional.

Petruccelli, José Luís. *A cor denominada: um estudo do suplemento da Pesquisa Mensal de Emprego de julho/1998*. Rio de Janeiro: IBGE.

Pinto, Luis Maria da. 1832. *Dicionário da Língua Brasileira*. Ouro Preto: Typographia de Silva.

Puntoni, Pedro Luis. 2004. Os recenseamentos do século XIX: um estudo crítico. Em: Samara, E. de M. (org). *Populações: (com)vivência e (in)tolerância*. São Paulo: Humanitas/FFLCH/USP, p. 159-205.

Real Academia Española. 1726 -1739. *Diccionario de la lengua castellana en que se explica el verdadero sentido de las voces, su naturaleza y calidad, con las phrases o modos de hablar, los proverbios o rephranes, y otras cosas convenientes al uso de la lengua*. Madrid: Real Academia Española.

Reis, João José. 2003. *A revolta dos malês em 1853*. Salvador: Universidade da Bahia. Disponível em: www.smec.salvador.ba.gov.br/documentos/a-revolta-dos-males.pdf Acesso em: 02/08/2011. Baseado em seu livro *Rebelião escrava no Brasil: a história do levante dos malês em 1835*. São Paulo: Companhia das Letras, 2003.

Rizzini, Carlos. 1946. *O livro, o jornal e a tipografia no Brasil 1500 – 1822 com um breve estudo geral sobre a informação*. Rio de Janeiro: Editora Cosmos.

Rodrigues, José Honório. 1975. *Independência: revolução e contra-revolução*, vol. 1 A evolução política. Rio de Janeiro: F. Alves.

Robles, Suely. 1990. *A escravidão negra no Brasil*. Belo Horizonte: Ed. Atica.

Rocha Pombo. Citado em Rodrigues, Contreiras. *Traços da economia social e política do Brasil Colonial*. 1935. Página 32. Rio de Janeiro: Ariel Editora.

Quevedo, Francisco. 1798 [1960]. *Los Sueños* 3.ed.Madrid: Espasa Calpe.

Santo Appolonia, Francisco Pereira. 1798. Conforme citado em Contreiras Rodrigues (1935).

Schwartz, Stuart. 1999. "Gente de terra braziliense da nação. Pensando o Brasil: a construção de um povo."P.103-126 de *Viagem incompleta – a experiência brasileira (1500-2000) formação história*. Carlos Guilherme Mota (organizador). São Paulo: Editora Senac.

Senra, Nelson. 2009. *História das Estatísticas Brasileiras*. v.1. Rio de Janeiro: Fundação Instituto Brasileiro de Geografia e Estatística.

Serra, Correia. Citado em *Recenseamento de 1920*. Rio de Janeiro: IBGE. 193.

Silva, Antonio de Morais da. 1789. *Dicionário da Língua Portugueza*: Lisboa, Tipograhia Lacerdina.

Silva, Teresinha Zimbrão da. 2005. *Diplomática Atração do Mundo* (revista impressa). Juiz de Fora: *Ipotesi* (UFJF), v. 9, n.1, p. 63-68. Disponível em: http://www.ufjf.br/revistaipotesi/files/2011/05/7-Diplom%C3%A1tica-atra%C3%A7%C3%A3o.pdf.

Smith, Adam. 1776. *An Inquiry into the Nature and Causes of the Wealth of the Nations*. Londres.

Souza e Silva, Joaquim Norberto. 1870. *Investigações sobre os recenseamentos da população geral do Império e cada província de per si, tentadas desde os tempos coloniais até hoje; feitas em virtude de aviso de 15 de março de 1870, do ministro e secretário do estado dos negócios do império.* Rio de Janeiro: Tipografia Nacional

Urtiga Emil, José Maria. Salvador, Carlos Coral. 1997. *Dicionário de Direito Canônico*. São Paulo: Loyola. *Original: Diccionario de derecho Canonico*. Madrid: Tecnos.

Villegas, Daniel Cosio (org). 1994 [2000]. *Historia minima de México*. Ciudad de México: El Colegio de Mexico.

Winn (2010), Peter. 2010. "Frank Tannenbaum reconsidered: introduction. *International Labor and Working-Class History* 77, Spring, 109-114.

Coleção das Leis do Império do Brasil, Decisões, tomo XXX, 1867, p. 90-91. Em Bastos, Aurélio Wander. *História da Ordem dos Advogados do Brasil: Luta pela criação e resistências* (Vol. II da coleção). Conselho Federal da OAB, p. 48-49.

Correio Comercial, de 1.7.1879 de julho e de 1.8.1879.

Correio da Tarde, de 25.7.1879.

Decretos: nº 1.695 de 15 de setembro de 1869, nº 4.835 de 1 de dezembro de 1871, nº 5.135 de 13 de novembro de 1872, nº 6.986 de 8 de julho de 1872, nº 6.967 de 8 de julho de 1872, nº 7.536 de 15 de novembro de 1879.

Diário da Tarde. Revista diária, de 21 de outubro de 1878.

Diário do Rio de Janeiro, de 22 de janeiro de 1876 e de 2 de janeiro, 22 de abril e de 15 de novembro de 1878.

_____. Boletim quinzenal do Senhor Barão do Lavradio de 16 a 31 de janeiro de 1878.

Diário de São Paulo, de julho de 1878.

Diário Oficial do Império, de 1 de novembro de 1872. Ministério do Império. Junta de Higiene. Relatório oficial sobre o estado sanitário da Capital, 1871 e de janeiro de 1873.

Decretos: nº 1.695 de 15 de setembro de 1869, nº 4.835 de 1 de dezembro de 1871, nº 5.135 de 13 de novembro de 1872, nº 6.986 de 8 de julho de 1872, nº 6.967 de 8 de julho de 1872, nº 7.536 de 15 de novembro de 1879.

Florence, Bandeira, Afonso. 2002. *Entre o cativeiro e emancipação: a liberdade dos africanos livres no Brasil*. Dissertação de mestrado. UFBA: Salvador.

Gazeta de Notícias, de seis de junho, quatro de julho, sete de julho, 24 de julho, 30 de julho e de agosto de 1878.

IBGE. *Recenseamento de 1870 da Paróquia de São Cristóvão*.

Instituto Sangari. 2010. *Mapa da violência: anatomia dos homicídios no Brasil*. http://www.mapadaviolencia.org.br/mapa2010. Ppc.

Jornal do Commercio, de 15 de fevereiro, 09 de julho, 19 de julho, 28 de julho, 16 de setembro e 17 de setembro de 1878.

Jornal dos economistas, de 25 de fevereiro de 1882.

Lei nº 2.040 de 28 de setembro de 1871.

O Economista Brasileiro, de 1878 e de 1879. Disponíveis na Biblioteca Nacional do Rio de Janeiro.

O Cruzeiro, de 04 de janeiro de 1878.

O Globo, de 01 de julho de 1877 e de abril de 2011.

O Progresso, de 29 de setembro de 1878.

Souza, Prata de, Jorge Luiz. 1999. *Africano livre ficando livre: trabalho, cotidiano e luta*. Tese de doutorado. Universidade de São Paulo: São Paulo.

Viveiros de Castro, José. 1894. *O Suicídio na Capital Federal*. Rio de Janeiro: Imprensa Nacional.

QUADROS NO ANEXO ESTATÍSTICO

Quadro A. Despesas do Império do Brazil, 1824-88 (em contos de réis).

Quadro B. Despesa Pública Total com Instrução Pública por Província, e Número de Alunos por Tipo de Estabelecimento por Província em 1872, Ordenada por Despesa com Instrução no Exercício 1874/75.

Quadro C. Percentual de Habitantes Negros, Negros Livres e de Escravos em Relação ao Total de Habitantes Brancos por Província, Ordenado pelo Percentual de Habitantes Negros por Habitante Branco, Exercício 1874/75.

Quadro D. Despesa Pública Total e com Instrução Pública e Número de Alunos por Tipo de Estabelecimento por Província, em 1872, Ordenada por Despesa com Instrução no Exercício 1874/75

Quadro E. Coeficientes de Correlação entre a Variável Despesa com Instrução Pública, em 1874/75 e Número de Habitantes Livres, Habitantes Brancos, Habitantes Totais, Alunos de Escolas Públicas e Escravos, em 1872.

Quadro F. Salários por Tipo de Instituição e por Profissão em 1872 e em 2011.

Quadro G. Preços de Mercadorias em 1878 e 2011.

Quadro H. Encadeando os deflatores de preços de Goldsmith para 1872 = 100 (1870 -1946).

Quadro A. Despesas do Império do Brazil, 1824-1888 (em contos de réis).

Exercício	Família Imperial	Imigração e Colonização	IHGB	Censos (1872 e 1890)	DGE	Despesa Total do Império
1824	140	30	-	-	-	9618
1825	216	22	-	-	-	8358
1830/31	313	17	-	-	-	19778
1850/51	1092	17	2	-	-	33225
1868/69	1381	768	7	-	-	150895
1869/70	1381	477	7	-	-	141594

Exercício	Família Imperial	Imigração e Colonização	IHGB	Censos (1872 e 1890)	DGE	Despesa Total do Império
1870/71	1383	731	7	17	-	100074
1871/72	1249	607	7	202	-	101581
1872/73	1227	1453	7	319	-	121874
1873/74	1280	1967	7	274	40	121481
1874/75	1279	2486	7	155	34	125855
1875/76	1159	3520	7	7	48	126870
1876/77	1164	6532	7	16	49	135801
1877/78	1172	7762	7	-	30	151492
1878/79	1171	6002	7	-	31	181469
1880/81	1165	1126	7	0,15	19	138583
1884/85	1170	1000	9	-	19	158496
1888	1092	2376	9	-	11	147451
1889	1054	6514	9	-	11	220646
Média 1824/88	1057	2285	-	-	-	115534
Soma 1850/89	19419	43338	113	990	292	2157387
Por cento da despesa	0,90%	2,01%	0,01%	0,05%	0,01%	

Nota: (1) O PIB a preços correntes de 1872 é de 1.210 mil contos de réis, segundo Goldsmith (1986), ou seja, a despesa pública do Império é aproximadamente de 10% do PIB, índice baixo comparado ao de 2017, de 49%, para a despesa orçamentária do Governo Geral, que inclui a despesa da União, de Estados e Municípios (IBGE. *Estatísticas de Finanças Públicas e Conta Intermediária de Governo: Brasil*. Rio de Janeiro: IBGE, 2017) (Fontes para 1824/25: "Demonstração da Receita e da Despeza do Thesouro Público do Rio de Janeiro" (RDTP-RJ)). Para 1830/31: "Receita e Despeza das Rendas Públicas do Império" (RDRI). Para 1850/51-88: "Balanço da Receita e Despeza do Império do Brazil" (BRDI). Para 1889: "Balanços da Receita e Despeza da República (BRDR)" e "Anuário

Estatístico do Brasil (AEB), 1939/40". Os valores para a despesa total do Império foram retirados do AEB 1939/40, p. 1410, e estes valores, exceto para 1824/25, podem ser encontrados nos BRDI.

Quadro B. Despesa Pública Total com Instrução Pública por Província, e Número de Alunos por Tipo de Estabelecimento por Província em 1872, Ordenada por Despesa com Instrução no Exercício 1874/75.

Província	Despesa pública (em contos de réis) Com instrução pública	Total	Nº de alunos (em mil) Escola pública	Escola particular	Total	Alunos / Habitante	Nº de habitantes (em mil)
Rio de Janeiro	880	4222	16	2	18	2	783
Município Neutro	660	-	9	10	19	7	275
Minas Gerais	554	2137	23	1	24	1	2040
Pernambuco	506	2647	11	2	14	2	842
Bahia	470	2541	17	4	21	1	1380
São Paulo	404	2608	13	1	14	2	837
Pará	385	1877	10	2	12	4	275
Rio Grande do Sul	342	2322	10	4	14	3	435
Ceará	183	810	12	0	12	2	722
Paraíba	164	719	4	0	4	1	376
Alagoas	137	742	6	1	7	2	348
Maranhão	136	795	6	1	7	2	359
Sergipe	121	650	5	1	6	3	176
Paraná	100	672	2	0	2	2	127

Província	Despesa pública (em contos de réis) Com instrução pública	Despesa pública (em contos de réis) Total	Nº de alunos (em mil) Escola pública	Nº de alunos (em mil) Escola particular	Nº de alunos (em mil) Total	Alunos / Habitante	Nº de habitantes (em mil)
Rio Grande do Norte	96	319	4	1	6	2	234
Amazonas	91	526	2	0	2	3	58
Santa Catarina	77	311	3	1	4	3	160
Goiás	54	203	3	0	3	2	160
Mato Grosso	49	167	1	0	1	1	60
Espírito Santo	0	-	-	-	-	-	-
Piauí	0	-	-	-	-	-	-
Total	5409	24268	157	31	190	2	9647

Notas: (1) O censo não computou dados referentes aos gastos com a instrução privada; (2) O número de alunos corresponde à soma dos alunos matriculados em instituições de instrução primária e secundária; (3) O *Relatório* não apresenta informações sobre instrução para as províncias do Espírito Santo e do Piauí e não disponibiliza informações de despesa total para o Município Neutro; (4) A despesa geral do Império em 1874/75 é de 101.484 contos de réis, e a despesa das províncias, excluindo o Município Neutro, ES e PI, é de 24% deste total. A despesa com instrução, que inclui o Município Neutro, é, portanto de um baixíssimo 5,3% da Despesa Geral do Império; (5) Os dados de população são de 1872 [elaborado pelo autor com base na soma dos dados de cada província do *Relatório e trabalhos estatísticos da Diretoria Geral de Estatística* (1877)].

Quadro C. Percentual de Habitantes Negros, Negros Livres e de Escravos em Relação ao Total de Habitantes Brancos por Província, Ordenado pelo Percentual de Habitantes Negros por Habitante Branco, Exercício 1874/75.

Província	Percentual de habitantes negros por habitante branco	Percentual de habitantes negros livres por habitante branco	Percentual de escravos por habitante branco
Piauí	334	280	55

Província	Percentual de habitantes negros por habitante branco	Percentual de habitantes negros livres por habitante branco	Percentual de escravos por habitante branco
Bahia	301	251	51
Alagoas	285	244	40
Goiás	272	247	25
Sergipe	248	202	45
Maranhão	236	164	72
Mato Grosso	201	162	39
Espírito Santo	188	103	85
Pernambuco	185	154	31
Rio de Janeiro	156	59	96
Paraíba	153	138	15
Pará	149	119	30
Ceará	149	137	12
Minas Gerais	142	97	45
Rio Grande do Norte	118	105	13
Amazonas	85	77	9
São Paulo	84	48	36
Município Neutro	81	48	32
Paraná	69	54	15
Santa Catarina	25	13	12
Total	**152**	**112**	**40**

Fonte: elaborado pelo autor, com base na soma dos dados de cada província do *Relatório e trabalhos estatísticos da Diretoria Geral de Estatística* (1877). O *Relatório* não publicou um quadro-resumo da cor da população livre; sem dúvida, para encobrir que a maior parte da população livre era composta de pretos e parda e não de brancos.

Quadro D. Despesa Pública Total e com Instrução Pública e Número de Alunos por Tipo de Estabelecimento por Província, em 1872, Ordenada por Despesa com Instrução no Exercício 1874/75.

Província	Despesa com instrução pública / Despesa total (%)	Despesa total por habitante (em milréis)	Despesa com instrução pública (em mil réis)			
			Por habitante	Por habitante livre	Por habitante branco	Por aluno de escola pública
Rio Grande do Norte	30.1	1.4	0.4	0.4	0.9	24.0
Mato Grosso	29.3	2.8	0.8	0.9	4.3	49.0
Goiás	26.6	1.3	0.3	0.4	1.3	18.0
Minas Gerais	25.9	1.1	0.3	0.3	0.7	24.1
Santa Catarina	24.8	2.0	0.5	0,53	0.6	23.0
Paraíba	22.8	1.9	0.4	0.5	1.1	41.0
Ceará	22.6	1.1	0.3	0.3	0.7	15.3
Rio de Janeiro	20.8	5.4	1.1	1.8	2.9	55.0
Pará	20.5	6.8	1.4	1.6	4.2	38.5
Pernambuco	19.1	3.2	0.6	0.7	1.7	46.0
Sergipe	18.6	3.7	0.7	0.8	2.4	24.2
Alagoas	18.5	2.1	0.4	0.4	1.6	22.8
Bahia	18.5	1.8	0.3	0.4	1.4	27.6
Amazonas	17.3	9.1	1.6	1.6	5.3	45.5
Maranhão	17.1	2.2	0.4	0.5	1.3	22.7
São Paulo	15.5	3.1	0.5	0.6	0.9	31.1
Paraná	14.9	5.3	0.8	0.9	1.4	50.0

Província	Despesa com instrução pública / Despesa total (%)	Despesa total por habitante (em milréis)	Despesa com instrução pública (em mil réis)			
			Por habitante	Por habitante livre	Por habitante branco	Por aluno de escola pública
Rio Grande do Sul	14.7	5.3	0.8	0.9	1.3	34.2
Município Neutro	-	-	2.4	2.9	4.4	73.3
Espírito Santo	-	-	-	-	-	-
Piauí	-	-	-	-	-	-
Total	22.3	2.5	0.6	0.6	1.4	34.5

Notas: (1) O censo não computou dados referentes aos gastos com a instrução privada; (2) O número de alunos corresponde à soma dos alunos matriculados em instituições de instrução primária e secundária; (3) O *Relatório* não apresenta informações sobre instrução para as províncias do Espírito Santo e do Piauí e não disponibiliza informações de despesa total para o Município Neutro; (4) A despesa geral do Império em 1874/75 é de 101.484 contos de réis, e a despesa das províncias, excluindo o Município Neutro, ES e PI, é de 24% deste total. A despesa com instrução, que inclui o Município Neutro, é, portanto, de baixíssimos 5,3% da Despesa Geral do Império; (5) Os dados de população são de 1872 [elaborado pelo autor, com base na soma dos dados de cada província do *Relatório e Trabalhos Estatísticos da Diretoria Geral de Estatística* (1877)].

Quadro E. Coeficientes de Correlação entre a Variável Despesa com Instrução Pública, em 1874/75 e Número de Habitantes Livres, Habitantes Brancos, Habitantes Totais, Alunos de Escolas Públicas e Escravos, em 1872 [elaborado pelo autor, com base na soma dos dados de cada província do *Relatório e trabalhos estatísticos da Diretoria Geral de Estatística* (1877), conforme Tabela II e Tabela III do anexo].

Despesa	Coeficientes de correlação
Despesa com instrução pública em relação ao número de habitantes brancos	0.93
Despesa com instrução pública em relação ao número de habitantes livres	0.91
Despesa com instrução pública em relação ao número de habitantes	0.86
Despesa com instrução pública em relação ao número de alunos de escolas públicas	0.67

Quadro F. Salários por Tipo de Instituição e por Profissão em 1872 e em 2011.

Fonte dos Salários no século XIX	Instituição	Profissão	1872 Salários mensais praticados entre 1869 e 1874 em Réis (A)	1872 Salário Mensal/ PIB per Capita anual de 1872[3] (B)	1872 Salários mensais em 1872 a preços de 2011 (C) = (B)* 22.734	Descrição dos cargos compatíveis em 2010/2011	Fonte dos Salários em 2010 / 2011	2011 Salário Mensal (R$) em 2011 (D)	2011 Salário Mensal/ PIB per Capita Anual em 2011 (E) = (D)/22.734	Salários em 1872/ Salários em 2011 (F) = (C) / (D) = (B) / (E)
Jornal do Commercio de 03/01/1874	Empresa de Construção Civil	Pedreiro[1]	3.200	0,026	597,07	Pedreiro - piso salarial	Lei do Estado do Rio de Janeiro	686,34	0,030	0,870
Diário Oficial do Império de 22/11/1872	Empresa Privada (grande porte de construção por concessão do Império)	Engenheiro Gerente	1.000.000	8,207	186.582,85	Gerente Geral de Obras - emp. Grande porte 0-2 anos	Revista Exame	16.000,00	0,704	11,661

Fonte dos Salários no século XIX	Instituição	Profissão	1872					2011			Salários em 1872/ Salários em 2011
			Salários mensais praticados entre 1869 e 1874 em Réis (A)	Salário Mensal/ PIB per Capita anual de 1872[3] (B)	Salários mensais em 1872 a preços de 2011 (C) = (B) * 22.734	Descrição dos cargos compatíveis em 2010/2011	Fonte dos Salários em 2010 / 2011	Salário Mensal (R$) em 2011 (D)	Salário Mensal/ PIB per Capita Anual em 2011 (E) = (D)/22.734	
										(F) = (C) / (D) = (B) / (E)
		Diretor	500.000	4,104	93.291,42	Diretor Financeiro (CFO) - emp. Grande porte 0-2 anos	Revista Exame	30.000,00	1,320	3,110
		Advogado	416.667	3,420	77.742,91	Advogado da União Área Jurídica 2ª Classe	Revista Exame	14.970,60	0,658	5,193
		Guarda-Livros	200.000	1,641	37.316,57	Contador - 0-2 anos de experiência	Revista Exame	8.500,00	0,374	4,390

| Fonte dos Salários no século XIX | Instituição | Profissão | 1872 ||| Descrição dos cargos compatíveis em 2010/2011 | Fonte dos Salários em 2010 / 2011 | 2011 ||| Salários em 1872/ Salários em 2011 |
| | | | Salários mensais praticados entre 1869 e 1874 em Réis | Salário Mensal/ PIB per Capita anual de 1872[3] | Salários mensais em 1872 a preços de 2011 | | | Salário Mensal (R$) em 2011 | Salário Mensal/ PIB per Capita Anual em 2011 | |
			(A)	(B)	(C) = (B) * 22.734			(D)	(E) = (D)/22.734	(F) = (C) / (D) = (B) / (E)
Diário Oficial do Império de 26/09/1872	Academia Imperial de Belas Artes - Conservatório de Música	Professor Adjunto	60.000	0,492	11.194,97	Professor Adjunto	Ministério do Planejamento, Orçamento e Gestão - MPOG	7.333,67	0,323	1,527
		Outros Professores	40.000	0,328	7.463,31	Professor Assistente	MPOG	2.949,68	0,130	2,530
		Guarda	50.000	0,410	9.329,14	Segurança - piso salarial	MPOG	662,81	0,029	14,075
		Arquivista	15.000	0,123	2.798,74	Arquivista - piso salarial	MPOG	1.630,99	0,072	1,716
		Porteiro	15.000	0,123	2.798,74	Porteiro - piso salarial	MPOG	709,84	0,031	3,943

Notas:

* O salário dos engenheiros inclui o ordenado e as gratificações de residência e ordinária.

[1] O jornal não fala se esse salário é mensal ou anual. Por ser um valor baixo, para ser anual, considerou-se como valor mensal.

[2] A fonte não menciona se se trata de um salário mensal ou anual. Por se tratar de um valor muito alto para ser mensal considerou-se como um valor anual.

[3] Utilizou-se o PIB per capita de 1872 quando o número de habitantes é disponível pelo Censo.

O valor do PIB per capita em 201, em reais foi R$22.734,56, conforme IBGE (acessado em 24.11.2016).

O valor de PIB per capita em 1872 em milréis foi 121$847

Fontes:

Brasil. Lei do estado do Rio de Janeiro Nº 5.950 de 13 de abril de 2011.

Resolução N°01/2010 da Associação dos Bibliotecários do Distrito Federal.

Ministério do Planejamento, Orçamento e Gestão (MPOG). 2011. Tabela de remuneração dos servidores públicos federais. V. 57. Brasília: Ministério do Planejamento, Orçamento e Gestão. Disponível em: www.servidor.gov.br/publicacao/index.htm. Acessado em: 10/10/2011.

Exame. Tabela de salários. Disponível em: exame.abril.com.br/carreira/ferramentas/tabela-de-salarios-rh/ Acessado em: 27/09/2011.

Marinha. Tabela de Soldos para Militares da Marinha. Disponível em: www.naval.com.br/blog/2008/04/25/nova-tabela-de-soldos-para-militares-da-marinha/. Acessado em: 16/10/2011.

Quadro G. Preços de Mercadorias em 1878 e 2011.

| Itens | Quantidade | Local | Preços em 1878 ||| Preços em 2011 ||| Preços 1872/2011 (F) = (C)/(D) = =(B)/(E) |
			Valor em réis	Preços/PIB per capita em 1878[1] (B) = (A)/121.847	Valor em 2011 em reais (C)=(B)*22.734	Especificação e Marca	Valor em Reais (D)	Preços/PIB per capita 2011 (E)=(D)/22.734	
Manteiga	Lata de 1/2kg	-	1.200	0,010	223,90	Manteiga com sal Aviação lata 500g	12,78	0,0006	17,52
Manteiga	Lata de 1kg	-	2.000	0,016	373,17	Manteiga com sal Aviação lata 1kg	25,56	0,0011	14,60
Presunto do RS	1 libra	-	200	0,002	37,32	Presunto cozido sem capa de gordura fatiado Sadia (200g)	8,73	0,0004	4,27

| Itens | Quantidade | Local | Preços em 1878 ||| Preços em 2011 |||| Preços 1872/2011 (F) = (C)/ (D) = =(B)/(E) |
			Valor em réis	Preços/ PIB per capita em 1878¹ (B) = (A)/121.847	Valor em 2011 em reais (C)=(B)*22.734	Especificação e Marca	Valor em Reais (D)	Preços/ PIB per capita 2011 (E)=(D)/ 22.734	
Toucinho	1 libra	-	400	0,003	74,63	Bacon em cubos Perdigão 200g	24,92	0,0011	2,99
Café com leite e torradas	Xícara e prato com torradas	Botequim	200	0,002	37,32	Pingado com pão e manteiga (Panificadora Sto. Antônio, Octogonal, DF)	2,30	0,0001	16,22
Chá	Xícara	Botequim	240	0,002	44,78	Preço do chá no Café com Letras (UnB)	2,00	0,0001	22,39

Itens	Quanti-dade	Local	Preços em 1878			Preços em 2011				Preços 1872/2011 (F) = (C)/(D) = =(B)/(E)
^	^	^	Valor em réis	Preços/PIB per capita em 1878[1] (B) = (A)/121.847	Valor em 2011 em reais (C)=(B)*22.734	Especi-ficação e Marca	Valor em Reais (D)	Preços/PIB per capita 2011 (E)=(D)/22.734	^
Chocolate	Xícara	Botequim	500	0,004	93,29	Preço de uma xícara de chocolate no Café com Letras (UnB)	3,00	0,0001	31,10
Café moca	Xícara	Botequim	40	0,000	7,46	Pingado grande (Panificadora Sto. Antônio, Octogonal, DF)	1,50	0,0001	4,98
Açúcar Refinado (2ª Qualidade)	1 kg	Depósito	350	0,003	65,30	Açúcar refinado Caravelas 1kg	2,56	0,0001	25,51

Itens	Quanti-dade	Local	Preços em 1878			Preços em 2011				Preços 1872/2011 (F) = (C)/ (D) = =(B)/(E)
			Valor em réis	Preços/ PIB per capita em 1878[1] (B) = (A)/121.847	Valor em 2011 em reais (C)=(B)*22.734	Especi-ficação e Marca	Valor em Reais (D)	Preços/ PIB per capita 2011 (E)=(D)/ 22.734	
Carne Seca	1 libra	-	160	0,001	29,85	Carne seca bovina dianteira Jerked Beef Vilheto 500g	11,41	0,0005	2,62

Itens	Quantidade	Local	Preços em 1878			Preços em 2011				Preços 1872/2011 (F) = (C)/ (D) = (B)/ (E)
			Valor em réis	Preços/ PIB per capita em 1878[1] (B) = (A)/121.847	Valor em 2011 em reais (C)=(B)* 22.734,56	Especi ficação e Marca	Valor em Reais (D)	Preços/ PIB per capita 2011 (E)=(D)/ R$22.734,56	
Açúcar Refinado (3ª Qualidade)	1 kg	Depósito	300	0,002	55,97	Açúcar refinado União 1 kg	2,49	0,0001	22,48

Itens	Quanti-dade	Local	Preços em 1878			Preços em 2011				Preços 1872/2011 (F)=(C)/(D) = =(B)/(E)
			Valor em réis	Preços/PIB per capita em 1878[1] (B) = (A)/121.847	Valor em 2011 em reais (C)=(B)*22.734	Especi-ficação e Marca	Valor em Reais (D)	Preços/PIB per capita 2011 (E)=(D)/22.734	
Carne Seca de 1ª	1 kg	Armazém	400-440	0,003-0,004	54,60 - 60,07	Carne seca bovina dian-teira jerked beef Vilheto 500g	25,16	0,0011	2,17 - 2,97
Batata	1 kg	Armazém	140-200	0,001-0,002	19,11 - 27,30	Batata comum 1kg	2,18	0,0001	8,77 - 12,53
Lasanha	1 kg	Armazém	800	0,007	149,27	Lasanha à bolonhesa Perdigão 1,5kg	13,93	0,0006	10,71
Massa de tomate	Lata	Armazém	600	0,005	111,95	Extrato de tomate Elefante Lata 130g	2,73	0,0001	41,01

Itens	Quanti-dade	Local	Preços em 1878					Preços em 2011				Preços 1872/2011 (F) = (C)/ (D) = =(B)/(E)
			Valor em réis	Preços/ PIB per capita em 1878[1] (B) = (A)/121.847	Valor em 2011 em reais (C)=(B)*22.734	Especi-ficação e Marca	Valor em Reais (D)	Preços/ PIB per capita 2011 (E)=(D)/ 22.734	
Vinagre de Lisboa	N. d.	Armazém	200	0,002	37,32	Vinagre francês com aroma natural de echalote Casino 500ml	7,48	0,0003	4,99

Notas:

[1]Utilizou-se o PIB per capita de 1872, ano em que o número de habitantes é conhecido pelo Censo.

a) Foi feita a conversão de libras para quilos (1 libra (lb) = 453,59g)

b) PIB per capita em 1872 = 121$847, ou seja, equivalente a US$ 713 PPC em dólares constantes de 1990 (Maddison, 2003, Tabela 4C).

c) PIB per capita em 2011 = R$22.734,56. Para referência, o último ano disponível do PIB per capital (PPC em dólares de 1990) é 2001, com US$ 5570 (Maddison, 2003 tabela 4C).

Fontes:

1) 1878: Diário Rio de Janeiro, anúncios publicitários, de 2 de janeiro de 1878.

2) 2011: Pão de Açúcar. Disponível em: www.paodeacucar.com.br. Acesso em: 30 de set. 2011.

Quadro H. Encadeando os deflatores de preços de Goldsmith para 1872 = 100 (1870 - 1946)

Ano (1)	Anos 1850-1889 (1870=100) p.30 -2	Anos 1889-1913 (1901=100) p.91 -3	Anos 1850-1913 encadeados (1889=100) -4	Anos 1913-1945 (1929=100) p.158 -5	Anos 1850-1945 encadeados (1913=100) -6	Anos 1945-46 (1964=100) p.239 -7	Anos 1850-1946 encadeados (1945=100) -8	Anos 1850-1946 encadeados (1872=100) -9
1850	53,3		45,4		26		4,7	55
1851	54,5		46,5		26,5		4,8	56
1852	56,6		48,3		27,6		5	58
1853	61,2		52,2		29,8		5,4	63
1854	65,8		56,1		32,1		5,8	68
1855	69,9		59,6		34,1		6,2	72
1856	73,3		62,5		35,7		6,5	75
1857	76,6		65,3		37,3		6,8	79
1858	73		62,2		35,6		6,4	75

Ano (1)	Anos 1850-1889 (1870=100) p. 30 -2	Anos 1889-1913 (1901=100) p. 91 -3	Anos 1850-1913 encadeados (1889=100)	Anos 1913-1945 (1929=100) p. 158 -5	Anos 1850-1945 encadeados (1913=100)	Anos 1945-46 (1964=100) p. 239 -7	Anos 1850-1946 encadeados	Anos 1850-1946 encadeados (1872=100)
1859	74,7		63,7		36,4		6,6	77
1860	76,1		64,9		37,1		6,7	78
1861	75,4		64,3		36,7		6,6	77
1862	76,9		65,6		37,5		6,8	79
1863	77,1		65,7		37,6		6,8	79
1864	81,7		69,7		39,8		7,2	84
1865	87		74,2		42,4		7,7	89
1866	89,9		76,6		43,8		7,9	92
1867	90,4		77,1		44		8	93
1868	100		85,3		48,7		8,8	103
1869	101		86,1		49,2		8,9	104

O IMPÉRIO DO BRAZIL: ESCRAVAGISTA, ANALFABETO E ESTAGNADO

Ano (1)	Anos 1850-1889 (1870=100) p. 30 -2	Anos 1889-1913 (1901=100) p. 91 -3	Anos 1850-1913 encadeados (1889=100)	Anos 1913-1945 (1929=100) p. 158 -5	Anos 1850-1945 encadeados (1913=100)	Anos 1945-46 (1964=100) p. 239 -7	Anos 1850-1946 encadeados	Anos 1850-1946 encadeados (1872=100)
1870	100		85,3		48,7		8,8	103
1871	95,9		81,8		46,7		8,5	99
1872	97,3		82,9		47,4		8,574	100
1873	101,2		86,3		49,3		8,9	104
1874	100,7		85,8		49,1		8,9	104
1875	99,3		84,7		48,4		8,8	102
1876	103,6		88,3		50,5		9,1	106
1877	107		91,2		52,1		9,4	110
1878	105,5		89,9		51,4		9,3	108
1879	108,2		92,2		52,7		9,5	111
1880	109,9		93,7		53,5		9,7	113

Ano (1)	Anos 1850-1889 (1870=100) p. 30	Anos 1889-1913 (1901=100) p. 91	Anos 1850-1913	Anos 1913-1945 (1929=100) p. 158	Anos 1850-1945	Anos 1945-46 (1964=100) p. 239	Anos 1850-1946	Anos 1850-1946
	-2	-3	encadeados (1889=100)	-5	encadeados (1913=100)	-7	encadeados	encadeados (1872=100)
1881	107,5		91,6		52,4		9,5	110
1882	100		85,3		48,7		8,8	103
1883	105,3		89,8		51,3		9,3	108
1884	102,2		87,1		49,8		9	105
1885	108,4		92,4		52,8		9,6	111
1886	105,3		89,8		51,3		9,3	108
Ano (1)	Anos 1850-1889 (1870=100) p. 30	Anos 1889-1913 (1901=100) p. 91	Anos 1850-1913	Anos 1913-1945 (1929=100) p. 158	Anos 1850-1945	Anos 1945-46 (1964=100) p. 239	Anos 1850-1946	Anos 1850-1946
	-2	-3	encadeados (1889=100)	-5	encadeados (1913=100)	-7	encadeados	encadeados (1872=100)
			-4		-6		(1945=100)	-9

Ano (1)	Anos 1850-1889 (1870=100) p. 30 -2	Anos 1889-1913 (1901=100) p. 91 -3	Anos 1850-1913 encadeados (1889=100)	Anos 1913-1945 (1929=100) p. 158 -5	Anos 1850-1945 encadeados (1913=100)	Anos 1945-46 (1964=100) p. 239 -7	Anos 1850-1946 encadeados -8	Anos 1850-1946 encadeados (1872=100)
1887	110,6		94,3		53,9		9,7	114
1888	109,4		93,3		53,3		9,6	112
1889	117,3	59,6	100		57,1		10,3	121
1890		59,5	99,8		57		10,3	120
1891		77,4	129,9		74,2		13,4	157
1892		102,4	171,8		98,2		17,8	207
1893		120,2	201,7		115,2		20,8	243
1894		138,9	233,1		133,2		24,1	281
1895		113,4	190,3		108,7		19,7	229
1896		124,4	208,7		119,3		21,6	252

Ano (1)	Anos 1850-1889 (1870=100) p. 30 -2	Anos 1889-1913 (1901=100) p. 91 -3	Anos 1850-1913 encadeados (1889=100)	Anos 1913-1945 (1929=100) p. 158 -5	Anos 1850-1945 encadeados (1913=100)	Anos 1945-46 (1964=100) p. 239 -7	Anos 1850-1946 encadeados	Anos 1850-1946 encadeados (1872=100)
1897		131,3	220,3		125,9		22,8	266
1898		135,5	227,3		129,9		23,5	274
1899		135,1	226,7		129,5		23,4	273
1900		127	213,1		121,8		22	257
1901		100	167,8		95,9		17,3	202
1902		88,7	148,8		85		15,4	179
1903		91,3	153,2		87,5		15,8	185
1904		101,1	169,6		96,9		17,5	205
1905		92,3	154,9		88,5		16	187
1906		94,2	158,1		90,3		16,3	191
1907		94,1	157,9		90,2		16,3	190

Ano (1)	Anos 1850-1889 (1870=100) p. 30 -2	Anos 1889-1913 (1901=100) p. 91 -3	Anos 1850-1913 encadeados (1889=100)	Anos 1913-1945 (1929=100) p. 158 -5	Anos 1850-1945 encadeados (1913=100)	Anos 1945-46 (1964=100) p. 239 -7	Anos 1850-1946 encadeados	Anos 1850-1946 encadeados (1872=100)
1908		101,4	170,1		97,2		17,6	205
1909		100	167,8		95,9		17,3	202
1910		102,8	172,5		98,6		17,8	208
1911		109,7	184,1		105,2		19	222
1912		109,5	183,7		105		19	222
1913		104,3	175	40,5	100		18,1	211
1914				35,2	86,9		15,7	183
1915				39,8	98,3		17,8	207
1916				48,1	118,8		21,5	251
1917				52,4	129,4		23,4	273
1918				56,7	140		25,3	295

Ano (1)	Anos 1850-1889 (1870=100) p. 30 -2	Anos 1889-1913 (1901=100) p. 91 -3	Anos 1850-1913 encadeados (1889=100)	Anos 1913-1945 (1929=100) p. 158 -5	Anos 1850-1945 encadeados (1913=100)	Anos 1945-46 (1964=100) p. 239 -7	Anos 1850-1946 encadeados	Anos 1850-1946 encadeados (1872=100)
1919				61,7	152,3		27,6	321
1920				73,5	181,5		32,8	383
1921				62,2	153,6		27,8	324
1922				67,9	167,7		30,3	354
1923				88,3	218		39,4	460
1924				98,1	242,2		43,8	511
1925				116,1	286,7		51,9	605
1926				95,1	234,8		42,5	495
Ano (1)	Anos 1850-1889 (1870=100) p. 30	Anos 1889-1913 (1901=100) p. 91	Anos 1850-1913	Anos 1913-1945 (1929=100) p. 158	Anos 1850-1945	Anos 1945-46 (1964=100) p. 239	Anos 1850-1946	Anos 1850-1946

Ano (1)	Anos 1850-1889 (1870=100) p. 30	Anos 1889-1913 (1901=100) p. 91	Anos 1850-1913	Anos 1913-1945 (1929=100) p. 158	Anos 1850-1945	Anos 1945-46 (1964=100) p. 239	Anos 1850-1946	Anos 1850-1946
	-2	-3	encadeados (1889=100)	-5	encadeados (1913=100)	-7	encadeados	encadeados (1872=100)
	-2	-3	encadeados (1889=100)	-5	encadeados (1913=100)	-7	encadeados	encadeados (1872=100)
			-4		-6		(1945=100)	-9
							-8	
1927				93	229,6		41,5	484
1928				103,7	256		46,3	540
1929				100	246,9		44,7	521
1930				87,6	216,3		39,1	456
1931				78,1	192,8		34,9	407
1932				79,3	195,8		35,4	413
1933				77,7	191,9		34,7	405
1934				82,6	204		36,9	430

Ano (1)	Anos 1850-1889 (1870=100) p. 30 -2	Anos 1889-1913 (1901=100) p. 91 -3	Anos 1850-1913 encadeados (1889=100)	Anos 1913-1945 (1929=100) p. 158 -5	Anos 1850-1945 encadeados (1913=100)	Anos 1945-46 (1964=100) p. 239 -7	Anos 1850-1946 encadeados	Anos 1850-1946 encadeados (1872=100)
1935				86,5	213,6		38,6	451
1936				87,9	217		39,3	458
1937				93,6	231,1		41,8	488
1938				99,3	245,2		44,4	517
1939				101,3	250,1		45,2	528
1940				108,1	266,9		48,3	563
1941				119,1	294,1		53,2	620
1942				138,5	342		61,9	722
1943				160,1	395,3		71,5	834
1944				194,8	481		87	1015
1945				223,9	552,8	1,64	100	1166

Ano (1)	Anos 1850-1889 (1870=100) p. 30	Anos 1889-1913 (1901=100) p. 91	Anos 1850-1913 encadeados (1889=100)	Anos 1913-1945 (1929=100) p. 158	Anos 1850-1945 encadeados (1913=100)	Anos 1945-46 (1964=100) p. 239	Anos 1850-1946 encadeados	Anos 1850-1946 encadeados (1872=100)
	-2	-3		-5		-7		
1946							1,88	114,6	1337

Nota: Goldsmith escreveu seu livro em língua inglesa, vindo a falecer antes de publicá-lo. Era um pesquisador cuidadoso e eu o conheci quando ia consultar e conversar com os economistas do Departamento Econômico Banco Central ainda no Rio de Janeiro O seu original foi traduzido ao português, mas o texto em inglês extraviou-se, infelizmente.